JE SUIS FOU DE TOI

Le grand amour de Paul Valéry

DU MÊME AUTEUR

LES HEURES VOLÉES, *roman*, Mercure de France, 1981.

ARGENTINA, *roman*, Mercure de France, 1984.

ROMAIN GARY, *biographie*, Mercure de France, 1987.
(Grand Prix de la biographie de l'Académie française.)

LES YEUX NOIRS OU LES VIES EXTRAORDINAIRES DES
SŒURS HEREDIA, *biographie*, J.-C. Lattès, 1990.

MALIKA, *roman*, Mercure de France, 1992. (Prix
Interallié.)

GALA, *biographie*, Flammarion, 1995.

STEFAN ZWEIG, L'AMI BLESSÉ, *biographie*, Plon, 1996 ;
éd. définitive Grasset, 2010.

LE MANUSCRIT DE PORT-ÉBÈNE, *roman*, Grasset, 1998.
(Prix Renaudot.)

BERTHE MORISOT. LE SECRET DE LA FEMME EN NOIR,
biographie, Grasset, 2000. (Goncourt de la biographie.)

IL N'Y A QU'UN AMOUR, *biographie*, Grasset, 2003.

LA VILLE D'HIVER, *roman*, Grasset, 2005.

CAMILLE ET PAUL. LA PASSION CLAUDEL, *biographie*,
Grasset, 2005.

CAMILLE CLAUDEL, LA FEMME BLESSÉE, Les éditions du
Huitième Jour, 2010.

CLARA MALRAUX, « NOUS AVONS ÉTÉ DEUX », *biographie*,
Grasset, 2009. (Prix Prince Pierre de Monaco.)

DEUX SŒURS, YVONNE ET CHRISTINE ROUART, LES
MUSES DE L'IMPRESSIONNISME, *biographie*, Grasset,
2012.

DOMINIQUE BONA

de l'Académie française

JE SUIS FOU DE TOI

Le grand amour de Paul Valéry

BERNARD GRASSET

PARIS

Photo de la jaquette : © Jeanne Loviton – Archives personnelles.

ISBN 978-2-246-85387-9

A Clara, à Raphaël

1

Un petit homme fragile

Un petit homme, fragile et décharné, sonne à la grille d'une maison, dans le quartier d'Auteuil. Ses fenêtres allumées éclairent à peine la rue déserte. Façade et volets gris, toit d'ardoise, sur deux étages, jardin sans feuilles de l'autre côté du mur, pareil silence est assez rare à Paris pour qu'il le remarque. Quatre heures de l'après-midi, ce 6 février 1938 : la nuit commence à tomber. Une lumière d'hiver plombe le décor. Le petit homme, vêtu d'un pardessus sombre, sonne au battant de fer.

Epaules voûtées, l'air fatigué, usé déjà, Paul Valéry n'est pas un vieillard, mais sa jeunesse est loin. Teint cireux, taches sur les mains. Son élégance donne le change. Il a encore ce pas de fantassin qui fait l'admiration de ses amis. Par coquetterie, il évite d'utiliser une canne, bien qu'on le lui recommande. Il ne veut pas avoir l'air vieux, et surtout pas aujourd'hui. C'est le chapeau à la main qu'il se présente à la grille. Il vient ici pour la première fois : 11 rue de l'Assomption. 16e arrondissement.

Une adresse élégante, mais discrète. A l'écart de ces hôtels particuliers de l'aristocratique boulevard Saint-Germain ou de la luxueuse place des Etats-Unis, dont il est l'hôte recherché, l'atmosphère est ici plutôt provinciale : surgie dans un parfum d'herbe mouillée et de mousse hivernale, c'est même la campagne à Paris ! Le calme, en particulier, lui paraît insolite, il en a perdu l'habitude. Il est dépaysé. Une douceur inattendue lui caresse le nez, la moustache, et lui ferait presque monter les larmes aux yeux. A soixante-six ans, il poursuit toujours le même rêve. Un rêve impossible : atteindre la paix qui se refuse, paix du corps et de l'âme, paix de l'esprit qui peine à se réconcilier. Vivre enfin tranquille, à son âge, beaucoup y sont parvenus. Pas lui. La sérénité, malgré ses efforts, lui est refusée par un démon qui s'acharne à lui trouver toutes sortes de tâches et d'obligations : il ne sait pas dire non. C'est l'engrenage du succès, la rançon de la gloire. Au moment de sonner ici, il a la nostalgie d'un temps où il avait le temps.

Son agenda déborde de rendez-vous. Son existence, dès cinq heures du matin, est réglée par une discipline sévère. Chaque minute compte pour ce travailleur inlassable, qui est aussi un incorrigible mondain. Ses heures ne sont jamais creuses. Il écrit : des livres, des préfaces, des discours, des articles et, quand il en a fini avec la litanie des contrats, il noircit des pages et des pages de cahiers personnels. Il a pris l'habitude de noter pour lui-même les étapes de sa pensée et d'observer sans relâche le mécanisme de son cerveau : il se regarde pensant. Il parle aussi beaucoup devant des auditoires captivés par son langage de mage. Car il sait être foudroyant de clarté pour expliquer des choses abstraites et les mettre à la portée du premier venu. Mais il peut aussi se montrer ésotérique – un vrai chaman – à propos des choses les plus simples. A mi-chemin de la poésie et de la philosophie, cet intellectuel s'est fixé pour but d'avancer toujours davantage sur le chemin de la connaissance. *Cogito ergo sum.* Décoré des plus hautes distinctions de la République, professeur au Collège de France qui a créé pour lui la chaire de poétique, académicien, inscrit sur les listes du Nobel qui tarde un peu à consacrer son œuvre, c'est un grand personnage. Le grand personnage de la IIIe République. On s'arrache sa présence aux colloques, aux conférences, mais aussi dans les salons où il apporte son prestige et les pépites d'une conversation éblouissante. Sommité et causeur hors pair, il se pourrait pourtant que la gloire dont il aime tant le parfum, en ce moment, lui pèse : il la préférerait avec quelques années de moins. Lui sera-t-elle utile, cette gloire, pour être aimé comme il le souhaite, peut-être une dernière fois ?

Son regard, d'un bleu doux qui vire au gris, est à mettre au compte de sa séduction. Avec son sourire de grand sceptique. Et cet humour très fin, qui accompagne tout ce qu'il dit, tout ce qu'il pense. Paul Valéry n'est pas dupe de sa légende. Il est même capable de se moquer de ce double en habit de lumière qu'il a construit au fil des années et qui quelquefois le dépasse, laissant décontenancé l'enfant timide, l'adolescent craintif et sensible, monté à Paris de son lointain Midi. Il garde ainsi, avec quelques difficultés d'élocution qui l'amènent à bredouiller parfois, une pointe d'accent méridional : jugulé, maîtrisé, mais qui tout de même révèle un passé, une histoire loin des salons et des honneurs dont il est devenu familier. S'il a voulu effacer ses origines, il lui reste ce soleil dans la voix, comme une trace de celui qu'il a été et que tout le monde, ou presque, ignore aujourd'hui.

Sonner à une grille en plein après-midi est en soi une aventure. Mallarmé, son maître et son ami, en aurait fait un poème. Lui qui avait l'habitude de rédiger des adresses en vers sur ses enveloppes : des charades pour le facteur. Qu'aurait-il pu inventer, cet ami irremplaçable, pour rassembler dans un quatrain tout à la fois la grille et le jardin, l'Assomption, Auteuil, le n° 11 et le nom de la personne à laquelle il rend visite ? Ce nom, qui évoque la mer et non la campagne, qui enflamme l'imaginaire et brouille les pistes, aurait plu au poète de *L'Azur*. Comment ne pas se le murmurer à mi-voix sur ce trottoir désert, juste avant d'entrer, pour conjurer le sort ? Voilier... Image insolite et soudaine d'un bateau sur la mer.

Paul Valéry songe au temps qui passe, à la jeunesse perdue, aux amis morts. Mais c'est avec la vie qu'il a rendez-vous, ce 6 février 1938. Avec l'Amour.

Non loin de chez lui, car il habite lui aussi le 16e arrondissement, un appartement bourgeois, sans luxe ostentatoire, il s'est laissé conduire par son autre Moi. Sa réplique officieuse et secrète, son double adolescent. Celui qui succombe au hasard des rencontres et se plie à l'exigence du désir. Le penseur, l'analyste, le décortiqueur d'idées qu'il s'efforce d'être et qui s'impose la lucidité en toute circonstance le sait mieux que personne : la volupté fait non seulement partie de la vie, mais elle exerce toujours sur lui son pouvoir. A quoi bon raisonner devant une tentatrice ?

Marié, père de famille, grand-père gâteau, beaucoup de chaînes entravent Paul Valéry. Une grande part du travail qu'il accomplit chaque jour revient aux siens : c'est pour subvenir aux besoins d'une famille, son épouse et leurs trois enfants, qu'il se donne tant de mal depuis tant d'années. Il n'est pas peu fier d'avoir réussi à nourrir son monde avec un porte-plume. Le métier d'écrivain n'étant pas le plus lucratif ni le plus assuré, un de ses amis, bien placé pour le savoir, le lui serinait : mieux vaut pour une femme épouser l'épicier. Il est mort dans la plus extrême misère, cet ami poète. Lui ne s'est finalement pas si mal débrouillé. Il assume le train de vie des siens, mais à quel prix. Il est devenu le bagnard de sa plume, consentant à toutes les corvées d'écriture pour boucler les fins de mois. Tourmenté par les soucis d'argent, il vit sous la pression du quotidien. Pas un jour de repos pour l'écrivain : ni vacances ni dimanches sans écrire, encore et toujours, écrire sans fin. Le petit homme, devant la grille, porte sur ses épaules le fardeau invisible, mais si lourd, d'une famille – sa charge d'âme. C'est peut-être ce pourquoi il est ici. Il prend sa récréation. Il vole quelques heures à son bagne.

Un jeune maître d'hôtel en veste blanche vient lui ouvrir pour le conduire, à travers le jardin sombre, à l'intérieur de la maison dont la lumière tout à coup le réchauffe. Il en ressent les bienfaits dès le seuil. C'est une maison confortable, avec des boiseries claires, où il fait bon déposer son manteau, ses gants, son chapeau. Et soudain, elle est là. Silhouette de satin blanc. Idéalement dessinée, corps de déesse grecque. Grande, bien plus grande que lui, avec des épaules larges, des hanches étroites, un ventre légèrement bombé sous le satin. Peu de seins mais sculpturale. Une de ces figures de marbre qu'il adore, en Méditerranéen conquis depuis des lustres par la beauté radieuse de ces statues antiques, au port altier et à l'allure conquérante.

Brune, les cheveux coupés court mais souples, avec des mèches joyeuses, elle a un visage de poupée aux yeux bleu foncé, un de ces visages ronds qui ont un air d'enfance. Nez long et pointu, bouche immense dont les lèvres s'étirent en un sourire qui invite à lui répondre : elle paraît extraordinairement vivante. Elle respire la santé, la robustesse. Une belle plante – mais d'un jardin tropical. Un jardin à la française serait trop serré, trop discipliné pour elle. Sous sa sophistication d'orchidée, dans sa robe de haute couture – Lanvin ? Madeleine Vionnet ? –, elle reste une amazone. Physiquement, dès le premier regard, elle dégage quelque chose de sauvage. Une énergie. Une audace. Personne encore n'a réussi à la mater.

Divorcée, elle paraît sans complexes. A une époque où les femmes en sont toujours à demander l'autorisation de leur mari pour les moindres décisions de la vie, alors qu'elles ne peuvent ni voter ni signer un chèque ni prétendre discuter l'autorité du père de famille, elle, est parfaitement libre. Elle n'a pas besoin d'homme pour subvenir à ses besoins. Elle gagne seule sa vie. Ce dont elle est très fière à juste titre. Un atout dans son jeu à son âge – trente-quatre ans, soit près de la moitié de celui de Paul Valéry.

Avocat et femme d'affaires : son activité professionnelle et ses responsabilités marquent sa différence. Voilà qui le change de ses muses habituelles et des mondaines qui tiennent salon. Dans son milieu, les femmes ne travaillent pas. Cette bizarrerie, car c'en est une avant guerre, ajoute du piquant à une personne déjà très attirante. Paul Valéry a toujours respecté l'intelligence et l'apprécie chez tous ceux qu'il fréquente, sans distinction de sexe.

Il ignore cependant à peu près tout de cette femme. Son histoire personnelle, les méandres de sa vie amoureuse lui sont inconnus. Il ne découvrira que plus tard le drame d'une enfance qu'elle prend soin de ne pas étaler au grand jour.

Il ne voit que sa beauté, qui lui a fait traverser Paris – il sort d'un déjeuner chez Vianey, quai de la Rapée, avec des amis poètes. Elle fait partie des plus belles personnes qu'il lui ait été donné de regarder. Il l'a déjà rencontrée à plusieurs reprises chez des amis communs, ils s'y sont peu parlé, mais il a pu admirer sa plastique et prendre la mesure de cet éclat particulier qui la distingue au milieu d'une foule, que ce soit dans un salon ou sur les bancs d'une université. Sa beauté irradie. Ce n'est pas lui pourtant qui a pris l'initiative de la revoir : elle lui a écrit, quelques jours avant Noël, alors qu'il venait de prononcer sa leçon inaugurale au Collège de France, pour l'inviter à prendre le thé chez elle. Elle s'intéresse à la littérature. En vieux briscard de l'amour, il n'allait pas manquer pareille occasion.

Resplendissante femme de tête, rompue aux usages du monde civilisé mais douée d'une nature d'aventurière, cette admiratrice déclarée est multiple et composite. Sa lumière foudroyante se révélera plus subtile qu'il n'aurait cru d'abord. Les facettes de sa personnalité contribuent à l'émoustiller. Tandis qu'elle s'avance vers lui, pareille à une goélette, pour lui ouvrir sa maison et bientôt ses bras, il se souvient qu'elle est aussi romancière. Une qualité de plus, ou de trop, pour un homme qui ne lit jamais de fictions ? Il aurait dû se méfier. La jeune femme a publié son premier roman, il y a deux ans, aux éditions Emile-Paul : *Beauté raison majeure* – jamais aucun titre n'a donné de son auteur une plus fidèle idée.

Elle lui fait alors visiter sa maison. Elle s'y est récemment installée, sa décoration est aussi son œuvre. Galerie d'entrée, salon, salle à manger : les pièces sont vastes et lumineuses. Il note au passage que, des rideaux aux abat-jour, tout est blanc crème. Ils montent. Elle le conduit avec un parfait naturel jusqu'à sa chambre et lui ouvre même les portes de sa salle de bains, en onyx et en marbre : comment ne pas imaginer la Naïade nue dans sa luxueuse baignoire ? L'intimité se resserre et se referme dans le petit salon contigu où elle aime se tenir et où ils prendront le thé. C'est son boudoir. Un canapé rouge, des coussins profonds. L'atmosphère exquise invite à la sieste et à la rêverie. Il y a des livres sur les guéridons, certains épars sur le tapis. Son parfum imprègne la pièce. Parfum entêtant qui le poursuivra bientôt jusque dans ses nuits d'insomnie. Il reste une heure et demie dans le boudoir, en tête à tête avec son interlocutrice. Ni baiser ni étreinte – ayant conscience de ce qui se joue, il préfère retenir son élan. Il en fera le récit dans l'un de ses Cahiers.

S'analysant comme il s'y astreint depuis des décennies, il s'y dira *nolens, volens*. Ne voulant pas, voulant. Etrange réaction. D'un côté, et c'est le premier mot, il est *nolens* : il dit non. Bilan passif : est-il si fatigué, si vieux ? A-t-il peur d'un nouvel amour ? De l'autre, il est *volens* : donc consentant. Bilan actif. Il reconnaît son désir, il est sur le point d'y céder. Mais un avocat général, rationnel, austère, plaide en lui contre l'amour naissant.

Son intelligence qui, à force d'exercices, est devenue pour Paul Valéry un second instinct, le rappelle à l'ordre au moment de choisir. Elle lui permet d'évaluer la situation, la tête froide, et d'affronter Eros droit dans les yeux. Approche méthodique du sentiment amoureux : alors que d'autres auraient cédé au désir et réfléchi ensuite, lui raisonne d'abord. La page du cahier en garde la trace. Ayant atteint ce qu'on dit être l'âge du renoncement, il se méfie du dieu d'amour qui voudrait lui dicter sa folie. Il en ressent l'appel – il ne dit pas jusqu'à quels vertiges – mais il tient à ne pas subir sa tyrannie. En homme libre, passé maître dans l'art de penser, il applique à la lettre la consigne qu'il s'est donnée de ne jamais s'abandonner à ses émotions sans tenter de les comprendre et de les clarifier, jusque dans ce domaine irrationnel et diabolique : la pulsion érotique.

Aussitôt la grille de fer refermée derrière lui, il peut relever quatre obstacles entre la belle occupante de la maison et lui. Les voici, énumérés en grec, sur une seule ligne de son cahier : « la nature – un autre – une autre – la paix ». On ne saurait être plus rapide. Ni plus efficace. En quatre mots, il a fait le tour de la question. Danger !

Ce résumé sibyllin est pour lui d'une si parfaite et synthétique clarté qu'il se passe de commentaires. Ceux qui suivent, indispensables au non-initié, ne figurent donc pas dans le cahier secret :

– la nature : elle les a faits, elle, trop jeune et lui, trop vieux ;

– un autre : il subodore qu'elle a un amant – la rumeur parisienne aidant, il se connaît déjà un rival, au moins ;

– une autre : son épouse, ou une tendre amie avec laquelle il conserve de loin en loin une liaison sensuelle. Le pluriel, le concernant, serait plus juste que le singulier ;

– enfin, dernier obstacle, et non des moindres, la paix : s'il résiste et trouve la force de ne pas succomber à la tentatrice, c'est pour atteindre ce nirvana qui, par une sorte de fatalité, se dérobe sans cesse. Pourquoi ajouter des complications à une vie déjà surchargée et fatigante ?

« La nature – un autre – une autre – la paix » : quatre raisons majeures de s'esquiver.

Il hésite, il s'accorde du temps, mais au fond il sait. La tentation est trop grande, même pour un homme aussi prudent et réfléchi. Il a beau considérer les enjeux, aligner les arguments, il est déjà trop tard. Le feu est là. L'étincelle va déclencher l'incendie. Ce 6 février 1938, au 11 rue de l'Assomption, Paul Valéry a trouvé sa passion, sa tortionnaire : Jeanne Voilier.

2

Un grand brûlé de l'amour

Paul Valéry est un grand brûlé de l'amour. Toute sa vie, il a lutté contre ses possibles ravages. Dans son monde de clarté qu'il entend maîtriser, son œil bleu s'efforce de vaincre les ombres. Il y a cependant une nuit. Une nuit qui l'obsède depuis plus de quarante ans : la nuit de Gênes. Elle est toujours aussi vivante dans son souvenir et toujours aussi effrayante. Nuit d'orage, foudre, éclairs et coups de tonnerre. Le tumulte du ciel lui renvoyant l'écho de son cœur dévasté. En vacances dans la famille de sa mère, dans cette Italie qui est son autre patrie, il s'était alors juré – pari présomptueux – de ne plus jamais aimer comme il avait aimé la toute première fois.

C'était arrivé dans les rues de Montpellier où il habitait, il n'avait pas vingt ans. La silhouette gracieuse d'une inconnue lui avait fait perdre la tête en un instant. Il s'était mis à la suivre, absorbé par cette apparition charnelle, déjà mystique. De petite taille, à la fois ronde et légère (tout le contraire de cette walkyrie qu'il vient visiter au soir de sa vie), la démarche sautillante dans une robe claire, une ombrelle à la main, sa seule vue l'avait comblé de félicité. Elle fut en un instant la Femme, telle qu'il la rêve encore, idéalement femme. En cet été 1889, il

entre dans l'enfer des amants malheureux. Il se met
à traquer l'inconnue, il fait le guet devant sa maison
dans la Grand-Rue, l'attend devant les magasins de
mode dont elle semble familière, va jusqu'à s'asseoir
derrière elle à l'église. La vision de sa nuque inclinée,
au moment de la prière, lui inspire des visions assez
peu angéliques. Il attache tous ses pas aux siens. Lui,
l'infatigable promeneur qui ne se rassasie pas de parcourir le jardin botanique ou les belles terrasses du
Peyrou en se récitant des poèmes entre les ormes et
les platanes, ne connaît plus d'autre ivresse que de
suivre une femme. Il ne l'avait pas abordée, du moins
pas tout de suite. Pendant des jours, il avait laissé son
cœur s'affoler dans le sillage de l'insaisissable, cette
ombre menaçant de s'évanouir tel un fantôme. Son
supplice allait durer trois pleines années, entraînant
d'irréversibles séquelles. Il lui avait écrit des lettres
qu'il ne lui avait pas envoyées, dans le vain espoir
de lui dire combien il l'aimait. Ce feu qui le dévorait
nuit et jour, il était incapable de le lui faire connaître,
et il ne pouvait pas davantage le communiquer à ses
amis. Les plus proches, Pierre Louÿs ou André Gide,
qui, à peine les avait-il rencontrés, étaient presque
déjà devenus des frères, ignoraient tous la folie de
son désir et la rage de sa solitude.

Pourtant Pierre Louÿs, dont il avait fait la connaissance peu de temps auparavant, à la terrasse d'un
café de Montpellier au milieu d'étudiants suisses, à
l'occasion du sixième centenaire de l'université, et
pour lequel il avait eu un coup de foudre amical,
Pierre Louÿs avec qui il échangeait des lettres sur
un ton d'intimité et de confiance, était certainement
à même de le comprendre. A vingt ans, déjà éro-
tomane, photographiant toutes ses maîtresses nues
au Kodak, Louÿs a la vision la plus décomplexée de
l'amour. Il ira jusqu'à écrire un jour des textes hautement pornographiques. Mais même à lui, ce poète

inspiré par toutes les folies d'Eros, Paul Valéry ne se confie pas. Est-ce par pudeur ? Par timidité ? Il garde son secret. Il vit alors, il est vrai, dans l'imaginaire de la Femme tandis que Louÿs est dans les voluptés tangibles. Quant à André Gide, que Louÿs lui a envoyé à Montpellier, ce Cévenol très parisien et à demi normand, qui écrit des Cahiers lui aussi, Valéry ignore en ce temps-là qu'il ne peut guère lui être d'un grand conseil en matière de conquêtes féminines... Mais l'idée de lui parler de son égérie ne lui vient même pas. Il reste confusément blessé, frustré et embarrassé de son rêve.

Dans sa petite chambre de la rue Urbain-V, où il vit alors modestement avec sa mère et son frère aîné, une chambre dont il a tapissé les murs de pages de journaux illustrés, il avait passé des nuits blanches à échafauder des manœuvres de séduction. Mais sa passion, tout entière murée en son for intérieur, ne fut jamais partagée. Passion à sens unique, douloureuse et platonique, dont son inspiratrice méconnut les abîmes, il avait été son propre martyr. Car il eut à souffrir mille morts avant de pouvoir se libérer de son emprise et, comme on porte le deuil, de se jurer de ne plus jamais succomber à quelque passion que ce soit. Paul Valéry est un homme qui ne voit pas l'amour comme une promesse de bonheur. Parvenu au terme d'une vie sentimentale riche d'expériences, il le voit comme une promesse de malheur.

La gracieuse Montpelliéraine, qui se révélera être d'origine catalane, lui semblait inaccessible, ce qu'elle n'était sans doute pas. Il avait appris qu'elle s'appelait Madame de Rovira – dans ses carnets, elle reste Madame de R. Veuve d'un dénommé Charles de Rovira, dont il ne connaîtrait jamais rien que le nom, mère de famille, leur différence d'âge devait être aussi grande que celle qui séparait Julien Sorel de Madame de Rênal – cette autre Madame de R. Dans les rues de Montpellier, il l'avait surprise tenant par la main une fillette d'une dizaine d'années qui lui avait paru beaucoup moins jolie que sa mère. Elle avait aussi un fils aîné, lequel devait avoir à peu près l'âge de Valéry. A trente-sept ans, Madame de R. aurait pu être sa mère. Mais même ses rides l'émouvaient : il avait relevé en tremblant, comme une preuve de sensualité supplémentaire, des pattes-d'oie autour de ses yeux sombres. Très vite, il l'avait surnommée « la petite comtesse ». Sa particule devait lui plaire : elle l'habillait en tout cas d'un chic aristocratique, auquel il fut et restera sensible. A cette époque, il signait ses lettres des noms associés de son père et de sa mère – Paul Valéry y Grassi. Son père, il est vrai, venait tout juste de mourir, et il se sentait affectivement très proche de sa mère, dont la tendresse s'exprimait en italien. Une langue qui restera pour lui comme une caresse. Fanny Valéry née Grassi lui avait inculqué le culte de ses racines liguriennes. Il s'était cependant trompé sur le titre de Madame de Rovira qui n'était pas comtesse, mais baronne, ce que des études biographiques ont depuis mis au jour. Comtesse pour l'Eternel dans le cœur de Valéry, elle fut avant tout à ses yeux une femme fatale. C'est-à-dire l'instrument de sa perdition. Sans le savoir, car malgré ses efforts pour la séduire elle ne lui prêta jamais grande attention, Madame de R. allait déclencher en lui une peur viscérale, non pas de l'amour dont il sera par la suite un serviteur fidèle et même zélé, mais de la passion.

Il n'est pas sûr qu'il ait alors connu son prénom, nervalien et prédestiné au chagrin : Sylvie. Ni encore moins son nom de jeune fille : Brondel de Roquevaire. Madame de R. devait garder son halo de mystère. C'est une femme de chair et de brume dans son souvenir. S'il l'a aimée sensuellement, c'est telle la sylphide de Chateaubriand : une chimère. Ses épaules, sa gorge, il en avait inventé la douceur, la rondeur et tous les sortilèges. Redoutable muse d'une passion virtuelle, elle devait finir par incarner pour lui la damnation à laquelle il se jura, cette nuit de Gênes, de ne plus jamais être la proie. Au moins en théorie.

Images toujours vives de son adolescence. Ce à quoi Madame de R. l'a arraché, c'est au cocon familial, à ce huis-clos feutré et un peu mesquin de la rue Urbain-V où, bien qu'ils aient habité un hôtel particulier du 18e siècle, les Valéry y Grassi vivaient chichement du salaire de petit fonctionnaire du père, puis de sa modeste pension de retraite. Envahissant amour de cette mère dont il est « le petit », le fils préféré. Distance dans ses relations avec Jules, le frère aîné, qui a pris la place du père et entretient le foyer avec ses revenus de jeune avocat dont le cabinet se trouvait provisoirement installé au sein de l'appartement familial. Pour Paul Valéry, il y a un parfum d'adolescence qui ne s'efface pas : celui du jardinet humide et sombre sur lequel donnaient les pièces de leur rez-de-chaussée, et qu'il fuyait dans les livres, ou sur les places au soleil du Midi. Ce soleil de son enfance, il en garde la nostalgie à Paris, et il le cherche encore, quand il rejoint des amis, des mécènes, dans leurs propriétés de Hyères, de Roquebrune-Cap-Martin ou de Saint-Jean-Cap-Ferrat. Le soleil réchauffe ses vieux os et le ramène au temps où il était jeune, fort et assez fou pour suivre un fantôme de la cathédrale Saint-Pierre jusqu'à la place de la Comédie et au-delà. « Plus beaux sont nos fantômes que nous-mêmes », écrirait-il plus tard à un ami. Il lui arriva souvent l'été de sauter dans un train au lieu de bachoter ses cours de droit de première année, pour aller se jeter dans la mer à Palavas-les-Flots. Adolescent, il pouvait nager pendant des heures, rester à paresser sur le sable, puis revenir s'ébrouer dans l'eau. Il l'avait suivie, la ravissante chimère, armée de son ombrelle et vêtue d'une robe qu'il avait trouvée étrange. Elle marchait à petits pas sans se risquer sur la plage, également attirée par le spectacle de la Méditerranée, son bleu aussi intense, aussi pur que le ciel. Palavas, pour Paul, c'est l'incarnation du paradis terrestre. Avec sa grâce et son sourire, Madame de R. était venue jeter le trouble sur l'azur. Et le perdre à jamais. Il s'émouvait de lui voir les cheveux humides à cause de la chaleur et « les yeux si vagues d'avoir tant regardé les vagues ».

Il l'avait dessinée sur des feuilles éparses qui ne constituaient pas encore des carnets. « Ipsa », c'est ainsi qu'il la désignait, dans ce latin, chez lui, aussi naturel que l'italien. « Elle-même ». Un profil exquis. Une nuque fine, dénudée par un chignon. Cheveux noirs, très noirs, relevés haut. Un port de tête fait pour un diadème. La petite comtesse est une reine. Son trait principal de caractère, à en croire ces dessins ? La fierté. La muse devait être indomptable. Alors que l'époque était pudibonde et codifiait les mœurs, elle affichait son indépendance. Elle se promenait seule, s'arrêtait à une terrasse de café, au Café Riche par exemple, sur la place de l'Œuf, s'asseyait là sans compagnie au milieu des étudiants et, sans se gêner, commandait une boisson qu'elle semblait savourer autant que le temps qui passait... Sa mère à lui ne s'est jamais assise dans un café, pas même avec ses fils. La liberté de sa muse le fascinait. Un jour, il la vit passer à cheval, montant en amazone. Belle et fière dans son souvenir.

Souvent, il lui en voulait. Il la traitait intérieurement d'« incube », du nom de ces petits diables que Satan envoie aux mortels pour leur faire commettre le péché de chair. Il en avait peur alors, de ce péché. Même s'il en appelait quelquefois aux services de professionnelles, telle cette Madame Louise qui l'initia assez tôt à l'amour, il associait le sexe au péché. Il était encore croyant à cet âge, tenté même par des appels mystiques. C'est maintenant un agnostique déclaré. Mais dans sa jeunesse il était pétri de foi chrétienne. Elevé par sa mère dans la crainte de la faute, il s'est longtemps senti coupable de ses pensées charnelles. A Montpellier, affolé par la seule vision de Madame de R., il avait autant souffert de la brûlure de ses désirs inassouvis que de celle du péché. C'est à Pierre Louÿs, qui lui lisait sans honte ses premiers poèmes érotiques, qu'il avait osé confier – enfin ! – combien la chair le tourmentait. 9 décembre 1890 : « Mon ami, vous avez vingt ans. Pouvez-vous me confier (et comme un conseil) si vous avez résolu le triste problème de la chair ?... Je m'entends. Quelle est votre attitude vis-à-vis de ce mal quasi inévitable ?... Ceci me tourmente cruellement. » Le conseil qu'il aurait tant voulu recevoir, Louÿs, prudent, et qui ignorait de quoi il retournait, se garda bien de le lui donner. Il se contenta de lui dire qu'il valait mieux « ne pas verlainiser » – « Au point de vue art ou intelligence ; au point de vue dignité ou morale, tout vaut mieux que de verlainiser ». Il l'incita surtout – principe louÿsiaque, future clef de voûte de sa propre vie – à « faire ce qu'il vous plaît ». Mais de cette morale hédoniste, Paul Valéry était beaucoup trop loin. Obsédé par une exigence de pureté qu'il se sentait incapable d'atteindre, il était honteux et malheureux. Tel ce pauvre héros de la mythologie, sidéré par la Méduse et incapable de s'en détacher, il avait souffert au point d'en perdre la raison. Ce qu'il finit par avouer à Gide, sans lui révéler l'identité de son ensorceleuse : « Un regard m'a rendu si bête que je ne suis plus, lui écrivait-il le 9 juillet 1891. J'ai perdu ma belle vision cristalline du Monde, je suis un ancien roi ; je suis un exilé de moi. »

Puis, il y eut la nuit de Gênes, et son esprit, lentement, reprit le contrôle de ses sens et de ses émotions. Il avait vaincu la passion.

Dans la nuit du 4 au 5 octobre 1892, un orage, d'une ampleur si exceptionnelle que les journaux du lendemain lui consacreraient des articles, avait éclaté sur le port de Gênes et duré, semble-t-il, une grande partie de la nuit. Paul Valéry passait des vacances chez son oncle et sa tante maternels, sans que l'éloignement ait réussi à lui changer les idées ni à le guérir de sa maladie d'amour. Maladie secrète dont sa famille ne pouvait rien savoir. L'oncle et la tante habitaient tout en haut de la Salita di San Francesco (n° 7), une de ces rues en pente qui, à Gênes, offrent un panorama sur le port, les bateaux et le phare carré de la Lanterne. C'est un ancien palais, peut-être un ancien couvent. Paul occupait une chambre minuscule, reculée, semblable à une cellule de moine. La fenêtre découpait un morceau de ciel. Assis toute la nuit sur son étroit lit en fer, il avait assisté au spectacle de l'orage qui zébrait sa chambre d'éclairs tandis que le tonnerre retentissait dans son cœur. Plongé dans un état de sidération, arraché à lui-même ainsi qu'il l'écrira des années plus tard, il vécut là une expérience unique, qui fut pour lui fondatrice. Littéralement parcouru par des ondes qui l'atteignaient au plus profond de lui, il avait traversé cette nuit de haute fréquence avec le sentiment de ne plus s'appartenir. Illumination intérieure. Approche sensible de la folie. Démence radieuse. Quand le calme était revenu au lever du jour, il s'était senti « un autre ». Purifié par cette épreuve qui lui avait permis d'affronter les forces les plus puissantes et les plus incontrôlables que l'univers recèle, il avait pris la résolution solennelle de s'en tenir au rationnel et de lutter de toutes ses armes mentales contre ses pulsions, ses émotions et ses passions. « Je me fis l'ennemi du Tendre de toutes les forces de ma tendresse désespérée. »

Envisageant une réforme intime radicale, il avait opté pour la maîtrise et le sang-froid. Il renforcerait les pouvoirs de son intelligence et se gouvernerait. Il s'était fait le serment de pratiquer une stricte hygiène mentale et d'échapper ainsi au pire des dangers qui guette l'humain – la déraison. Tel un saint guéri de la tentation par une apparition mystique, Paul Valéry avait cette nuit-là renoncé à la passion.

Le chemin n'en restait pas moins escarpé et épineux. Il avait à de nombreuses reprises failli rechuter. Sa muse lui était apparue quand il ne l'attendait plus, un soir où il était à Paris avec son frère – Jules préparait l'agrégation de droit. C'était à un concert Lamoureux aux Champs-Elysées : croyant l'apercevoir parmi le public, il avait couru à sa poursuite avant de comprendre qu'il était victime d'une illusion, d'un mirage, à moins que ce ne fût d'un miracle – son amour était tenace. Il s'attaquait à sa raison, et malgré ses courageuses résolutions, menaça plus d'une fois de l'arracher à lui-même.

La nuit de Gênes reste un pilier mental. Il s'y raccroche à chaque apparition d'un amour. Il revient à ses éclairs, à ses coups de tonnerre et à la vision de sa Lanterne carrée. Il renforce alors ses défenses, passe en revue les murailles de sa forteresse intérieure. Son hyper-sensibilité, connue de ses amis, de sa famille et de ses maîtresses, poussa Paul Valéry à se protéger contre ses propres démons : sa fragilité et sa faiblesse. Il a construit autour de lui au fil des années un système de défense qui lui a permis de tenir bon devant les séductrices les plus expertes et les plus douées pour l'amour. Il a aimé bien sûr, par la suite, pleinement, voluptueusement, mais sans plus jamais perdre la tête pour quelque enchanteresse que ce soit. Il se surveille. Il monte la garde. Et cette fois encore, rue de l'Assomption, dans le ravissant boudoir rouge de Jeanne Voilier, ses balises se sont mises à clignoter. Son cerveau l'a aussitôt alerté : attention, matière hautement inflammable !

3

Qui est-elle vraiment ?

Sous sa belle plastique, son sourire lumineux et ses apanages sociaux, qui est-elle vraiment, cette jeune femme du 11 rue de l'Assomption qui a accueilli Paul Valéry avec une liberté pleine de suggestions amoureuses ? Il peut sembler facile de la deviner au premier regard, mais, sous ses airs triomphants, elle cache une blessure.

Certes, elle vit seule dans cette grande maison qui lui appartient et conduit sa vie avec brio. Son statut d'avocat, dont elle est fière car peu de femmes alors peuvent s'en prévaloir, l'habille d'autorité. Elle mène parallèlement une profession de chef d'entreprise qui lui vaut d'exercer de hautes responsabilités. Cela ne l'empêche pas de recevoir pour le thé, en plein après-midi, et de sortir dans le monde. Son existence, tournée vers l'action et l'efficacité, ponctuée d'agréables récréations, ne montre guère de failles. D'apparence décomplexée, fort peu timide, on la croit aisément franche et directe. Tout à l'image de son signe astrologique : Bélier. Or, sous cette transparence dont elle joue avec un art consommé en vivant dans des décors clairs et des robes blanches, elle dissimule ses ombres. Elle s'est construite sur un passé douloureux et compliqué.

Elle est née de père inconnu, à Paris, le 1ᵉʳ avril 1903, ou, pour reprendre l'expression qui figure sur son acte de naissance, « de père non dénommé ». Déclarée deux jours plus tard sous le nom de Pouchard, qui est celui de sa mère, Jeanne Anne Elisabeth Pouchard, selon son état civil, est la fille de Juliette Pouchard, vingt-six ans, « artiste », domiciliée 15 rue Juliette-Lamber, dans le 17ᵉ arrondissement, où elle a accouché, à une heure et demie du soir. C'est le grand-père Pouchard – Louis Désiré Pouchard –, âgé de quarante-neuf ans, « ayant assisté à l'accouchement », qui est venu déclarer la naissance, ce 3 avril. Il est orfèvre, rue Chapon, dans le 3ᵉ arrondissement. Le grand-père tient alors le rôle du père de substitution. Deux témoins, un rentier et une domestique, ont apposé leurs signatures à côté de la sienne.

Dans le langage de l'époque, la petite Jeanne Pouchard est un enfant naturel. Les mots sont durs. Ils soulignent une marginalité honteuse dans une société marquée par une morale rigide et des mœurs codifiées.

Chez les Pouchard, la naissance d'enfants hors mariage semble être une fatalité, comme si la vie répétait un scénario identique de mère en fille. La mère de Jeanne, Juliette Pouchard, est elle-même une fille naturelle. Elle a également été déclarée « de père non dénommé ». Elle aussi a porté, à sa naissance, le seul nom de sa mère, Sophie Jotras. Née le 3 septembre 1876, rue de Bretagne, dans le 3ᵉ arrondissement, Juliette Jotras n'est devenue Juliette Pouchard qu'à l'âge de trois ans. En 1879, Louis Désiré Pouchard, l'orfèvre, fait d'elle sa fille légitime et en 1880 il épouse sa mère. Le registre d'état civil de la mairie du 19ᵉ arrondissement, où le mariage a lieu, spécifie à la date du 24 janvier 1880 que « les futurs époux – Sophie Jotras (née en 1856 à Auxerre) et Louis Désiré Pouchard (né en 1853 à Paris 7ᵉ), tous deux résidant rue Pradier dans le 10ᵉ – nous ont déclaré reconnaître et vouloir légitimer Louise Juliette Jotras née à Paris, le 3 septembre 1876 ». Sont également présentes la mère de Sophie et celle de Louis Désiré, toutes deux veuves, l'une sans profession et l'autre domestique. Quant aux témoins, un tourneur, un brasseur, un mécanicien et un orfèvre, ils sont venus parapher l'union de l'« argentier » et de la « brunisseuse ». Telles sont définies les professions des mariés – les grands-parents maternels de Jeanne.

La petite Jeanne Pouchard, qui porte le second prénom de sa grand-mère, Sophie Jeanne Jotras, hérite à sa naissance d'une double faute : dans le vocabulaire de cette époque, sa mère comme sa grand-mère sont des réprouvées que condamnent la religion et la société. Jeanne a un nom qui lui pèse – elle a d'ailleurs réussi, depuis, à l'effacer. Mais pendant les dix premières années de sa vie, elle le porte tel un fardeau. Elle le tient pourtant d'un grand-père assez amoureux ou assez généreux pour avoir reconnu et élevé sa propre mère, jusqu'à assister à son accouchement pour la naissance de sa petite-fille. Qu'a-t-il pu ressentir au moment de signer l'acte de naissance de Jeanne qui établit les mêmes faits, à une génération d'écart ?

Comme pour brouiller les pistes, Juliette Pouchard, née Jotras, utilise couramment un pseudonyme qu'elle devait trouver plus charmant, plus élégant, et qui est devenu son nom de scène : Denise Fleury. De sorte que Jeanne, née Pouchard, est elle aussi appelée Fleury. Jeanne Fleury, comme au théâtre. Pouchard pour l'état civil et Fleury dans la vie, les identités déjà se superposent.

Cette mère « artiste », on ne sait si elle était chanteuse, danseuse, comédienne, ou tout cela à la fois. Il faut aller fouiller dans les archives du vaudeville pour retrouver sa trace, sans pour autant être sûr qu'il s'agisse bien de Juliette-Denise. Un érudit, Henri

Thyssens[1*], s'est risqué brillamment à ce jeu de pistes
en relevant son nom au générique de pièces qui ont
connu un certain succès au moment de la naissance
de Jeanne. Une Denise Fleury joue bel et bien en
1905 au théâtre du Grand Guignol, rue Chaptal, dans
L'Obsession d'André de Lorde et Alexandre Binet,
puis dans *La Terreur du Sébasto* d'Elie de Bassan. Ce
sont des pièces qu'on pourrait appeler « gothiques »,
écrites et interprétées pour effrayer les spectateurs,
avec du sang, des cris, des fantômes, des assassins
– une spécialité du Grand Guignol. En 1907, Henri
Thyssens retrouve son nom dans *Le Ruisseau*, de
Pierre Wolff, un mélo social, représenté au théâtre du
Vaudeville proprement dit, sur la Chaussée-d'Antin.
On peut supposer que Denise Fleury était une actrice
modeste et n'a jamais eu accès aux premiers rôles,
ni peut-être aux seconds. Ironie du destin : quand sa
fille vient au monde, elle habite rue Juliette-Lamber,
tout près de l'hôtel particulier de Sarah Bernhardt (56
boulevard Pereire)...

On ne peut pas dire que sa fille cultive la mémoire
de cette mère « artiste », c'est même le contraire.
Jeanne s'abstient d'évoquer ce qui se rapporte à sa
prime enfance. C'est du bout des lèvres que dans
un curriculum vitae rédigé vers la fin de sa vie à
l'intention d'un avocat, elle consentira à rappeler
les origines de sa mère. Mais elle s'arrange pour ne
révéler dans ce texte ni le nom de Fleury ni celui
de Pouchard – elle les a fait disparaître par un tour
de passe-passe et bannis de son histoire personnelle.
Dans ce même curriculum, omettant de mentionner
le nom de jeune fille de sa mère, elle se garde aussi
d'avouer la profession maternelle et laisse croire que
Juliette-Denise était une simple mère au foyer. Elle
la décrit « issue de la petite bourgeoisie », sans autre

---

* Toutes les notes sont regroupées en fin de volume.

précision. Il faut s'en référer aux documents d'état civil, actes de naissance et de mariage, pour découvrir le métier de ces « petits-bourgeois » : le grand-père Pouchard était donc artisan argentier, autrement dit orfèvre. Et la grand-mère Pouchard, née Jotras, « brunisseuse » – ouvrière spécialisée dans le polissage et la patine des métaux. Jeanne n'a pas la nostalgie de ses racines. Sa généalogie l'encombre. Ce qui aurait dû être sa tendre enfance est pour elle un mauvais souvenir. Elle a préféré tourner la page pour ne plus y revenir.

Qu'est-ce que Denise Fleury a pu confier à sa fille sur sa conception en dehors des liens du mariage ? Lui a-t-elle parlé de cet homme, père de son unique enfant ? Et si oui, en quels termes ? Dans le couple soudé, forcément solidaire, que forment la mère et sa fille, y a-t-il eu des paroles prononcées sur le chagrin, sur la solitude ? Des reproches exprimés, de la rancune à l'égard du père non dénommé ? Ou le secret ? Jeanne, un jour de 1943, à l'âge de quarante ans, rencontrera celui auquel elle doit le jour... Elle connaît donc au moins son nom. Mais elle se défend à tout jamais de le prononcer. C'est le tabou familial. Le nom interdit.

A l'école, comment a-t-elle assumé sa différence devant les amies de sa classe, devant ses maîtresses ? A-t-elle dit la vérité ? A-t-elle au contraire préféré prétendre, avec cette facilité qu'ont les enfants à s'inventer une autre vie, que son père voyageait dans des pays lointains ? Ou bien qu'il était mort ? On ne sait. Peut-être s'est-elle réfugiée, comme elle le fera si habilement par la suite, dans un certain brouillard. Mais il est évident – son silence si lourd tend à le prouver – que, parvenue à l'âge adulte, elle n'est toujours pas libérée de ce mauvais cadeau de la destinée.

Elle est baptisée un mois après sa naissance, le 10 mai 1903, dans le 10e arrondissement, près de la place de la République, à Saint-Martin-des-Champs – une église récente, qui n'a pas encore de clocher et qui, avis aux amateurs de peinture du xixᵉ siècle, est décorée de fresques de Henry Lerolle, l'ami des impressionnistes... Son parrain est Louis Pouchard, son grand-père, et sa marraine, une certaine Elisabeth Pouchard, domiciliée à quelques numéros de chez Louis Pouchard, dans la même rue Chapon : une proche parente, dont l'enfant portera également le prénom. La grand-mère (Sophie Pouchard née Jotras) n'est pas mentionnée. Jeanne Louise Anne Elisabeth Pouchard... Ce qui frappe dans son enfance, c'est son nomadisme : un mois après sa naissance, la mère et l'enfant ont déjà changé d'adresse puisque sur les registres de l'église Saint-Martin-des-Champs, elles n'habitent plus rue Juliette-Lamber, dans le 17ᵉ, mais rue de Lancry (au n° 56), dans le 10ᵉ. Du 17ᵉ au 10ᵉ arrondissement, en passant par le 11ᵉ puis par le 3ᵉ, où sont domiciliés les grands-parents (lesquels semblent avoir tardé à s'y fixer), la petite fille a été longtemps ballottée d'un quartier à un autre : comme si la mère et l'enfant étaient condamnées à une vie d'errance, sans attaches, sans stabilité. Fuient-elles les créanciers, la misère ? Suivent-elles le chemin des théâtres, des cabarets où se produit l'artiste ? Ou dépendent-elles d'éventuels protecteurs ?

L'enfance de Jeanne restera toujours un mystère. En a-t-elle honte ? La vit-elle comme un handicap dans son ascension sociale ? Elle la cache à Paul Valéry, à tous ses amis, ses amants et même son ex-mari, avec lequel elle vient tout juste de divorcer. Elle a réussi à maquiller son état civil jusque sur les registres de la mairie de Saint-Raphaël, le jour de son mariage. Ce qui, on peut l'imaginer, lui a demandé beaucoup d'ingéniosité. Elle y a éliminé le nom de Pouchard, qui aurait révélé sa tare originelle. Le seul nom de jeune fille qu'elle reconnaisse et qu'elle a aussitôt repris après son divorce est celui de Loviton.

Jeanne Loviton : c'est ainsi qu'elle se présente, ainsi qu'on la connaît dans le monde du droit et des affaires, mais aussi dans celui des lettres et des arts qu'elle fréquente depuis peu, et même dans le monde-monde – une formule de Simone de Caillavet pour désigner le microcosme parisien le plus sélectif.

Ferdinand Loviton, toujours vivant à la date où sa fille reçoit pour la première fois Paul Valéry rue de l'Assomption, est le père que Jeanne aurait souhaité avoir depuis le premier jour. Elle avait déjà dix ans quand il l'a reconnue, en épousant sa mère, à l'été 1913. Il remplit dans sa vie le rôle qu'a joué Louis Désiré Pouchard dans celle de sa propre mère. Similitude des scénarios. Cet homme providentiel apporte à l'enfant naturelle à la fois un nom, un statut, une protection et, surtout, l'argent qui jusque-là devait manquer. Tous ces dons sont inestimables en comparaison de ce qu'elle a connu avant lui, l'identité improbable, les fins de mois difficiles et les aléas du ruisseau.

Juliette Pouchard et Ferdinand Loviton sont nés le même mois de la même année, en septembre 1876, à vingt jours d'écart – elle fête son anniversaire avant lui. Leur liaison ayant commencé alors que Jeanne avait quatre ou cinq ans –, le couple officialise son union en 1913 par une double cérémonie, laïque d'abord, à la mairie du 6ᵉ arrondissement, puis religieuse, en l'église Notre-Dame-des-Champs. Pour Jeanne, ce 24 juillet 1913, où sa mère lui donne enfin, légalement, un père, est une date fondatrice : celle d'une nouvelle naissance, assortie d'une filiation cette fois complète. L'acte de mariage enregistre le fait que Ferdinand Alphonse Louis Loviton est domicilié « avec » sa mère, ici présente, veuve et sans profession, au 48 rue Gay-Lussac, tandis que Juliette Pouchard, dont les père et mère sont absents, déclare habiter, elle, au 117 rue Notre-Dame-des-Champs (d'où le choix de l'église). Juliette est dite désormais « sans profession ». Le dernier paragraphe de l'acte concerne Jeanne et va complètement réorienter sa vie : « Les époux ont déclaré reconnaître, en vue de la légitimation, Jeanne Anne Elisabeth, née à Paris [... suivent les lieux et dates de naissance], inscrite comme fille de la contractante. » Des témoins ont signé : Jules Abbé Lemire, député du Nord, Alphonse Monira, avocat, et Albert Laguerrière, docteur en médecine. Leurs professions témoignent d'une ascension sociale. Aux employés, aux artisans, aux domestiques qui ont apposé leurs noms sur l'acte de naissance de Jeanne ou sur celui de sa mère, succèdent des professions libérales.

Avec Ferdinand Loviton, c'en est fini de la vie d'artiste. Jeanne quitte non seulement la bohème, mais les gens modestes qui ont veillé sur ses premiers jours. A dix ans, elle change de milieu. La petite bourgeoisie des Pouchard qu'elle détestera toujours s'éloigne sans perspective de retour, tandis que s'ouvre devant elle un nouvel horizon : la bourgeoisie, ni grande ni petite, mais confortable et respectée, la bonne bourgeoisie des Loviton. Elle aborde ce changement radical avec soulagement et reconnaissance, assurée du prestige de celui dont elle porte désormais le nom. Elle aimera Ferdinand Loviton autant ou plus que s'il lui avait donné la vie.

Né à Arras, cet homme grand et mince, de belle prestance, peut s'enorgueillir de sa filiation. La famille Loviton est d'origine paysanne – l'arrière-grand-père cultivait une terre rude du côté de Charmois, sur le Territoire de Belfort –, mais elle a conquis ses lettres de noblesse sur les champs de bataille. Son père, Louis Loviton, capitaine dans l'armée française, a été décoré de la médaille militaire après la bataille de

Magenta, puis fait chevalier de la Légion d'honneur. Blessé plusieurs fois lors de ses campagnes en Afrique et en Italie, il a vaillamment combattu les Prussiens en 1871 : c'est un héros dont son fils peut être fier. L'un de ses oncles, frère aîné du précédent, était lui-même dragon de l'Armée du Rhin, également chevalier de la Légion d'honneur. Jeanne n'a connu ni l'un ni l'autre, morts tous deux avant sa naissance. Elle se découvre en revanche une grand-mère, veuve du héros de Magenta : Louise Loviton (née Georges), la mère de Ferdinand. Cette aïeule reçoit sa petite-fille à Versailles, rue Neuve, dans la maison où elle a élevé son fils unique – il n'avait que dix ans à la mort de son père. C'est désormais lui qui fait vivre sa mère et veille sur ses vieux jours. Le logement de la rue Gay-Lussac où Ferdinand Loviton déclare habiter « avec » sa mère, le jour de son mariage, et non « chez » sa mère, a pu être une garçonnière, et permettra ensuite à Madame Loviton mère de se rapprocher de son fils, de sa bru et de leur enfant.

Ferdinand Loviton, lui, n'a pas fait la guerre : en 1914, âgé de trente-huit ans, il est réformé pour des troubles de la vision.

Docteur en droit, c'est un intellectuel doublé d'un excellent homme d'affaires. Il a créé, en 1899, la maison d'édition qui publie les désormais célèbres « Cours de Droit » : à l'usage des étudiants à la Faculté de droit de Paris, ces ouvrages ronéotypés ont permis à des générations d'obtenir brillamment leurs diplômes, sans forcément assister aux leçons dans les amphithéâtres. Les professeurs signaient des contrats avec l'éditeur, en échange du précieux savoir. Propriétaire d'une affaire des plus rentables, Ferdinand Loviton a ensuite développé, dans la même spécialité, les éditions Domat-Montchrestien, qui connaissent un bel essor. Leur siège regroupé avec les « Cours de Droit » se trouve place de la Sorbonne – Jeanne, plus tard, déménagera ces locaux, les jugeant trop vétustes. A la date de la rencontre avec Paul Valéry, père et fille travaillent encore à l'ombre de la vénérable université. En parfaite harmonie et intelligence, ce sont deux travailleurs infatigables, qui n'épargnent pas leur peine pour faire fructifier l'entreprise familiale.

Jeanne parle souvent de son père, toujours avec admiration. Il l'a élevée, a veillé sur son éducation, ses études et ses bonnes manières. Il l'aime comme sa propre fille. Elle reste son unique enfant. Son influence est prépondérante : c'est lui qui choisit de la retirer du lycée Fénelon où est dispensé un enseignement laïque et de l'inscrire à Notre-Dame-de-Sion, une institution religieuse située rue Notre-Dame-des-Champs et fréquentée par des jeunes filles de la meilleure société. Après cinq ans d'études sous la vigilance des sœurs de Sion, elle passe son baccalauréat, en 1921. Ses parents se sont installés peu de temps après leur mariage au 9 rue du Val-de-Grâce, où Jeanne semble avoir mené une vie studieuse, réglée et heureuse. C'est encore Ferdinand Loviton qui oriente sa fille vers les études de droit. Il espère qu'avec une formation juridique sérieuse elle pourra un jour prendre sa succession : il a pour elle d'aussi vastes ambitions que si elle était un garçon. Les succès de Jeanne vont le réjouir : en 1924, elle obtient son certificat d'aptitude au grade de licenciée en droit, et en 1925, sa licence en droit. Elle a vingt-deux ans.

Juliette (Denise), de son côté, préfère que sa fille apprenne les rudiments du métier de modiste. Ce qu'elle fait docilement, tout en sachant fort bien qu'elle sera avocat. Les ambitions de sa mère ne sont pas les siennes.

Autant elle se montre loquace et affectueuse pour évoquer son père, autant, bizarrement, elle parle peu de sa mère. Il semblerait que l'amour du père, si fort et si complice, si proche de la passion, exclue la mère dans le cœur de Jeanne. Alors que Ferdinand

Loviton est l'image même de la réussite sociale et professionnelle, Denise s'est rangée sans pour autant perdre aux yeux de sa fille les stigmates de la bohème. Avec ses rêves de modiste, elle reste indissolublement attachée, aux yeux de sa fille, au souvenir douloureux des années humbles. Ferdinand Loviton lui fait entrevoir au contraire un avenir brillant, à condition qu'elle sache se montrer à la hauteur. Une fois veuf, il quitte l'appartement du Val-de-Grâce, mais ne vient pas pour autant s'installer chez sa fille, rue de l'Assomption : il préfère respecter son intimité en habitant un appartement au 83, boulevard Saint-Michel, à distance de marche de son bureau. Il passe néanmoins beaucoup de temps avec Jeanne, ne serait-ce qu'à cause de leurs activités professionnelles et, depuis son veuvage, leurs liens se sont encore resserrés.

Paul Valéry ne va pas tarder à le comprendre : la vie de Jeanne a un pivot central, indétrônable. Tel un grand chêne, Ferdinand Loviton assure à sa fille non seulement le confort, la sécurité, la fortune, mais la tendresse sans faille et le sentiment d'être unique. Adorée par son père, Jeanne puise son énergie et sa confiance en elle auprès de cette ombre protectrice. Si l'éditeur des « Cours de Droit » a offert à sa fille un métier, des rentes et une belle maison, il lui porte un amour qui ressemble à de la passion. Un amour avec lequel il sera difficile de rivaliser... Pour Jeanne, Ferdinand Loviton est avant tout l'homme qui lui a donné un nom. Paul Valéry ne mesure pas, faute d'informations, l'importance d'un fait aussi banal – tous les pères ne donnent-ils pas un nom à leur fille ? Pourtant, c'est pour Jeanne un cadeau plus précieux que tous les diamants, rubis ou émeraudes que ses amants successifs et son mari lui offriront jamais. Ce nom, c'est un cadeau sans prix.

4

Après le père

Dans une vie de femme, il y a presque toujours, après le père, un homme providentiel. A la sortie du cocon familial, ce Pygmalion, ami, amant, époux ou camarade, qui va changer la jeune fille en femme, lui ouvre les portes du monde.

Pour Jeanne Loviton, c'est un jeune et brillant avocat qui figure parmi les nombreuses relations de son père : Me Maurice Garçon.

De haute stature, filiforme, des mains de pianiste et, caractéristique qui lui vaudra son surnom, des cheveux noirs de jais séparés par une raie médiane, « l'homme à la raie au milieu » l'engage comme secrétaire et avocat stagiaire, en janvier 1926. Agé de trente-sept ans à cette date[2], avocat depuis 1911, il a déjà acquis la réputation de gagner les procès les plus difficiles. Son éloquence le place parmi les ténors du barreau. Style sobre, direct, presque froid, sans guère d'effets de manche, il est capable en un seul mot, un seul geste, de trouver une issue aux causes désespérées. Des criminels promis au bagne ou à la guillotine peuvent, grâce à lui, cultiver des fleurs dans leur jardin.

Françoise Giroud, qui le connaîtra vers la fin de sa vie, fera de lui ce portrait admiratif : « Prestidigi-

tateur amateur inscrit au syndicat des professionnels,
il sait devant les tribunaux faire jaillir les lapins des
gibus et l'émotion dans les gorges les plus résolu-
ment hostiles[3]. » C'est le magicien du prétoire. Avec
ses « 1,87 mètre d'élastique, il se plie, se déplie, se
replie », pour convaincre les juges les plus récalci-
trants. Jeanne est impressionnée, comme tous ceux
qui l'ont vu plaider.

Elle aime le droit. Elle n'a pas seulement emboîté
le pas à son père en choisissant cette voie, qui, à
cette époque, reste encore réservée au sexe fort (il
n'y a que 5 % de filles, en 1920, parmi les étudiants
dans cette spécialité[4]). C'est une vocation originale,
sinon marginale. Jeanne se sent attirée et sans doute
rassurée par la Loi, par l'Ordre et par la Justice, des
valeurs qui lui ont manqué dans son enfance et qui
ont à ses yeux un considérable prestige. Cette aventurière voue paradoxalement un culte à la rigueur : ses
papiers personnels sont toujours en règle, classés avec
soin. D'avoir été une irrégulière par la naissance lui
a donné à jamais la volonté d'être du côté du droit,
avec les gens qui ont juré de le défendre.

Très fière d'être avocate, elle s'apprête à exercer un
métier presque entièrement masculin. Le barreau n'est
ouvert aux femmes que depuis la loi du 1er décembre
1900. Et c'est en 1907 que les premières avocates,
Olga Petit et Jeanne Chauvin, purent prêter serment.
Mais dans l'apprentissage de ce difficile exercice, il
faut rendre cet hommage à Mademoiselle Loviton :
elle a choisi le meilleur des professeurs. Un maître
parmi les maîtres, aussi séduisant au barreau que dans
la vie.

Fils d'un professeur de droit criminel, Emile Garçon, dont les annotations au Code pénal font autorité,
et qui aurait préféré pour son fils l'agrégation ou le
Conseil d'Etat, Maurice Garçon a eu une jeunesse tur-
bulente et demeure parmi ses pairs une personnalité

atypique. Il collectionne les ouvrages de démonologie et se passionne pour les sciences occultes : la sorcellerie est son dada. Il entretient avec les vampires et les lycantropes des liens d'intimité, les cas de possession et les messes noires lui paraissent de l'ordre du naturel. Quant à la mandragore, ce citadin amoureux de la campagne la reconnaîtrait au premier coup d'œil. Quand Jeanne rejoint son cabinet, il est sur le point de publier, en collaboration avec le docteur Vinchon, un *Traité sur le Diable* – figure centrale de son panthéon démonologique. Plusieurs *Histoires diaboliques* suivront en 1930, ainsi que deux biographies placées sous le signe de Satan : l'une sur une abbesse diabolique, Magdeleine de la Croix, l'autre sur une sorcière, qui aurait eu, d'après son auteur, une « vie exécrable », Guillemette Babin. L'homme qu'a choisi Jeanne Loviton pour la mener dans la vie active n'est pas seulement un avocat des plus efficaces, réputé pour ses plaidoiries précises et lumineuses. C'est un expert en forces obscures.

Une odeur de soufre se dégage de ses bibliothèques et envahit le cabinet. La fréquentation quotidienne et nocturne de tous ces démons, incubes, succubes et autres blasphémateurs aux pieds fourchus et aux cornes pointues n'a pas l'air de le tourmenter outre mesure. Peut-être même le repose-t-elle de ces autres démons que sont, de ce côté-ci de la vie, les criminels. Il passe des nuits à faire et refaire d'étranges multiplications : est-on bien sûr des chiffres ? 6 666 suppôts répartis en 1 111 légions, soit 7 405 926 diables placés sous l'autorité de 72 princes – la connaissance ésotérique donne lieu à des calculs sans fin. A-t-il vendu son âme à Belzébuth ? Il fait en tout cas partie, depuis qu'il a vingt ans, d'un club d'initiés, à forte odeur soufrée : le Cercle A.K.[5] où l'on s'entretient avec les esprits, l'on communique avec le passé et l'on tente d'interférer sur l'avenir.

Maurice Garçon est bel et bien l'avocat du Diable : plaidant les causes indéfendables, il est doué pour renverser les situations et extraire des griffes de la Justice, coupables ou innocentes, les âmes les plus sombres.

Au lieu de faire peur à Jeanne avec ses obsessions morbides, cet as du barreau la charme comme il charme tout le monde par sa drôlerie, sa joie de vivre. Il a le Malin gai. Loin de se cantonner aux rives lugubres du Styx et de son au-delà, c'est un hédoniste et un blagueur, qui a les pieds sur terre. Il n'aime rien tant que se promener à la campagne – son fief familial, proche de Ligugé, s'appelle d'ailleurs Montplaisir.

Son humour lui sert dans les procès, mais lui attache aussi, plus simplement, ses amis. Les plus proches ne sont pas, on peut s'en étonner, d'autres avocats, des magistrats, ou des professeurs de droit. Ce sont des écrivains, comme Francis Carco ou Roland Dorgelès, des peintres, tel André Dignimont, des poètes et des chansonniers tels Fernand Fleuret ou Vincent Scotto, auxquels il est intimement lié. Jeanne l'aura vite compris : Me Maurice Garçon est un éclectique.

Lui-même se plaît à dessiner et à peindre. Durant les longues audiences, il sort de sa poche un carnet, une minuscule boîte d'aquarelles, se fait apporter un gobelet d'eau et il se met à peindre, sous les yeux de ses confrères et du public. De préférence pendant le réquisitoire du procureur général. Il croque avec la précision moqueuse d'un Daumier le président, les juges, le procureur, les prévenus, les gardes mobiles... Parfois un témoin rend son pinceau mélancolique. Jeanne, assise à ses côtés, lors d'un procès, aura tout loisir de l'observer. Se délasse-t-il en trempant ses couleurs ? Affûte-t-il ses arguments à venir ? Ou est-il capable de se dédoubler, d'être ici et ailleurs, de mourir au procès pour mieux y renaître l'instant qui suit ? Quand son tour approche, il s'essuie les mains dans un grand mouchoir à carreaux qu'il tire de sa poche, puis fait disparaître dans sa manche. Lorsqu'il intervient, il semble ne pas avoir perdu le moindre détail de l'argumentation adverse.

Il a écrit un roman, *Alfred Rantare ou la coupable innocence*, dont le titre souligne son art de danser sur la corde raide et sa souple vision de la vérité quand elle affronte la Justice.

Il aurait pu devenir comédien – son sens du théâtre, flagrant au tribunal, se manifeste aussi au sein de sa famille et dans le cercle de ses amis. Avec Maurice Garçon, on se déguise. On monte des pièces. On joue. La vie est une perpétuelle mise en scène. Dans sa jeunesse tapageuse, il a écrit *La Vipère*, sous le pseudonyme de Jules Mauris : 400 représentations au Grand Guignol. Cette salle lui allait bien : elle était spécialisée dans le grand spectacle de l'horreur. Monstres, assassinats, flots de sang et hurlements de bêtes, le Diable en était le héros, la principale vedette. La mère de Jeanne Loviton avait interprété un rôle autrefois au Grand Guignol. Mais Jeanne en a plutôt honte. Ce passé sur les planches ne lui paraît pas assez chic. Pas à la hauteur de ses propres ambitions. L'aurait-elle évoqué devant Garçon, il s'en serait sûrement amusé. Il garde la nostalgie de ses années de bohème. Il a dû y renoncer pour gagner les rangs de l'université de droit, conformément aux exigences de son père, mais il reste fidèle, sans déroger, à ce Garçon première manière, n'ayant jamais aboli de sa vie la fantaisie. Paul Morand, qui lui succédera un jour à l'Académie française, dira d'ailleurs qu'elle fut « la fée à son berceau ».

On chante avec Mᵉ Garçon. Des airs souvent coquins, qu'il tient du temps pas si lointain où il fréquentait les cabarets de la Belle Epoque. Certains de ces airs, il les a lui-même écrits ! Car il a mis la main – avec Vincent Scotto – à des chansons qu'interprête Cora Madou : des couplets à ne pas soumettre à toutes les oreilles. Jeanne aurait pu se décontracter auprès de lui, trouver de la fantaisie à sa propre histoire. Mais il n'en est rien. De tous les visages de Mᵉ Garçon, de tous les masques qui donnent à son allure de grand seigneur mille reflets, elle ne veut retenir que celui de l'avocat : rigoureux, efficace et surtout – c'est important aux yeux de Jeanne – du côté de ceux qui gagnent.

Marié depuis 1921 à une ravissante Nancéenne, Suzanne, il a déjà deux enfants : Pierre et Françoise, nés en 1922 et en 1925. Un troisième est à naître, Jean, en 1928.

Il habite depuis peu là où il travaille, au 10 rue de l'Eperon. La famille et le cabinet sont réunis en un même appartement situé au premier étage d'un immeuble xviiiᵉ dans lequel est mort Théodore de Banville. A deux pas du lycée Fénelon, où Jeanne étudiait avant que son père ne l'inscrive à l'institut privé Notre-Dame-de-Sion, ce quartier étudiant est pour elle très pratique. Il est proche des éditions des « Cours de Droit ».

Une secrétaire, Paule Colin, qui restera plus de quarante ans au service dévoué de Mᵉ Garçon, et deux collaborateurs, Jeanne et Jacques Mourier, composent le cabinet. Maurice Garçon prend lui-même ses rendez-vous et, qu'il s'agisse d'un crime ou d'un divorce, travaille ses dossiers en solo. Quand il engage Jeanne, il est encore auréolé des éclats d'une affaire qui a amusé la France entière, en 1924 : l'affaire Grente-La Fouchardière. Maurice Garçon défendait Georges de La Fouchardière, pamphlétaire réputé, auteur de romans et de pièces de théâtre au fort parfum de scandale. C'est lui qui avait écrit *La Chienne*, roman que Jean Renoir allait porter à l'écran. La Fouchardière était poursuivi en diffamation par l'archevêque du Mans, Monseigneur Georges Grente, car dans *Le Canard enchaîné* où il écrivait régulièrement, il avait accusé le prélat de toucher les loyers de plusieurs maisons closes de la ville. Non content de le pointer du doigt pour proxénétisme, il l'avait surnommé « miss Georgette Pétensoie » à cause de ses mœurs efféminées. Les Français suivaient le feuilleton, qu'ils trouvaient désopilant. Dans le procès, Garçon était du côté de la subversion, de l'offense et du comique, contre une grande figure de l'Eglise. Ce fut un sacré charivari lorsque Fernand Fleuret, autre ami de l'avocat, poète et auteur de *La Boîte à perruques*, qui tirait les grenouilles au pistolet le dimanche dans la propriété de Montplaisir, eut l'idée d'amener toutes les prostituées de la ville au premier rang de l'assistance, pour soutenir l'accusé et son avocat.

Monseigneur Grente entrerait un jour à l'Académie française (en 1936) et attacherait son nom à un *Dictionnaire des lettres françaises*, « le Grente ». Quant à Maurice Garçon, candidat à son tour, dix ans plus tard, à l'Académie, il aurait à aller demander sa voix... à Georgette Pétensoie.

Jeanne, en robe d'avocat, est assise à la droite de Maurice Garçon lors d'une autre affaire à sensation : l'affaire Jollot-Cady, qui se déroule en février 1926, à Melun, devant la cour d'assises de Seine-et-Marne. Une photo parue à cette date dans *Le Journal des Débats* en témoigne. Eugène Jollot, marchand de vin, ancien maire de Brie-Comte-Robert et conseiller général, est accusé d'avoir assassiné Lucile Pugh, dite Lulu, qui était à la fois sa petite amie et sa créditrice, et d'avoir jeté son corps dans une bouche d'égout. Jeanne est aux premières loges, observant Me Garçon jusque dans sa respiration, pour admirer ce phénomène d'intelligence et de subtilité. De théâtre aussi.

Elle n'assistera à aucun autre de ses procès. Elle ne fit, en effet, qu'un passage éphémère rue de l'Eperon, où elle demeura un an à peine : le temps d'observer le talent de Maurice Garçon et de nouer avec lui un lien qui fera de lui le témoin de son mariage, puis l'avocat de son divorce.

Y eut-il entre eux plus qu'une relation professionnelle, comme le suggère Célia Bertin, la biographe de Jeanne Loviton ? Ont-ils eu une aventure ? Une liaison ? Ou, comme le confia Paule Colin, la fidèle secrétaire, n'y eut-il « jamais rien entre eux » ? Faute de documents, de lettres de part ou d'autre, on en est réduit aux hypothèses. Le Journal de Maurice Garçon, à ce jour inédit, contient quelques pages consacrées à Jeanne. D'une petite écriture régulière, harmonieuse et maîtrisée, à l'encre violette, il parle d'elle alors qu'elle a déjà quitté le cabinet et s'apprête à convoler. Elle est venue le voir pour lui annoncer son projet de mariage. On est à l'automne 1926. Le portrait que livre Garçon est froid. D'aucuns pourraient le qualifier de hautain et même de misogyne. Ainsi peut-on lire, dans le tome VIII de ses cahiers d'écolier, sagement numérotés et qu'il a l'un après l'autre agrémentés d'un index – minutieux jusque dans l'intime : « J'avais une secrétaire jeune avocate, jolie assez, intelligente moyennement, farcie de littérature et fille de son siècle. Au Palais, elle était l'une de celles dont on ne disait rien de défavorable, ce qui est rare. »

Il observera les changements survenus dans son apparence, quand elle rencontrera son futur mari, pour déplorer ses manières et ses nouvelles façons de s'habiller. Il l'aimait naïve, fraîche, un peu oie blanche, telle que son père la lui avait envoyée. Il ne l'aimera plus femme – émancipée, audacieuse, arrogante, trop visiblement épanouie et sensuelle. A l'automne 1926, s'il avait eu le projet de la garder près de lui, il lui apparaît clairement qu'elle s'est affranchie de sa tutelle et qu'il n'exerce plus sur elle aucune attraction. Son intérêt s'est porté ailleurs. Vers un autre homme. Sans doute un autre but.

Elle aura appris à ses côtés, en très peu de temps, combien l'art d'éblouir et de convaincre peut servir dans la vie. Et elle a éprouvé jusqu'au vertige, tandis qu'il fascinait l'auditoire, le désir d'attirer sur elle tous les regards. La mise en lumière de la personnalité, c'est la leçon qu'elle garde de ces quelques mois passés à l'école de Maurice Garçon.

5

Un solide ancrage familial

Paul Valéry n'aurait peut-être pas écrit comme André Maurois un *Cours de bonheur conjugal*, mais après bientôt quarante ans de mariage, il n'a plus rien à apprendre sur la question. Une épouse, Jeannie, trois enfants, Claude, Agathe et François, âgés maintenant d'une trentaine d'années, et les premiers petits-enfants composent son cercle de famille. Il conviendrait d'y ajouter une ribambelle de neveux, de nièces et de cousins. Tout ce petit monde habite le même immeuble, construit par Berthe Morisot et son mari, Eugène Manet, dans le 16e arrondissement : 40 rue de Villejust. Les Valéry y occupent le troisième étage. Leurs enfants mariés ne se sont guère éloignés de chez eux. La tribu reste très unie.

Jeannie Valéry, née Gobillard, en 1877, est la nièce de Berthe Morisot : la seconde fille d'Yves Morisot épouse Gobillard, sœur aînée du peintre, dont Degas a laissé un portrait peu flatteur.

Elle a elle-même une sœur de neuf ans son aînée, Paule, qui vit à ses côtés depuis la mort de leur mère – le mariage n'y a rien changé. Paule Gobillard, restée célibataire, habite dans l'appartement du couple Valéry, où elle a sa chambre-atelier. Elle les a même accompagnés lors de leur voyage de noces en Belgique et aux Pays-Bas ! Pas très belle, avec ce menton lourd hérité de leur mère qu'on retrouve, moins accentué, chez Jeannie, cette affectueuse et fidèle duègne passe sa vie à peindre, comme sa chère tante Berthe, des portraits et des paysages très doux, des bouquets de fleurs, dans lesquels se constate un talent héréditaire. C'est une artiste professionnelle, qui expose régulièrement son travail dans des salons ou des galeries. Jeannie, elle, préfère la musique à la peinture. Excellente pianiste, elle a suivi les cours de Raoul Pugno au Conservatoire. Son piano, surmonté d'une magnifique édition du *Corbeau* d'Edgar Poe illustré par Manet, trône au centre du salon. Elle joue du Chopin le plus souvent, du Wagner pour son mari dont il est le compositeur de prédilection, mais aussi du Debussy, du Fauré, du Poulenc, qui sont du nombre de leurs amis. Autour d'elle, qui s'amuse quelquefois à tracer un croquis, tout le monde peint ou dessine, y compris Paul Valéry dont c'est une véritable marotte. Il a sa boîte d'aquarelles, son carnet de dessin. Cette occupation d'amateur, qui étonnerait dans d'autres familles, est des plus naturelles parmi la parentèle de Berthe Morisot : au 40 rue de Villejust, on vit crayon et pinceau à la main, dans l'odeur d'essence de térébenthine.

Une quinzaine de tableaux de tante Berthe représentent Jeannie dans sa jeunesse heureuse : elle a été l'un de ses modèles préférés. C'était une jeune fille aux longs cheveux châtains, avec de la fraîcheur, de l'innocence. La voici jouant à la poupée ou habillée en danseuse, et voilà son dernier portrait en buste, à dix-sept ans, peint un an avant la mort de l'artiste. Peu souriante – mais aucun des modèles de Berthe ne sourit jamais –, elle n'est pas la plus jolie des jeunes filles que Berthe a aimé peindre. Jeanne Baudot, une élève de Renoir, Marthe Givaudan, la fille de la concierge de la rue de Villejust, ou Jeanne Pontillon, une autre nièce de Berthe (la fille de sa sœur Edma), sans parler de ses modèles professionnels, ont des beautés plus radieuses ou plus parfaites. Jeannie, à cet âge, alors a du piquant. Renoir, qui a fait lui aussi son portrait, l'a peinte sous un chapeau à fleurs.

C'est maintenant une dame. Pas tout à fait une vieille dame, mais en 1938 – date du premier rendez-vous de Valéry rue de l'Assomption –, elle a tout de même soixante et un ans. Vêtue de gris et de mauve, elle cache ses genoux et coiffe ses cheveux en chignon, indifférente à la mode qui sied si bien à Jeanne Voilier. Janséniste d'allure et de manières, tout chez elle dénote la discrétion, le respect des convenances. C'est une très bonne personne, modeste et pieuse. Epouse exemplaire, mère de famille irréprochable, elle est parfaite dans son rôle de grand-mère. La famille l'absorbe, bien qu'elle reste disponible pour ses amis et reçoive volontiers chez elle pour des déjeuners, des dîners, des thés. Elle assure à Paul Valéry une vie sociale et mondaine, qui n'est certes pas fastueuse, mais reste des plus régulières et agréables. La même cuisinière est à son service depuis son mariage : Charlotte Lecoq. Recommandée par Mallarmé, qui l'a fait venir de la campagne – de Valvins, précisément –, elle fait si bien partie de la famille qu'une petite-fille de Jeannie écrira un jour un livre sur elle[6]. Les recettes de Charlotte, comme le pilaf à la turque ou le filet de sole florentine, parfument l'atmosphère du 40 rue de Villejust. Son veau, baptisé « veau Valéry » par les invités, est le plat préféré de l'écrivain qui a peu d'appétit et n'aime que la viande blanche.

Jeannie reçoit avec une aisance pleine d'esprit tous les amis de son mari, qui sont écrivains, peintres et musiciens, mais aussi professeurs ou avocats : d'André Gide à Léon-Paul Fargue, en passant par Henri de Régnier ou par le docteur C. Mardrus, traducteur des *Mille et Une Nuits*, de hautes personnalités sont venues dîner chez elle afin de goûter à la conversation si exceptionnelle et brillante de son mari.

Le portrait de Madame Paul Valéry, maîtresse de maison attentive à la fois aux détails du quotidien et aux subtilités de la vie mondaine, ne serait pas complet sans la vision d'une Jeannie souvent en prière dans sa chambre ou communiant à l'église Saint-Honoré-d'Eylau. Figure respectée et active de sa paroisse – la même depuis quarante ans –, elle s'y montre une généreuse dame d'œuvres. Sa foi, qu'elle pratique avec assiduité, fait souvent sourire Paul Valéry, agnostique et libre penseur. Son mari ne l'accompagne jamais à la messe. Peut-être, lorsqu'elle enseigne le catéchisme à des enfants rêveurs ou lorsqu'elle remonte la nef pour recevoir l'hostie devant l'autel, retrouve-t-elle un souvenir merveilleux qui ne s'est jamais effacé : celui de ce jour de mai 1900 où, jeune femme de vingt-trois ans, encore pure et voilée de blanc, elle a dit oui à Paul Valéry.

Saint-Honoré-d'Eylau. Le plus beau jour de sa vie.

Ce jour-là, un 31 mai, le prêtre avait célébré un double mariage : le sien et, à la même heure, celui de sa cousine germaine, Julie Manet, à laquelle elle est liée depuis l'enfance par le plus tendre des liens. Julie se tenait à ses côtés, dans une robe de mariée identique, et portait la même couronne légère de fleurs d'oranger : en la regardant, elle croyait se voir dans un miroir, son oui a fait écho au sien.

Julie, c'est la fille chérie de Berthe Morisot, son enfant unique et l'amour de sa vie. Née de son mariage tardif avec Eugène Manet, le frère d'Edouard Manet, qui devait mourir de manière précoce – les trois frères Manet ont été fauchés dans la force de l'âge –, elle a été élevée dans l'adoration de cette mère très aimante qui l'a laissée orpheline à dix-sept ans. Berthe avait eu le temps d'organiser son tutorat, en lui choisissant ses meilleurs amis pour veiller sur son éducation :

le peintre Renoir et le poète Mallarmé... Quelques instants avant de rendre son dernier soupir, elle avait encore trouvé la force de la confier à ses deux cousines, Paule et Jeannie : à la mort d'Yves Gobillard, leur mère, elles étaient venues vivre avec leur tante.

C'est rue Weber, dans ce 16ᵉ arrondissement où Berthe Morisot vécut toute sa vie à des adresses différentes, que les jeunes filles ont mené avec Berthe, un temps hélas trop court, une existence joyeuse, dénuée de tout souci, et consacrée à peindre ou à faire de la musique, en bavardant sans cesse et en riant souvent. Berthe Morisot s'était installée dans cet appartement de location, à la mort de son mari, ne pouvant supporter de continuer à habiter sans lui les grands espaces de la rue de Villejust. Mais les trois jeunes filles y retournèrent sitôt après sa propre mort, sur les conseils de Mallarmé. Il leur envoya alors sa cuisinière Charlotte pour les aider aux tâches quotidiennes. Autant par respect que pour ne pas raviver la souffrance d'une disparition qui reste toujours cruelle, elles ne voulurent pas emménager dans l'appartement du rez-de-chaussée où avaient vécu les Manet, et préférèrent l'étage du dessus. Au second, a longtemps habité Edma Pontillon – l'autre sœur de Berthe, sa préférée, qui peignait également dans sa jeunesse, du temps de leur apprentissage auprès de Corot. Edma, devenue veuve à son tour, s'était tout naturellement établie au second avec ses deux filles, Blanche et Jeanne. Au mariage des deux cousines, Jeannie avait pris avec Paul Valéry l'appartement du troisième étage, et Julie un appartement identique, au quatrième, avec son mari, Ernest Rouart. Fils du peintre Henri Rouart – ami des impressionnistes et grand collectionneur d'art –, peintre lui-même, unique élève de Degas, cet homme silencieux et réservé, à la haute silhouette et à la barbe jadis rousse, comme tous les frères Rouart, entretient avec Valéry des rapports fraternels. Dans un immeuble presque unanimement habité par des femmes et longtemps peuplé d'enfants, ils sont chacun, de la plus délicate manière, les maîtres du gynécée.

Ce qui lie ces deux hommes, c'est leur amour commun pour les arts, mais c'est surtout l'admiration qu'ils éprouvent pour deux grands hommes. L'un, Valéry, pour Mallarmé dont il a été le disciple autrefois, rue de Rome, et dont il reste le gardien du temple. Et l'autre, Rouart, pour Edgar Degas, qu'il place au panthéon des peintres impressionnistes et dont il a fait siens les sévères préceptes artistiques. Aucun visiteur n'est toléré rue de Villejust qui oserait s'en prendre à ces deux idoles, objets d'un véritable culte familial. Ce sont Mallarmé et Degas qui ont été les artisans des deux mariages Rouart et Valéry. Stéphane Mallarmé, le premier, a eu la double idée, qui devait se révéler excellente, d'unir Jeannie Gobillard à Paul Valéry et Julie Manet à Ernest Rouart. Fidèle des jeudis de Berthe Morisot et très proche du peintre, il a eu à cœur de bien marier sa fille et sa nièce. C'était pour lui une mission aussi sacrée que d'écrire la préface du catalogue posthume pour la première exposition des peintures de Berthe – il devait s'en acquitter juste avant de mourir, en 1898. Degas est ensuite venu soutenir le projet : lui aussi ami fidèle de Berthe, figure permanente de son cercle, et en peinture l'un de ses ardents défenseurs (avec Mallarmé, Renoir et Monet), il a fait de cette double union son affaire. S'appuyant sur la complicité de Paule Gobillard et de Geneviève Mallarmé, fille du poète, elles aussi mises à contribution, il a tenu à rapprocher ces jeunes gens. Et l'idée première, insufflée par le poète, a fini par prendre corps. Julie le raconte dans son Journal, à la date du 22 décembre 1898, alors que toute la famille assiste à la signature du contrat de mariage entre Yvonne Lerolle et

Eugène Rouart (l'un des trois frères d'Ernest). Cette signature se déroule chez Degas, à son domicile de la rue Victor-Massé, car c'est également lui qui a organisé ce mariage. Degas, vieux garçon et célibataire endurci, est le marieur de la famille ! « Je vois Jeannie au bras de Valéry allant au buffet et causant, écrit Julie. Et j'ai un éclair de joie. (...) Suivant Valéry et Jeannie, moi au bras d'Ernest Rouart, je me demande si en cette charmante soirée nous ne sommes pas chacune au bras de celui avec lequel nous pourrions ainsi parcourir la vie... »

Mallarmé est mort trop tôt pour voir se réaliser ses vœux, mais Degas a assisté à la double cérémonie au premier rang.

Les Paul-Valéry et les Ernest-Rouart forment deux couples unis et inséparables. Leurs enfants – trois de chaque côté – ont monté et descendu sans cesse le grand escalier central, passant d'un foyer à l'autre, tantôt chez oncle Paul et tante Jeannie, tantôt chez oncle Ernest et tante Julie. Les petits-enfants ont pris le relais. Les mondes ne sont pas cloisonnés. Chacun s'entend à merveille dans cette famille qu'à Paris on appelle « les Rouart-Valéry ».

Aux deux étages, c'est la même atmosphère, à la fois bourgeoise et artiste. On peut la trouver conventionnelle, cette bourgeoisie des Rouart-Valéry qui a établi ses pénates dans le plus conservateur et le plus cossu des arrondissements parisiens : meubles Empire, guéridons, méridiennes, argenterie, repas servis par la cuisinière – Charlotte, au troisième étage, a son exacte réplique au quatrième en la personne d'Hortense. Mais la spécificité familiale saute aux yeux : tableaux innombrables sur les murs, assemblés comme dans un atelier, cadre contre cadre, matériel de peinture, chevalets, cartons à dessins qui contiennent des merveilles (des eaux-fortes de Rembrandt ou de Manet par exemple), piano, enfin, d'où montent des sons produits par une main sûre et sensible – cette main aux doigts fins de Jeannie.

Les deux cuisinières, très créatives aux fourneaux, participent à leur manière à cet art de vivre : il leur arrive de concocter des desserts ensemble, en s'inspirant des recettes de Blanche Monet, la belle-fille du peintre des *Nymphéas*.

Seule disparité : au quatrième, les tableaux sont les chefs-d'œuvre d'Edouard Manet et de Berthe Morisot, mais aussi de Monet, Renoir, Degas ou Fantin-Latour, dont Julie a hérité. Il y a chez elle treize Manet, parmi lesquels le *Portrait des parents de l'artiste* (aujourd'hui au Musée d'Orsay) accroché au-dessus du lit conjugal. Dans la salle à manger, *Berthe Morisot au bouquet de violettes* (également à Orsay à présent) a trouvé sa place au-dessus de la corbeille à pain, entre la *Brune aux seins nus* du même Manet et un magnifique Chardin représentant des instruments de musique. Les Morisot sont innombrables, bien sûr, principalement accrochés au salon, avec les trois Renoir qui représentent la maîtresse de maison dans sa jeunesse insouciante : Julie au chat, Julie et sa mère, et Julie aux longs cheveux. A l'étage du dessous, le nombre d'œuvres d'art décroît, mais pas leur qualité. Des *Pivoines* de Manet, deux portraits de Paule, peints par Renoir et par Odilon Redon, et de merveilleux Morisot enchantent le décor. Les moyens financiers y sont bien moindres cependant, quoique personne ne puisse relever un tel écart dans l'ameublement ou le style de vie. On est tout aussi économe et discret au quatrième qu'au troisième. Mais Julie Manet est riche : pas seulement grâce aux tableaux ornant les murs qui ont atteint, avec les ans, un prix dont aucun des peintres de la famille n'aurait pu, de son vivant, soupçonner l'ampleur. Cela n'a d'ailleurs aucune incidence sur son train de maison : elle ne les vend pas. Ils ont pour elle une valeur sentimentale puisqu'ils lui évoquent sa mère chérie, son père et son oncle, leurs amis, ce sont des témoins vivants de l'histoire et de la mémoire familiales. Ce qui fait la fortune de Julie Manet, et qui lui permet, ainsi qu'à son mari, de vivre sans travailler, c'est un héritage Manet, en effet, mais un héritage qui, paradoxalement, n'a rien à voir avec la peinture. De son père Eugène Manet, qui les tenait de son propre père, puis de son oncle Edouard, Julie a hérité de terrains à Gennevilliers qui, une fois lotis, se sont révélés de très rentables placements immobiliers. De la sorte, elle peut vivre à l'aise de ses rentes et en fait profiter sa parentèle. C'est d'ailleurs déjà grâce à cet héritage qu'Eugène et Berthe avaient pu faire construire l'immeuble de la rue de Villejust, et qu'ils avaient acheté, en 1892, à l'ouest de Paris, dans les environs de Melun, une propriété de campagne où toute la famille passe ses vacances : le château du Mesnil. Les Valéry y ont leur chambre. Alors que les deux sœurs Gobillard sont les modestes héritières d'un père fonctionnaire aux Impôts, et que les Morisot n'ont eux-mêmes jamais roulé sur l'or, le côté Rouart-Manet conjugue deux héritages florissants. Aux terrains de Gennevilliers s'est ajoutée en 1912 une part de la fortune d'Henri Rouart qui, en plus de sa passion pour les arts, fut un industriel prospère, propriétaire d'usines de fer creux à Montluçon, détenteur de brevets comme le « petit bleu » ou un système de réfrigération qui longtemps ne connut pas de rival, et excellent gestionnaire de ses biens. Ses cinq enfants se sont partagé les immeubles, les rentes et la somme pharamineuse atteinte par la vente de sa collection de tableaux et de dessins en décembre 1912 – cinq millions et demi de francs-or.

Ernest Rouart est de tous ses frères et sœur celui qui a racheté le plus de toiles et de dessins de la collection paternelle : notamment la *Brune aux seins nus* de Manet, les *Instruments de musique* de Chardin, et un très bel ensemble de toiles et de pastels de Degas – parmi lesquels le fameux *Portrait d'Henri Rouart devant ses usines*, que son frère Eugène, lui, a vendu dans les années trente et qui est aujourd'hui au Carnegie Museum of Art à Pittsburgh, et le pastel représentant son père vieux, coiffé d'une calotte –, le dernier en date des cinq portraits d'Henri Rouart par Degas qui fut son ami le plus cher. Corot, Fragonard, Poussin, Hubert Robert font également partie des trésors du quatrième étage.

Les Valéry sont loin du compte. Ni leur héritage, modeste pour l'un comme pour l'autre, ni les revenus de Paul Valéry qui sont ceux d'un écrivain poète, ne leur procurent l'aisance financière. L'argent est le tracas permanent de Paul Valéry qui tire souvent le diable par la queue et doit trouver des expédients pour subvenir aux besoins de sa famille. Etre riche n'a jamais été son but, mais le manque d'argent entrave son sentiment de liberté. D'autant qu'il est père de trois enfants. Avec le succès littéraire, un relatif confort lui est venu, mais il le sait fragile et peu durable. D'où cet avertissement qu'il lance gentiment à son fils François lorsque celui-ci lui annonce son désir de se consacrer à la musique : « *La Jeune Parque* ne pourra indéfiniment se transformer en rôti de veau[7]. » François comprendra la leçon : il deviendra ambassadeur.

Longtemps, Paul Valéry aura son bureau dans sa chambre, au pied du lit conjugal. Ce n'est qu'une fois les enfants mariés ou partis, qu'il pourra avoir son bureau dans une pièce séparée, un bureau dit américain, en forme de cylindre, qui contient ses innombrables papiers, ses crayons, ses plumes d'oie et ses fameux Cahiers. Sa petite-fille aînée, Martine, en fera une description émerveillée[8]. Parents moins aisés que les Rouart-Manet, les Valéry sont riches d'une fortune différente : la gloire littéraire et intel-

lectuelle de Paul Valéry pare toute la famille d'un
prestige qui, à sa mort, vaudra à la rue de Villejust
d'être débaptisée pour porter désormais son nom
illustre.

Un an à peine sépare Jeannie Valéry de Julie
Rouart-Manet, Jeannie étant l'aînée : les deux cousines sont des âmes sœurs. Ce qui les différencie ?
Jeannie a été blonde autrefois et Julie a eu des cheveux
noirs, quoique toutes deux soient maintenant plus que
grisonnantes. Julie, de loin la plus jolie, possède une
grâce. Toutes deux intelligentes, toutes deux sensibles,
l'une, Jeannie, joue admirablement du piano, tandis
que Julie peint comme sa mère et sa cousine Paule,
dans la même manière et la même lumière que Berthe
Morisot. Devant ses boîtes de couleurs, Julie retrouve
sa mère et les moments heureux où elles peignaient
côte à côte, dans le jardin du Mesnil. Jamais elle
n'a exposé ses toiles. Jamais elle ne les exposera :
sa peinture, selon l'un de ses petits-neveux, est « une
communion intime et secrète avec le génie et l'amour
maternels[9] ».

Les tableaux de Berthe Morisot forment l'album
du bonheur. Le temps a passé, changeant les visages,
sans effacer ce lien si fort qui unit Jeannie à Julie.
Car Berthe a souvent représenté les deux cousines
ensemble, sur les mêmes toiles : dans *Le Pommier*, *Le
Cerisier*, *Le Flageolet* où elles jouent toutes les deux de
la flûte, ou dans *La Sonate de Mozart*. Si semblables,
elles ont toujours été les meilleures amies du monde.
Depuis la mort de leurs mères, elles ont tout vécu
dans un accord parfait : non seulement le mariage,
mais les maternités successives qui souvent coïncident,
l'éducation des enfants, la gestion de l'existence quotidienne, les joies et les chagrins. Elles sont restées plus
que proches, soudées l'une à l'autre, complémentaires
et inséparables, sous le regard bienveillant et inquiet
de Paule, la grande sœur, préoccupée de les savoir

heureuses. La religion les rapproche encore, s'il en était besoin. Une même spiritualité, un goût de la prière – les deux femmes vont à la messe ensemble et ont leurs œuvres à Saint-Honoré-d'Eylau. Elles ont d'ailleurs élevé leurs enfants dans cette certitude qu'ils formaient une famille au destin solidaire. La peinture, la poésie n'ont rien de solennel pour eux. Les enfants, comme les adultes, y baignent naturellement. Nulle vanité n'affecte ces collectionneurs de chefs-d'œuvre.

Au 40 rue de Villejust, le climat général est un mélange d'affectueuse bonhomie et d'intimité. Paul Valéry a les clefs du quatrième, Julie les lui a données pour qu'il puisse venir travailler dans le calme et réfléchir à son aise, loin des enfants braillards. Il a pris l'habitude de s'y réfugier et même d'y passer la nuit lorsque Ernest et Julie sont à la campagne. En témoigne une courte lettre datée d'un dimanche d'août 1903.

« Ma chère Julie,

J'ai violé ton domicile cette nuit, très tard, simplement pour dormir. Voleur de repos et dévaliseur de silence, la paternité m'a conduit au cambriolage.

J'ai si bien dormi que s'est réveillé le remords.

J'ai merveilleusement puisé dans ton excellente literie. La claire intelligence de mon indiscrétion.

C'était mal, mais c'était si bon de fuir ce gosse de cuivre, ce petit âne d'airain[10] !

Pardon et merci.

Bien des choses à Ernest.

Ton PV. »[11]

Les soucis n'ont cependant pas été épargnés aux deux foyers. Julie, c'est la mauvaise santé d'Ernest qui la tourmente. Gazé pendant la guerre de 1914-1918, il en subit de lourdes séquelles physiques. Jeannie, plus fragile que sa cousine germaine, a elle-même

connu des ennuis de santé. Les accouchements ont
été difficiles et elle a dû faire plusieurs séjours dans
des maisons de convalescence, à la montagne ou à la
mer. La vie conjugale de Julie, par son inaltérabilité,
évoque assez souvent l'eau des lacs tranquilles que
Berthe Morisot aimait peindre. Celle de Jeannie, en
revanche, est beaucoup moins lisse. Non que Paul
Valéry la fasse vivre dans un climat d'orage. C'est
même tout le contraire : il est, au cœur du foyer, un
mari très présent, très affectueux, attentif aux siens.
Il ne manque pas un anniversaire et prend part aux
tablées avec gaieté. Il a aimé jouer avec les enfants,
parler, dessiner avec eux, leur inventer des histoires
à dormir debout plutôt que de corriger leurs devoirs.
Adorable avec les petits-enfants – on peut compter
sur lui pour les garder –, Jeannie ne peut pas lui
reprocher d'avoir manqué à l'appel quand elle a eu
besoin de lui. Il est toujours là, avec sa mèche sur le
front, ses yeux bleus rieurs, son sourire un peu narquois et ses plaisanteries lestes. Le premier à s'amuser d'un rien, à rire avec les gosses et à faire sauter
les bouchons de champagne qui, avec les fléchettes
des garçons, menacent si souvent de trouer la toile
des merveilleux chefs-d'œuvre de la maisonnée. Ce
mari, parfait en presque tout, n'a qu'un défaut : il est
sensible au charme féminin. Et le bonheur de Jeannie s'en est trouvé assombri. Les coups de canif de
Paul Valéry dans le contrat conjugal, il n'a pas pu
toujours les tenir secrets. Jeannie les a subis, une fois
même informée par une maîtresse perfide, et il lui a
fallu les subir, la plupart du temps sans se plaindre,
en chrétienne. Sa foi l'a aidée – elle s'en remet à
Dieu lors des épreuves. Mais elle a pu aussi trouver
en Julie une épaule sur laquelle s'épancher. Cette
dernière est la seule à avoir partagé ses confidences.
La peine, l'amertume d'être trompée, Jeannie connaît
cela, mais elle a su y faire face et elle est chaque

fois sortie victorieuse des batailles dans lesquelles de redoutables séductrices tentaient de lui voler son mari. Elle possède l'art de se taire et d'endurer. C'est une résistante qu'aucune aventurière, même de haut vol, n'a réussi à vaincre. Ses armes sont la patience et la fidélité. Avec Paul Valéry, ils ont construit une famille : elle sait que Valéry y tient au moins autant qu'au charme passager de quelques enchanteresses. Ces créatures de chair et de rêve inspirent sûrement son mari, mais elles ne peuvent lui offrir ce qui reste son domaine à elle, si construit, si rassurant, et par là indispensable au poète : le foyer où il écrit son œuvre en paix. Jeannie est la poutre principale du cadre bourgeois et familial sans lequel son esprit, tenté par trop de démons et faute de balises, se perdrait.

Lui-même en a la plus claire conscience. Déjà, dans sa jeunesse agitée, alors que Mallarmé et Degas lui concoctaient un mariage sur mesure et que, très loin de ces projets matrimoniaux, Pierre Louÿs l'invitait à profiter des voluptés de Zohra bent Brahim, sa maîtresse ramenée d'Algérie, il confiait à son frère aîné, Jules, vouloir trouver « une serre à travail aussi favorable que possible ». La structure et la douceur d'un foyer, il y a toujours aspiré, même confronté aux tentations les plus érotiques.

L'amoureux platonique de Madame de Rovira a néanmoins des besoins sexuels. Avant d'épouser Jeannie, Zo – le petit nom de la jolie Mauresque – a sûrement été son aventure la plus délurée. Loin d'une maîtresse en titre, plutôt un plaisir partagé. Le piano de Debussy, qui assistait aux parties fines chez Pierre Louÿs, a joué un certain rôle, de même que le Kodak de Louÿs... Selon son plus sérieux biographe[12], Valéry n'aurait goûté qu'une fois ou deux peut-être à cette fille exotique qu'il trouvait « fort énervante » et qui toussait beaucoup. Il lui avait donné des pastilles Valda et avait laissé Louÿs l'emmener seul à l'Opéra.

L'Ouled-Naïl avait affolé le parterre en apparaissant toute nue sous ses voiles. Puis Louÿs s'était lassé et l'avait renvoyée dans son pays. Le temps a bien passé depuis Zohra qui, si elle est toujours vivante, doit être une vieille dame et fumer son narguilé en rêvant de sa vie à Paris.

Jeannie a vieilli, comme lui, dans le miroir de cette vie qu'ils ont construite à deux. Le curé de Saint-Honoré-d'Eylau le leur avait annoncé le jour de leurs noces : on se marie pour le meilleur et pour le pire. Dans la colonne du pire, la routine et les chaînes, l'implacable et étouffante vie conjugale. Mais cette servitude qu'il a choisie en toute lucidité, avant de passer un anneau à son doigt, lui a finalement offert une contrepartie favorable : une discipline. Il lui fallait des heures fixes, un cadre strict, des règles et un carcan. Comme le sonnet, la forme poétique la plus harmonieuse, a son moule rigide, sa césure et ses rimes imposées, il a eu ses contraintes. Elles l'ont sauvé de sa nonchalance naturelle et de son penchant à la rêverie. Paradoxalement, ce sont elles qui lui ont permis d'exercer son esprit en toute liberté. Aussi, dans la colonne du positif, à côté de la tendresse et de l'amour irremplaçables (mais qu'on peut toujours trouver ailleurs, après tout), la discipline figure en bonne place. Une œuvre s'est construite au fil des années. Et cette œuvre il la doit à Jeannie. Son épouse, c'est sûrement l'un de ses plus grands mérites, a toujours veillé à ce qu'il puisse écrire en paix.

Il n'en demeure pas moins classiquement schizophrénique dans son approche de la question amoureuse : convaincu des avantages de la vie à deux, il aspire en même temps à la fuir dans ces aventures qui paillettent l'ordinaire tout en lui apportant leur lot de complications. Il le confie dans l'un de ses Cahiers : « Chaque famille sécrète un ennui intérieur et spécifique qui fait fuir chacun de ses membres tant qu'il lui reste un peu de vie. Mais elle a aussi une antique et puissante vertu qui réside dans la communion autour de la soupe du soir, dans le sentiment d'être entre soi et sans manières, tel que l'on est[13]. » Paul Valéry a toujours été déchiré et hésitant entre ces deux modes de vie : la famille, la liberté. Comment choisir l'un sans sacrifier l'autre ou passer de l'un à l'autre ? A moins d'associer les deux... ?

6

L'homme à l'Hispano

Mariée, Jeanne Voilier l'a été. Pendant neuf ans. Son mari, Pierre Frondaie, n'a pas eu la discrétion de Paul Valéry dans ses fredaines. Il n'était pas du genre à restreindre ses pulsions érotiques pour rentrer sagement déjeuner à la maison. C'est un noceur professionnel. Avant Jeanne, il a déjà consommé deux épouses. Il en aura encore une autre après, mais celle-là lui fermera les yeux. Le milieu de théâtreux et de théâtreuses dans lequel il vit n'est pas fait pour calmer ses ardeurs. La tentation y est permanente : petites actrices en mal d'un rôle, demi-mondaines en quête d'un protecteur font les yeux doux à cet homme très en vue. En juin 1930, l'hebdomadaire *Vu* organisa un concours de « sex-appeal ». Les lauréats et les lauréates étaient désignés par les lecteurs et les lectrices qui leur attribuaient des notes. Côté féminin, Yvonne Printemps arrive en tête avec 8 sur 10, suivie de près par Mistinguett et Joséphine Baker. Côté masculin, Maurice Chevalier, qui joue cette année-là dans *Parade d'amour*, l'emporte sur Lindbergh avec 9 sur 10. Pierre Frondaie arrive tout de suite après (7 sur 10), ex aequo avec André de Fouquières[14]. C'est dire sa réputation. Il est « sexy ».

Ecrivain dans un registre populaire, abonné au succès, Pierre Frondaie n'a rien d'un austère mallarméen. Ce n'est pas *L'Azur ! L'Azur !* qui le fascine. Mais les gros tirages. Dès 1930, son éditeur, Emile-Paul, était fier de divulguer les chiffres de vente de ses romans : *L'Eau du Nil*, cent cinquante mille exemplaires, *Deux fois vingt ans*, deux cent vingt-cinq mille, *La Côte des Dieux*, cent soixante mille, *Auprès de ma blonde*, cent soixante-quinze mille : époustouflant ! *L'Homme à l'Hispano*, son roman le plus fameux, publié en 1925, a battu tous les records. Traduit en quinze langues, il est devenu un best-seller international dont la renommée a atteint Hollywood. En France, il a été porté deux fois à l'écran, par Julien Duvivier en 1926, et par Jean Epstein en 1933. Pierre Frondaie, c'est l'écrivain à la mode, dans la lignée d'un Marcel Prévost, d'un Maurice Dekobra, d'un Victor Margueritte. Greffé sur des tableaux des mœurs de son temps, le cœur est son fonds de commerce.

La poésie pure, chère à Valéry, le concerne peu. Non qu'il ne soit pas cultivé et spirituel, mais son œuvre n'est pas conçue selon les canons jansénistes de Gallimard : Frondaie veut faire de l'argent par la littérature et mener la belle vie. Il y a jusque-là très bien réussi. « L'homme à l'Hispano », l'irrésistible et flamboyant Georges Dewalter, est son double : jolies femmes, voitures de sport, champagne à gogo. Avec ça, hâbleur, frimeur, sauteur. Et peut-être plus fragile au fond qu'il n'y paraît. D'ailleurs, Georges Dewalter a beau avoir une somptueuse berline, il n'en est pas moins porté à la mélancolie. Pierre Frondaie passe souvent aux yeux de son public pour un personnage de ses romans et de son théâtre : d'une chatoyante séduction. Mais sous une virilité triomphante et un luxe tapageur, il cache les angoisses d'un grand inquiet. Il ne suffit pas d'avoir une Hispano-Suiza pour être heureux : la triviale moralité de son roman, empreint d'une nostalgie douce-amère, pourrait tout aussi bien être la devise du romancier.

« Blanche, magnifique comme une barque royale, mais terrestre et posée sur ses roues puissantes, l'Hispano recueillait les dernières lueurs du jour sur sa carrosserie aux apparences d'ivoire et d'argent. Pendant trois heures, elle avait traversé la lande, avec une puissance de bolide horizontal. Maintenant elle se reposait. Les enfants, venus pour l'adorer, tournaient avec prudence autour d'elle[15]. »

Pierre Frondaie, de son vrai nom René Fraudet, né en 1884, a treize ans de moins que Paul Valéry. Il a vécu boulevard Malesherbes, dans une famille aisée et bourgeoise. Son père était antiquaire. Sa mère ressemblait, paraît-il, à Ava Gardner. Une Ava Gardner aux yeux d'émeraude. D'origine basque, elle devait lui donner pour toute la vie la passion des paysages qui s'étendent entre Biarritz et Arcachon. Et le goût des femmes magnifiques. Quand elle mourut, le plus jeune de ses deux fils n'avait que dix-sept ans : son image rayonnante, qu'il semble poursuivre désespérément, ne l'a jamais quitté.

Il a lui-même un physique avantageux : grand, athlétique, des épaules larges, de l'allure et du panache, sa tête d'empereur romain le distingue. Le front dégarni, presque chauve, met en valeur ses traits forts, son nez impeccablement droit, sa bouche sensuelle. Ce séducteur patenté séduit sans avoir à se donner beaucoup de mal : il plaît dès le premier regard.

Ses débuts en littérature sont fulgurants. Ils en disent long sur son charme, son culot et, évidemment, son talent. Comme Guitry, il n'a pas fait d'études : « en fait de diplômes, je n'ai que mon permis de conduire », se plaît-il à dire. Mais il est doué. A vingt ans, déjà fou de théâtre, c'est cet art qui va le révéler ; les romans suivront. En 1906, à vingt-deux ans, il écrit une première pièce en vers, *La Nuit perverse*, qu'il tient à remettre en main propre à… Sarah Bernhardt. Il n'imagine pas que son chef-d'œuvre puisse être lu

ni récité par une autre interprète que la très grande,
l'unique ! La tragédienne, dans sa soixantième année,
selon son âge avoué, demeurait sans rivale. Il se rend
donc à son hôtel particulier, boulevard Pereire, et
sonne tout naturellement à la porte. Comme il n'a pas
rendez-vous, le maître d'hôtel l'éconduit. Fraudet ne
se décourage pas. Il rôde autour du n° 56 en guettant
une opportunité. Profitant d'un moment d'inattention
du personnel, qui a ouvert à un livreur, il parvient à
se faufiler. Ni vu ni connu, il entre sur la pointe des
pieds dans un salon du rez-de-chaussée et il attend.
Il attend longtemps, très longtemps... Si longtemps
qu'il finit par s'endormir sur le canapé. Et c'est ce
beau jeune homme, dormant en toute innocence, que
découvre Sarah Bernhardt, en rentrant chez elle. Elle
réveille l'intrus, il lui tend *La Nuit perverse*. Elle lit
le manuscrit sur-le-champ, est immédiatement emballée. « Ah ! si j'avais quarante ans de moins... », lui
aurait-elle dit en lui caressant le front.

Sarah Bernhardt va jouer cette première pièce de
René Fraudet lors d'une tournée triomphale en Amérique du Sud. Et elle ne se privera pas de révéler à la
presse, notamment au *New York Times*, dans quelles
conditions elle a rencontré l'auteur.

La chance fait partie du génie de Fraudet, qui
change bientôt de nom pour poursuivre sa carrière
sous celui de Frondaie, et vole de succès en succès.
Du théâtre au roman, il brille dans les deux genres.
Il aime aussi mêler les deux : il adapte ses romans
au théâtre – ce sera le cas pour *L'Homme à l'Hispano*, joué au théâtre de la Renaissance en 1928,
puis, l'année suivante, au théâtre de la Madeleine
et, l'année d'après, à Broadway. Il s'est d'ailleurs
fait une spécialité, couronnée elle aussi de succès,
d'adapter les romans des autres : *La Femme et le
Pantin* de Pierre Louÿs, en 1911, *Colette Baudoche*
de Maurice Barrès, en 1915, *Le Crime de Sylvestre*

Bonnard d'Anatole France, en 1916, ou *La Bataille* de Claude Farrère, en 1921, dont il avait déjà adapté, en 1913, *L'Homme qui assassina*. C'est un boulimique d'écriture et de travail et il a véritablement le sens du théâtre : Louÿs, Barrès ou France se sont tous félicités de leur collaboration qui a donné à leurs livres une seconde vie, sur des scènes toujours prestigieuses en Europe et jusqu'en Amérique. Ses dialogues, ses reparties, qu'on retrouve avec le même dynamisme et la même pertinence dans ses romans, sont ceux d'un excellent dramaturge. Il a le théâtre dans la peau. D'ailleurs Frondaie ne se contente pas d'être auteur : il joue dans ses propres pièces. Comme Sacha Guitry. Parfaitement à l'aise au milieu des comédiens les plus aguerris, il n'a pas eu besoin de cours d'art dramatique pour briller sur les planches, de sorte que souvent le public ne sait plus s'il applaudit l'acteur ou l'auteur du spectacle. Ce qui est sûr, c'est que le parfum du théâtre, ses lumières et ses illusions lui sont indispensables pour exister. Quand il n'est pas sur une scène, Frondaie est dans une loge, à écouter des dialogues qu'il peut réciter par cœur, ou bien dans les coulisses, offrant à une jeune actrice qu'il a révélée un splendide bouquet de roses rouges.

Les plus célèbres comédiens interprètent ses pièces, de Harry Baur à Polaire, de Régina Badet à Sylvie, de Marie Bell à Eve Francis. Outre-Atlantique, Rudolph Valentino le cite comme l'un de ses auteurs préférés.

Véritable coqueluche de la scène, romancier à classer parmi ceux qu'on commence d'appeler « les best-sellers », Pierre Frondaie est au sommet de sa célébrité quand il rencontre Jeanne – en août 1925. Elle passe alors un séjour de vacances chez des amis de son père, les Léouzon Le Duc, dans leur château de Chazeron, près de Châtel-Guyon (Puy-de-

Dôme). Elle a vingt-deux ans et vient tout juste, en février, d'obtenir sa licence de droit. Elle ne sera avocat qu'au mois d'avril de l'année suivante. Ses parents l'ont laissée partir sans chaperon, confiants dans la tutelle de ce couple dont elle pourrait être la fille. Claude-Henri Léouzon Le Duc est venu la chercher lui-même à la gare de Châtel-Guyon. De fait, ce député boulangiste, un des ténors du barreau, futur bâtonnier de l'Ordre, veille de très près à l'avenir de cette belle enfant. A Paris, elle a déjà pu rencontrer grâce à lui et à son épouse des personnalités qui joueront un rôle dans son ascension sociale. L'appartement du 1 rue Bonaparte, avec sa vue majestueuse sur la Seine, est l'un des hauts lieux du Tout-Paris mondain, intellectuel et artistique. On est sûr d'y trouver le gratin du Palais, de la politique, des affaires. Les carrières s'y font une coupe de champagne à la main, tandis qu'une cantatrice distrait les invités de son chant et que les serveurs en gants blancs présentent les petits-fours. C'est le plus agréable et le plus profitable des lieux de rencontre. Pierre Frondaie le fréquente régulièrement. Dans l'un de ses romans[16], il décrit ce milieu des Léouzon Le Duc sous le nom à peine déguisé des Houdan-Farduc (!) avec un certain cynisme : « Les salons regorgeaient (...). Académiciens, écrivains en relief, hommes politiques, directeurs de journaux, banquiers, officiers généraux de terre et de mer, riches clients, tous s'entassaient entre des meubles précieux (...). Enfin vint l'heure du buffet : le meilleur monde s'y précipite. »

L'hôte, Claude-Henri, y apparaît petit, vif, « d'une malice redoutable, plein de courage et de talent, non sans ennemis. » Pas du genre à se lier avec n'importe qui : « On lui pardonnait mal, écrit Frondaie, de ne pas tomber dans cette camaraderie, cette connivence qui envahissent aujourd'hui les corps constitués et font qu'on s'y aborde, dans les parlements par exemple, en se tutoyant, comme au bagne. »

Louise Léouzon Le Duc, élégance parfaite, grand style, est née Riesener. Elle descend du célèbre ébéniste de Louis XVI – d'où la profusion de meubles précieux qu'évoque Frondaie. Son père, Léon Riesener, paysagiste et peintre d'histoire, fut l'élève de Gros. Il est aussi le cousin germain de Delacroix, ce qui explique l'étonnante collection de tableaux et de dessins du peintre de *La Liberté guidant le peuple* dans le salon de la rue Bonaparte. On peut y admirer encore, parmi d'autres merveilles, de nombreuses toiles de Berthe Morisot. Louise Riesener fut une des plus proches amies de Berthe qui a peint plusieurs fois son portrait. Sur l'un d'eux (aujourd'hui au Musée d'Orsay), accroché au-dessus d'une commode d'admirable marqueterie, elle a l'air de regarder ses invités ou de se regarder soi-même, évoluant au milieu d'eux. Assise sur une méridienne et accoudée à un guéridon, c'est une jeune fille en fleurs, au sourire un peu moqueur. Un autre portrait de cette maîtresse de maison chaleureuse, héritière d'une passion familiale pour les arts, est signé Fantin-Latour. Elle y est représentée, adolescente, dessinant au fusain la tête d'un des esclaves de Michel-Ange.

Comment Jeanne Loviton n'aurait-elle pas été grisée ? Elle adore d'instinct ce milieu qui représente pour elle tout ce qu'il y a de mieux. La fortune, avec la culture et la civilisation. Les manières raffinées, le vernis délicieux de la mondanité, si utiles pour réussir dans un certain monde, avaient manqué jusque-là à son éducation. Désireuse de se parfaire, elle apprend vite. Les Léouzon Le Duc peuvent le constater : cette jeune personne, loin de détonner parmi leurs chefs-d'œuvre, est devenue l'un des plus charmants attraits de leur compagnie.

C'est rue Bonaparte qu'elle fait la connaissance de Paul Valéry, cette même année 1925. Rencontre dénuée d'ambiguïté. Il vient d'être élu à l'Académie française et il est bien sûr accompagné de son épouse Jeannie, très liée aux Riesener, de même que Julie Rouart-Manet. Les deux cousines conservent des relations étroites avec Louise Léouzon Le Duc, amie de leurs mère et tante. La présence de Berthe Morisot est presque palpable quand elles sont ensemble. D'ailleurs le portrait de Louise Riesener assise sur la méridienne a été peint rue de Villejust, dans le salon de Berthe : tous les habitués du cercle de famille y reconnaissent les meubles Empire et les toiles aux murs, avec leur grâce légère. De leur côté, les Ernest-Rouart possèdent un autre portrait de la chère Louise, antérieur à celui-là et tout aussi ravissant. La chaîne de l'amitié chez les peintres traverse les générations. Julie Manet aime copier les fantaisies mythologiques de Riesener, *Leda et le cygne* par exemple. Et comme Jeannie, elle est très liée à Claudie, la fille des Léouzon Le Duc.

Paul Valéry a cependant, ce jour-là, remis sa carte à Jeanne Loviton. Leur rencontre ressemble à celle de Chateaubriand et de Madame Récamier : apparemment sans lendemain mais prémices d'une grande histoire d'amour, ils n'avaient alors éprouvé ni l'un ni l'autre l'ardent désir de se revoir.

Il n'en fut pas de même avec Pierre Frondaie : quelques jours suffirent pour les lier.

Leur rencontre a donc lieu en août 1925, au château de Chazeron. Pierre Frondaie, lui aussi invité par les Léouzon Le Duc, est alors en plein divorce. Sa seconde épouse a pris l'initiative de le quitter et lui demande une pension alimentaire, il veut protéger ses intérêts. Il y a du Guitry chez Frondaie, qui passe d'une femme à l'autre comme d'un roman à l'autre, et d'une pièce de théâtre à une autre, sans s'accorder de récréation. En trouvant les femmes indispensables, mais bien cruelles quand elles regimbent devant ses incartades.

Sa première épouse, Jeanne Gellier, est une comédienne, connue sous le pseudonyme de Madame Michelle. Elle a joué au théâtre dans une pièce de son mari, *La Maison cernée*, où il lui avait offert le rôle principal, en 1919.

La seconde, qui veut divorcer, se nomme Madeleine Charnaux. *L'Homme à l'Hispano* lui est dédié : « à Madeleine Frondaie ». Petite et très mince – un tanagra –, c'est une forte personnalité, elle a été l'élève de Bourdelle, qui a sculpté son buste, quand elle avait quinze ans (buste qu'on peut voir à présent au Musée Bourdelle, à Paris). Elle expose ses propres sculptures aux Salons – elle a un nom. Mais cette artiste qui aime à malaxer la terre et à lui donner des formes tourmentées, étranges, a une passion inattendue pour le ciel[17]. Elle a toujours voulu voler. Et s'envoler. Ayant appris à piloter, c'est l'une des plus audacieuses aviatrices françaises. En 1934, elle battra le record d'altitude féminine ! Mais pour l'heure, mariée depuis moins de trois ans à Frondaie, qu'elle a épousé à vingt ans, en 1922, il semble qu'elle ne soit pas parvenue à lui faire partager cette folle passion de l'air. Et qu'elle souffre trop du joug conjugal pour continuer de le supporter. Pudique, dans ses Mémoires elle se contentera d'évoquer « un mariage pas très heureux[18] », sans même indiquer avec qui elle a été mariée. Frondaie ne semble pas faire le bonheur des femmes qu'il épouse – Jeanne aurait dû s'en inquiéter.

Madeleine Charnaux se consacrera à l'aviation après son divorce, épousera en secondes noces le journaliste Jean Fontenoy et mourra jeune, la même année que Camille Claudel – en 1943. Elle est enterrée au cimetière de Vichy, sa ville natale, non loin de l'aviateur Henri Péquet qui réalisa, en 1911, le premier vol postal de l'histoire en transportant du courrier entre Allahabad et Naini, en Inde.

Mais en 1925, Madeleine Charnaux est encore Madame Pierre Frondaie et cherche à se débarrasser d'un nom pourtant flatteur dans le monde. Léouzon Le Duc ayant l'habitude de plaider des causes plus palpitantes qu'un divorce considère Frondaie, avec tous ses succès, comme un client prestigieux. Habilement, autant pour se débarrasser de son dossier que pour garder sa clientèle, il confie le romancier dramaturge à Jeanne ! Sans doute a-t-il aussi l'idée de propulser sa protégée, qui est encore étudiante, dans de premiers travaux pratiques. A elle d'écouter les doléances et de trouver une solution au problème conjugal de Frondaie.

Il sera vite réglé. « Si je divorce, je vous épouse ! », lui aurait-il déclaré au bout de deux jours. C'est Jeanne qui le raconte, dans ses Mémoires secrets, rédigés à la fin de sa vie à l'intention d'un de ses derniers avocats. Il devait tenir sa promesse.

L'un des premiers informés de ce projet conjugal, Maurice Garçon s'en inquiète. Dans son Journal[19], de cette petite écriture régulière qui, quels que soient les événements, ne laisse jamais transparaître aucun trouble, il note un an plus tard les changements survenus chez Jeanne depuis sa rencontre avec Frondaie et les déplore. Maquillage excessif, toilettes voyantes, comportement arrogant : il ne la reconnaît plus. Est-ce parce qu'il prend ombrage de ces fiançailles ? Parce qu'il voit Jeanne s'affranchir et s'éloigner ? Parce que la jeune fille qu'il a connue, encore ingénue, en passe de devenir une femme, échappe à son influence ? « Elle a rompu avec sa famille, avec ses amis, elle VIT SA VIE pour parler comme ces gens-là » : éprouve-t-il de la désapprobation ou exprime-t-il des regrets ? Ce sera bientôt la fin d'une histoire entre eux. Mais en septembre 1926, l'avocat consacre tout de même huit pages d'un cahier à l'affaire Loviton-Frondaie. Le ton est âpre. Trop peut-être pour être objectif. « Ce matin, elle est venue chez moi. Elle avait un manteau bleu de roi, une robe plus éclatante encore, un chapeau de chez le bon faiseur. (…) Elle pue l'aventure à dix pas. Lorsqu'elle est partie, je l'ai regardée s'éloigner dans son costume de carnaval. Dans mon quartier tranquille où on la connaît, les concierges et les commerçants se sont mis sur leur porte pour la voir passer. Elle était ridicule et avantageuse. D'un coup elle a changé de milieu. Quoi qu'il arrive, c'est une malheureuse déclassée[20]. »

Comme promis, Pierre Frondaie, à peine divorcé, épouse Jeanne. Le 24 mai 1927, à Saint-Raphaël, dans le Midi, un lieu de villégiature déjà très prisé qui, pour une personnalité aussi en vue, a l'avantage de la discrétion. Mariage civil, évidemment, puisque le marié est divorcé. Témoin de Frondaie : Jean Richepin, de l'Académie française, poète et auteur de théâtre. Il est accompagné de son épouse, la comédienne Cora Laparcerie. Témoin de Jeanne, on peut s'en étonner : Maurice Garçon. Bien qu'il soit fort réservé sur l'avenir du couple, il signe le registre d'état civil et, selon la légende familiale, essuie même une larme. En cadeau de mariage, il offre aux jeunes époux… un bon pour un divorce ! Humour malicieux ou flair d'avocat ?

La cérémonie a lieu dans la plus stricte intimité. Jeanne est en tailleur de voyage. Sur une photographie, on aperçoit la haute silhouette de Ferdinand Loviton. Son épouse, Denise Loviton (née Pouchard pour les mieux informés), la mère de Jeanne, se signale par son absence. Est-elle souffrante ? Ou désapprouve-t-elle l'union de Jeanne avec un deux fois divorcé ? Son absence reste inexpliquée. Cette mère qui a beaucoup œuvré pour assurer à sa fille unique un bon statut dans la société, une place dont sa naissance l'avait privée, se serait-elle montrée plus sensible aux divorces de Frondaie qu'à ses succès en librairie, à sa célébrité internationale et à sa très belle situation matérielle ? C'est ce que son absence tend à suggérer.

Sur les documents d'état civil, Jeanne s'est arrangée pour que le nom de Pouchard n'apparaisse pas.

De retour à Paris, elle quitte pour la première fois l'appartement de ses parents rue du Val-de-Grâce, où s'est déroulée sa vie de jeune fille, et s'installe chez son mari, au 3 rue Beethoven, dans le somptueux appartement du 16ᵉ arrondissement, proche de la Seine et du square d'Alboni, où il vivait déjà avec sa précédente épouse. Ils déménageront non loin de là en décembre 1929, au 14 rue des Marronniers, dans l'appartement tout aussi somptueux qui convient à un auteur à succès.

Quelques mois après son mariage, Frondaie publie *Deux fois vingt ans*, un roman particulièrement sensuel, et dédie ce nouveau succès à Mᵉ Léouzon Le Duc, « qui porte bonheur à ses amis ». L'homme n'est pas ingrat. Mais il ne doit pas être facile à vivre. Car très vite, quelque chose ne va pas dans la vie de Jeanne.

Tout le monde peut la croire une épouse comblée. Frondaie la couvre de bijoux, de fourrures. Elle arbore des robes de haute couture qui mettent en valeur sa silhouette sculpturale et son élégance naturelle. *La Mode* et *Comœdia* la photographient. Elle fait la une des magazines féminins. Elle n'a aucun souci domestique : une femme de chambre, une cuisinière, sans compter le valet de chambre de Frondaie, assurent le service dans le vaste appartement rutilant d'objets de valeur et de toiles de maître dont Frondaie est si fier. Son père, antiquaire, lui a donné très tôt le goût des belles choses. Le couple sort beaucoup. On ne prend ses repas chez soi que lorsqu'on reçoit, dans un luxe affiché, les grands noms du théâtre, du journalisme, des affaires. Mais la plupart du temps, on déjeune au Café de Paris et on dîne à La Tour d'Argent. Ce dernier restaurant, avec sa vue sur Notre-Dame et ses canards au sang numérotés, est la cantine de Frondaie. Jeanne s'en plaint devant Maurice Garçon, qui en prend note : elle « mange trop », elle a « mal au ventre » et elle prend du poids.

Le couple voyage, séjournant ici ou là dans les meilleurs hôtels. Les vacances se passent dans des endroits de rêve : on les voit à Venise, en maillot de bain sur la plage du Lido, ou skis aux pieds, dévalant les pistes de Saint-Moritz. Pierre Frondaie a acheté une belle villa à Arcachon – il préfère dire « en » Arcachon : « Les Sablines ». Ensemble, ils parcourent à cheval les forêts qui bordent le Bassin. Maurice Garçon conclut : « Ils vivent comme on vit dans les livres. Ils ont porté la scène à la ville[21]. »

Mais Jeanne s'ennuie. Alors qu'elle en était encore à ses débuts, elle a dû abandonner son métier d'avocat. Frondaie l'accapare. Sans doute n'a-t-il pas envie qu'elle risque de rencontrer un autre client, aussi séduisant que lui, à son cabinet. Il ne l'autorise pas plus à travailler avec son père aux « Cours de Droit » – là aussi, craint-il la rivalité ? Au moins pourrait-elle se mettre à écrire – une activité qui aurait aux yeux de son mari l'avantage de la garder à la maison... Elle en rêve depuis longtemps et s'en était confiée à Paul Valéry, chez les Léouzon Le Duc. Mais elle est découragée d'habiter sous le toit de ce polygraphe, doué et prolixe, qui enchaîne romans et pièces de théâtre sans effort, comme en jouant. Est-ce pour la distraire ? Pour lui permettre d'exorciser ce démon qui dort en elle ? Pierre Frondaie, qui n'est pas à un roman près, lui propose d'en composer un à quatre mains. Ce sera pour elle un apprentissage. Il lui montrera comment s'y prendre, mais de manière amusante. Ce sera une sorte de plaisir partagé où ils ne formeront plus qu'un...

Ce roman sera bel et bien écrit puis publié, chez l'éditeur Emile-Paul, en 1933, sous un joli titre : *De l'amour à l'amour*. C'est un roman épistolaire : un homme et une femme échangent des lettres d'amour. Mais c'est presque toujours Frondaie qui les a écrites. Jeanne n'a rédigé de sa main que le chapitre 6. Il l'aura aussi signé seul : à sa parution, Jeanne l'aura quitté, depuis deux ans. Son nom n'apparaît pas à côté de celui de son mari. Dans *De l'amour à l'amour*, les deux protagonistes s'adorent, puis se déchirent et, dans l'impossibilité d'être heureux ensemble, ils finissent par rompre. Etrange jeu de miroirs.

Près de Pierre Frondaie, Jeanne, dans ses fourrures, parée de pierres de prix, est une épouse-vitrine : l'image même de la réussite de son célèbre mari. Elle exerce cependant un rôle de secrétaire privée : conseillère juridique et agent financier, elle relit ses contrats avec les directeurs de théâtre ou avec les producteurs de cinéma et les fait souvent corriger. Femme d'affaires, qui a les affaires dans la peau comme lui le théâtre, elle entend le défendre contre ceux qui voudraient exploiter son talent. Ses connaissances en droit vont se montrer précieuses, autant que son souci de l'argent. Pierre Frondaie, que ces questions ennuient, s'en remet à elle. L'œil toujours sur le compte en banque, elle essaie de contenir ses frasques et ne manque pas de le rappeler à l'ordre quand il dépasse les limites du raisonnable : Frondaie dépense autant et plus qu'il ne gagne. Jeanne va assainir les dettes du ménage, tout en profitant amplement des largesses de son mari. On aurait pu penser que le couple, au fond, fonctionnait.

C'était compter sans leurs caractères, qui les opposent radicalement sur un point : Frondaie est très possessif. Et Jeanne n'aime que sa liberté.

Le romancier l'avouera dans ses Mémoires : « J'ai toujours ruminé le rêve d'enfermer à clef ce que j'aime pour mieux l'écarter des périls. » Est-ce la mort précoce de sa mère qui l'a rendu inquiet ? Il vit dans l'obsession de perdre la femme aimée. Aussi exige-t-il que son épouse se consacre à lui. Et, bien sûr, qu'elle n'aime que lui. Or, Jeanne plaît. Jeanne séduit autant que lui. Il a beau être entouré de ces créatures de rêve qui pullulent dans les théâtres et se montrer vulnérable à leurs charmes, il est jaloux des hommes qui semblent attirés irrésistiblement par son épouse. Des scènes éclatent au retour de dîners en ville.

Le jaloux s'est-il montré violent ? En décembre 1929, Frondaie écrit au journaliste Xavier de Hauteclocque, qu'il soupçonne non sans raison de courtiser sa femme, pour lui faire part de leur nouvelle adresse, rue des Marronniers. Il lui indique en passant que Jeanne s'est cassé le nez et blessé à la tête en tombant. Ce qui, sans doute, peut arriver. Mais Frondaie a mauvaise réputation. Déjà en 1926, pris entre son divorce avec Madeleine Charnaux et son désir de convoler avec Jeanne, il était venu consulter Maurice Garçon. L'avocat l'avait trouvé anormalement agité, faisant des moulinets avec sa canne – « c'est un comédien ou un fou ».

Frondaie, pour se défendre de ce dont on l'accuse : « Je suis un impulsif, un violent, mais tendre et bon. »

Maurice Garçon, au secret de son Journal : « On raconte communément qu'il bat les femmes[22] ».

Jeanne passe un séjour d'un mois, de mi-décembre à mi-janvier, à la clinique médico-chirurgicale d'Auteuil, boulevard de Montmorency. Célia Bertin, sa biographe, fait remarquer que les soins reçus sont sans rapport avec sa fracture du nez. Il s'agit d'autre chose. Elle suggère un accident d'ordre plus intime,

qu'elle attribue à une fausse couche, à une grossesse extra-utérine ou à une opération consécutive
à un avortement. Des factures, conservées par Frondaie, mentionnent qu'on lui a donné de l'électrar-
gol, un antiseptique longtemps utilisé dans les cas
de métrorragies (hémorragies utérines). Il semble
qu'elle ait « couru un danger » – l'expression se
retrouve dans une lettre adressée à Frondaie par
un ami avocat, Olivier Jallu, fin février. « Nous
n'avons rien su de sa maladie ni du danger qu'elle
a couru... Mais dont votre lettre nous dit qu'elle est
heureusement sortie. Où en est-elle ? Commence-
t-elle à recevoir ? Nous irons la voir aussitôt que
nous serons sûrs de ne pas la fatiguer[23]. » Ce qui
confirme la gravité de son cas, c'est l'inquiétude de
Frondaie, qui a préféré louer une chambre à côté
de celle de la malade, et passe pendant un mois
chacune de ses nuits à la clinique.

Une seconde opération, tout aussi mystérieuse, a
lieu un an plus tard, dans le même établissement.
Jeanne doit partir en convalescence à la montagne,
où elle retrouve ses forces, mais cette fois Frondaie
ne l'accompagne pas. La raison de ses soucis de
santé pourrait se trouver révélée dans une lettre, très
postérieure, de Paul Valéry. Il écrit à Jeanne, qui
a dû lui confier son secret, ces mots qui semblent
corroborer la thèse de l'avortement : « Par deux
fois tu as tué ce qui devait naître de toi. (...) Tu
l'as tué au nom de ta vie[24]. » Il trace un lien entre
cet épisode malheureux de la vie de Jeanne et la
manière non moins cruelle et brutale dont elle finira
par tuer son propre amour.

Dans la vie du couple, les séjours de Jeanne en clinique n'ont été qu'un bref et douloureux répit entre
voyages, sorties, mondanités, interviews et publicités.
Un bref répit aussi dans leurs infidélités réciproques.
Dès l'année de son mariage, Frondaie entretient une

relation amoureuse avec une très jeune comédienne à laquelle il confie un petit rôle en octobre 1927 dans *Les Amants de Paris* : Maria Favella. Elle a l'âge qu'il préfère, vingt ans, et ressemble beaucoup physiquement à sa seconde épouse, Madeleine Charnaux : mêmes petit gabarit, nez mutin et sourire ingénu. Très brune, cette Corse que Jeanne, alertée, surnomme Colomba, devient très vite une maîtresse régulière. Quand Frondaie est en vacances « en » Arcachon, il l'installe dans un petit hôtel proche des « Sablines ».

Ce qui ne l'empêche nullement de faire des scènes à Jeanne au sujet de Hauteclocque ou d'un professeur de ski trop galant.

D'après ses lettres, dans cette vie conjugale plutôt agitée, Jeanne est restée amoureuse de Frondaie. Mais elle n'a pu supporter ni ses infidélités ni, ce qui était plus pénible encore à ses yeux, ses perpétuels soupçons et sa volonté tyrannique de vouloir la garder « fermée à clef ».

« Tout me heurte ou me comble, venant de toi, lui écrit-elle le 17 novembre 1931. Si je souffre si souvent près de toi, c'est que je ne sais rien accepter de toi avec indifférence. »

Elle l'appelle « mon Grand Intérêt Vital », déclare vivre près de lui « des jours de ciel », l'embrasse toujours « tendrement », quoiqu'elle n'aspire plus finalement qu'à vivre pour elle-même, séparée de cet époux brillant et aimant mais qui l'étouffe et lui pèse.

Maligne, elle s'arrange pour lui faire dérober par une femme de chambre dévouée les lettres qu'il a adressées à Maria Favella : elles lui seront substituées sur son ordre dans sa chambre d'hôtel. Après quoi, elle appellera Me Garçon qui entreprendra les démarches pour un prochain divorce. Frondaie, comme avec Madeleine Charnaux, protestera et la suppliera de demeurer sa femme. Mais il se montrera incapable de rompre avec Colomba. Et Jeanne, de son côté, avait commencé de goûter à l'existence telle qu'elle l'aimera toujours : libre, riche de sentiments sans entraves.

Dès 1931, en effet, elle quitte la rue des Marronniers. Elle l'aurait quittée dès le milieu de l'année précédente, mais Mᵉ Garçon lui avait fortement recommandé de demeurer auprès de son mari, pour qu'on ne puisse l'accuser de déserter le domicile conjugal. Le 30 novembre, *L'Avenir d'Arcachon* annonce que le couple est en instance de divorce et que Madame Pierre Frondaie fait apposer les scellés sur la villa des « Sablines ». Mᵉ Garçon mène rondement l'affaire. Pris en flagrant délit d'adultère, Frondaie est en fort mauvaise posture. Cela ne paraît pas le perturber car il écrit et publie, dédié « à Jeanne Pierre Frondaie », *Le Voleur de femmes*, à teneur hautement sentimentale et symbolique.

Ce n'est pas le premier livre qu'il lui dédie ainsi. *Béatrice devant le désir* l'était déjà. Ce roman, publié en 1930, a probablement aggravé un climat déjà délétère depuis plusieurs mois. Il est nourri de la chair et de la vie de Jeanne. Après avoir longtemps caché à son mari ses origines d'enfant illégitime, elle avait fini par lui en parler, et il s'en est servi. Béatrice Molléans, l'héroïne, a été élevée près des jardins du Luxembourg, dans une institution religieuse de la rue Notre-Dame-des-Champs, comme elle. Mais ce n'est pas tout. « Orpheline d'une fille-mère et d'un raté », elle aspire à franchir les barreaux de l'échelle sociale vers le haut : « En elle se précisa l'idée que seul son mérite propre pourrait la mettre de plain-pied avec les réguliers du monde. Salutaire ambition ! » De naissance irrégulière et sans dot, elle ne mise pas sur sa beauté, pourtant très grande, mais sur son travail, son opiniâtreté. Le père qui l'élève et qu'elle croit être le sien est en vérité son père d'adoption : dans le livre, il est professeur de médecine, mais c'est à peu près sa seule différence avec Ferdinand Loviton auquel le professeur Molléans ressemble trait pour trait.

Molléans est éperdument amoureux de Béatrice, sa fille adoptive. Il confond le sentiment filial avec l'amour le plus sexuel, le plus libidineux. Désespéré quand d'autres hommes l'approchent, il va jusqu'à imaginer un stratagème pour empêcher sa fille adorée de se marier : il décide d'en faire sa femme ! Le mariage était pourtant très prometteur, avec Jacques Richelière, un jeune homme beau, brillant, gentil, intelligent et très riche : rien que des qualités, tout à fait lui, Frondaie !

« Elle dit : – Je ne suis pas riche.

Il lui répondit : – Je le suis.

Ces trois mots-là, qui concluaient, rien ne les avait préparés. Pourtant, ils brûlaient les étapes et d'un coup arrivaient au but. La jeune fille en fut secouée[25]. »

Quelque part, quelqu'un appelle tout de même Béatrice « cette bâtarde » !

Frondaie, quoiqu'il lui adresse le roman, ne l'a pas flattée. Quant à Ferdinand Loviton à l'attention de qui l'histoire semble avoir été écrite, il est ce père amoureux de sa fille, flirtant avec l'inceste et prêt à tout pour la garder éternellement. Quelles furent les réactions du père et de la fille en lisant ce texte qui les peignait crûment, jusque dans leurs sentiments les plus intimes, et révélait leurs secrets de famille ? Ils en ont forcément voulu à Frondaie qui les utilisait sans fard, en accentuant leurs traits, sans craindre de les blesser par le truchement de ce cruel roman biographique. *Béatrice devant le désir* est-il une vengeance personnelle ? Une goujaterie d'auteur peu délicat ? Fallait-il que Frondaie fût déjà dépris d'elle pour manier l'ironie et la mêler à un reste de tendresse voire de sensualité, avec perfidie. Il savait où frapper pour faire mal.

Jeanne, quoi qu'il en soit, partit. Elle s'installa dans un petit appartement du 7ᵉ arrondissement, au 5 rue de Champagny, derrière l'église Sainte-Clotilde, sur cette rive gauche qui avait sa préférence. Elle mettait la Seine entre son mari et elle, et se rapprochait de son père chéri. Là, seule et libre, elle eut le sentiment pour la première fois de sa vie de respirer à pleins poumons. Elle n'avait plus aucune contrainte. D'aucune sorte. Elle s'en explique à Pierre Frondaie dans une lettre sans rancune, mais parfaitement claire sur ses dispositions : « Il n'y a pas de pendule, pas même de montre ici. Je ne sais ni l'heure ni le jour, la porte de ma chambre est bien fermée, la béatitude m'envahit. (…) Sache que je suis au chaud en moi-même, que je m'y prélasse comme sur la seule couche où je puisse vraiment dormir et rêver. Je suis très bien avec moi-même[26]… »

Enfin elle peut faire tout ce qui lui plaît, à son rythme. Elle reçoit des amis qui sont pour la plupart écrivains, journalistes, avocats, parfois députés ou ministres. De manière générale, elle préfère les talents consacrés. La littérature demeure son domaine de prédilection : on rencontre souvent chez elle Pierre Benoit ou Bertrand de Jouvenel. Elle poursuit une vie mondaine qui compte plus de dîners en ville que de soirées au théâtre, et s'accorde de nombreux tête-à-tête avec des messieurs. Elle part même en voyage avec Claude Aveline, poète et éditeur qui a publié plusieurs textes de Paul Valéry, dont *Au crayon et au hasard* en 1925. Il l'escorte en vacances en Espagne et au Portugal.

Elle devient brièvement journaliste. Jouvenel l'a recommandée à *Paris-Midi*, quotidien à gros tirages. Elle y rend compte notamment de la Conférence mondiale pour le désarmement, réunissant soixante-deux pays, qui se déroule à Genève, en février 1932. Sujet qu'elle traite avec le plus grand sérieux, tout en s'accordant d'agréables moments. C'est à Genève qu'elle rencontre Dino Grandi di Mordano, le ministre italien des Affaires étrangères, avec sa barbe en pointe et son sourire éclatant. Ce fasciste de la première heure, mussolinien fanatique, sera un de ses proches amis et le restera jusqu'à son exil en Amérique du Sud, où elle le retrouvera quelques années plus tard.

Elle reprend le chemin des « Cours de Droit » et le travail interrompu auprès de son père. Elle ne s'en éloignera plus : le métier d'éditeur deviendra le sien. Elle n'exercera plus comme avocat. Sa formation lui sera cependant utile pour publier les professeurs, spécialistes de questions juridiques qui deviennent ses auteurs.

Me Garçon a réglé son divorce au mieux de ses intérêts, sans pour autant ruiner Frondaie. Le divorce est effectif en février 1936. Les deux ex-époux garderont des relations cordiales et même affectueuses. Pierre Frondaie exprime à Jeanne une « tendresse » – mot qu'il emploie dans ses lettres – que les années n'effaceront pas. Quant à Jeanne, elle reproche d'abord à son « grand petit Pierre » d'avoir « piétiné l'immense amour qu'elle avait » pour lui. Mais elle préfère que leurs cœurs soient « d'accord » (son expression) et lui réitérera à son tour une « tendresse », aussi permanente que celle de Pierre à son égard. « Je t'embrasse tendrement » restera entre eux la formule rituelle. C'est un divorce sans rancœur.

L'année suivante, l'écrivain épousera Maria Favella. Ils poursuivront une existence fastueuse prolongeant les Années folles – le *Jazz Age*, selon la formule des Américains. Ils continueront à passer leurs vacances « en » Arcachon et seront finalement un couple heureux. Cette quatrième épouse restera la dernière et fermera les yeux de Frondaie dans leur belle maison de Vaucresson, en 1948. Jeanne l'avait prédit à

Frondaie dès 1930 : « Tu as près de toi une enfant charmante et douce [Maria Favella]. Tu lui as écrit qu'elle serait la dernière passion de ta vie, qu'elle le soit donc. (...) Du plus profond de mon cœur, je souhaite que tu trouves le bonheur et que tu saches le garder. Toute ma vie, je prierai Dieu pour toi. »

Pour Jeanne, sereine depuis son divorce, la vraie vie commence. Elle la voit sous le signe de sa liberté reconquise. La liberté lui serait-elle plus chère que l'amour ? Plus jamais elle n'acceptera de se laisser enfermer. Pas même dans une prison dorée.

7

K

La vie de Valéry paraît calme et solide. Une belle structure dorique. Mais le feu l'a déjà menacée. Malgré ses résolutions de la nuit de Gênes, le poète s'est laissé embraser. Ayant traversé plus de la moitié de sa vie sans anicroche sentimentale, à presque cinquante ans, il a affronté un volcan : Catherine Pozzi. Karin ou K, dans ses Cahiers, mais aussi Laure, Béatrice, Eurydice ou Psyché, du nom des amantes éternelles.

Trop grande, trop maigre, trop plate, avec des cheveux plaqués sur les oreilles et un teint de cire, elle n'avait aucun attrait physique pour enflammer ce Méridional combustible. Elle était franchement laide et le savait. Il lui fallait assumer ses 44 kilos pour 1,75 mètre, des jambes de héron, des poignets osseux, ses salières et un visage ingrat qui, les jours de fatigue, l'apparente à un spectre. Mais elle possédait ce que les romanciers des années trente appellent « du chien » : une très forte personnalité.

« Je fais quelque chose qui est très mal : je me sers de mon âme pour faire aimer mon corps[27]. » Elle est lucide.

Lorsqu'il fait sa connaissance, en juin 1920, Catherine Pozzi a trente-huit ans, dix de moins que lui. La rencontre a lieu au Plaza Athénée, le bel hôtel de l'avenue Montaigne, où elle réside pour quelques semaines. Elle a prié à dîner son amie, Renée de Brimont, qui doit amener Valéry. Ce dernier, à cette date, commence à être célèbre. Sa présence est déjà très recherchée dans les cercles cultivés et mondains. La publication de *La Jeune Parque* en 1917 et, en 1919, la réédition de *La Soirée avec Monsieur Teste* puis celle de l'*Introduction à la méthode de Léonard de Vinci* lui confèrent une aura prestigieuse. Il est l'un des écrivains qui portent haut la réputation des éditions Gallimard. La soirée débute plutôt mal : Renée de Brimont est en retard, Valéry erre seul dans le hall, l'air ennuyé. Pozzi, qui était au téléphone, l'aperçoit, mais préfère finir sa conversation. Quand elle s'avance vers lui pour se présenter car il ne la connaît pas, ce n'est le coup de foudre pour personne. Elle lui trouve un physique banal, tandis qu'il a dû être heurté par sa laideur. Elle ne manque cependant ni d'allure ni de distinction. Sa robe de Madeleine Vionnet, spectaculaire de simplicité, et l'éclat de ses perles traduisent un goût parfait – « Tunique noire, sans rien, et cent mille francs de perles », ainsi se décrit-elle dans son Journal. A table, la baronne de Brimont ayant fini par arriver, Valéry ne s'adresse qu'à cette amie de longue date, comme si Catherine n'existait pas. Il la regarde sans la voir.

Pour lui, cette femme étrange et silencieuse, inquiétante par sa seule présence, n'existe que comme « fille de… » ou comme « épouse de… ». Ainsi Renée de Brimont la lui a-t-elle présentée. Elle est d'abord, en effet, la fille de l'illustre docteur Pozzi – Samuel Pozzi –, le chirurgien gynécologue des femmes les plus en vue de la capitale. Duchesses et grandes bourgeoises, lionnes, muses, comédiennes, épouses ou maîtresses de ministres et d'ambassadeurs, sa clientèle l'a vénéré.

Sarah Bernhardt le surnommait Docteur Dieu. Il fut un moderne dans sa spécialité. Il n'avait pas seulement voulu « rendre l'hôpital agréable » à ses patientes de l'hôpital Broca, il fut l'un des premiers à appliquer les règles de l'antisepsie, y compris en obstétrique. Le plus bel homme qui soit, chaleureux, bon vivant, aimant sortir dans le monde, connu et apprécié du Tout-Paris, il avait de surcroît le goût des arts et de la poésie. Valéry l'a connu chez José Maria de Heredia, rue Balzac, où, dans la fumée de ses havanes, l'auteur des *Trophées* recevait jadis les grands noms de la culture, écrivains, érudits, grands voyageurs, au milieu d'une ronde de jeunes filles en fleurs. Pozzi y comptait parmi les hôtes de marque quand Valéry, amené par Pierre Louÿs, n'était lui-même qu'un jeune poète provincial.

Sa fille lui voue une passion jamais éteinte. Au secret de son Journal, elle peut l'écrire sans se restreindre : « Papa, admirable, étonnant Papa, qui es dans l'univers légendaire comme un prince de fées, comme un triomphateur. Je m'agenouille devant toi, mon père et maître reconnu[28]. » Ils se sont plusieurs fois brouillés, à cause de ses maîtresses. Catherine avait fini par prendre le parti de sa mère contre ce don Juan qui avait à son actif presque autant de conquêtes féminines que de vies sauvées. Mais elle n'avait jamais cessé de l'aimer ni lui, de l'adorer. Jusqu'à sa mort, ils avaient échangé des lettres que Madame Samuel Pozzi appelait non sans dépit « des lettres d'amants ».

Samuel Pozzi vient de mourir, assassiné deux ans auparavant, à son domicile du 47 avenue d'Iéna, par l'un de ses anciens patients. Celui-ci, qui le rendait responsable de ses douleurs intolérables, l'avait abattu de plusieurs coups de revolver[29]. Pour Catherine, il est toujours vivant dans le souvenir qu'il lui laisse. Comme pour Jeanne Voilier, le père est l'homme absolu. Le très haut modèle, qu'aucun autre homme n'est parvenu jusque-là à égaler.

Ce n'est sûrement pas son mari qui pourrait relever le défi. Car cette « fille de », éprise de son père, est aussi une « épouse de ». Mais son ménage bat de l'aile. Le couple vit séparé. Edouard Bourdet est l'un des plus brillants auteurs dramatiques de l'entre-deux-guerres. Un talent spontané et hardi – il fut d'abord agent de change à la Bourse –, un des maîtres de la comédie psychologique. Il est vrai que le futur auteur de *Vient de paraître* (1927) et des *Temps difficiles* (1934) n'a encore produit que deux pièces de théâtre : *Le Rubicon*, jouée en 1910, et *La Cage ouverte*. Il vit depuis sur ses lauriers. Catherine lui reproche son « inconsistance » et son manque de travail. « Edouard dort toute la matinée, joue au tennis tout l'après-midi, au baccara tout le soir, à moins qu'il ne fasse le gentil au salon près de quelques dames décolorées[30] » : ils n'ont jamais été en harmonie. Bourdet a toujours l'air d'être en vacances, même quand il écrit. Alors que Catherine a le goût de l'effort et du travail, et prend ces valeurs au sérieux. Elle ne partagera jamais l'engouement du public pour le théâtre de Bourdet qu'elle trouve « boulevardier » : ses comédies légères, acides, la laissent de marbre.

Farouchement à l'écart du troupeau des admiratrices de son mari, elle lui voue peu d'estime et désormais une franche inimitié. De manière générale, cette femme exigeante et altière admire peu. Elle a beaucoup d'humour dans le registre acerbe, mais l'indulgence n'est pas son fort. Avec Bourdet, elle frôle le mépris. Elle l'appelait Baca autrefois, quand ils s'aimaient. Car ils se sont aimés. Elle le surnomme maintenant « le Gros Auteur » à cause du succès du *Rubicon* – succès commercial qu'elle dédaigne. Elle l'affuble d'autres sobriquets désagréables : tour à tour « le Gros Bourdon » ou « le Gros Hanneton », car

il est assez enveloppé, quand ce n'est pas « le bour-
donnant Désastre », car il est aussi agité que bavard.
Ainsi bannit-elle de sa conversation comme de son
journal intime ce prénom honni d'Edouard ! C'était
un ami d'enfance, elle aurait pu épouser son frère
aîné. Elle l'a épousé, lui, car elle craignait, à vingt-
cinq ans révolus, de rester vieille fille. Il lui a fait des
déclarations enflammées qui l'ont emballée, avant de
se déprendre d'elle et de la tromper. Quand elle parle
de « l'Ami des Poules », tout le monde sait de qui il
s'agit : à lui aussi, comme à son père autrefois, elle
reproche sa passion des femmes, que Bourdet préfère
écervelées, rondes et caquetantes – tout le contraire
de son épouse. Il a eu une liaison avec Madeleine
Lély, la comédienne qui interprétait le rôle principal
du *Rubicon* – Germaine, un personnage peu flatteur,
inspiré tout entier de son épouse. *Le Rubicon*, qu'il
a écrit en quinze jours lors de leur voyage de noces
à Cannes, est l'histoire d'un homme qui ne trouve
pas son bonheur près de la jeune femme qu'il vient
d'épouser... Catherine lui avait reproché de manquer
d'imagination ! Bourdet vit désormais avec Denise
Rémon, une jolie femme, « la dernière qui m'aura
fait pleurer », dira Catherine Pozzi.

Si elle n'avait un fils avec Bourdet – Claude[31] –
qui a une dizaine d'années, Catherine se désinté-
resserait probablement de leur divorce. « Le Gros
Auteur» l'exaspère. Mais elle vit sous la menace qu'il
lui enlève la garde de leur enfant. Elle bataille avec
Me Fourcade, l'avocat chargé de régler leurs différends
(Me Fourcaca dans son *Journal*), pour qu'il obtienne
que Claude lui soit laissé. Elle n'est pourtant pas une
mère très attentive ni très présente. Mais elle aime son
fils. Claude passe beaucoup de temps chez sa grand-
mère, Thérèse Pozzi, une femme douce et maternelle,
qui a elle aussi vécu séparée d'un mari volage. Thérèse Pozzi essaie de compenser les carences d'affection

dont souffre l'enfant. Catherine est absorbée par ce qu'elle appelle son « travail » : un sévère programme d'études auquel elle se consacre quotidiennement. Elle a passé la première partie de son baccalauréat à trente-cinq ans. Quoiqu'elle ait appris l'anglais et l'allemand avec ses gouvernantes, et reçu à la maison des rudiments de mathématiques ou de latin, c'est une autodidacte qui a la passion d'apprendre. Sur ce sujet, elle s'est violemment opposée à son père qui préférait qu'elle prenne des leçons de danse et joue agréablement du piano – ce qu'elle fait d'ailleurs, en excellente musicienne. Elle a acquis par elle-même une culture approfondie dans des domaines aussi variés que la physique, la chimie ou les sciences naturelles, l'histoire et la géographie. C'est une boulimique du savoir. Loin d'amasser un fatras de connaissances, elle a travaillé la méthode – c'était la meilleure introduction à sa rencontre avec Paul Valéry. La philosophie ayant de tous les registres de l'esprit sa préférence, elle s'y livre avec volupté, avec délices, et fait le désespoir de sa mère qui la trouve « garçonnière » – trop savante pour plaire à ces messieurs.

Nul ne peut deviner que cette grande bourgeoise hautaine, facilement ironique, est déjà un écrivain, au secret des pages qu'elle écrit au jour le jour : elle tient son Journal depuis son plus jeune âge. Ce sera l'œuvre de sa vie. « J'écris pour ne pas mourir de solitude » : son cahier est son plus fidèle compagnon.

Elle compose aussi des poèmes, qu'elle garde pour elle seule. Ce seront *Ave, Vale, Scopolamine, Nova, Maya, Styx* : six minces recueils pleins d'une poésie ardente et pure, où la retrouveront tout entière ceux de ses amis qui l'auront aimée. A l'exception du premier, *Ave*, publié en 1929 à la NRF, tous les autres ne le seront qu'après sa mort – suivant sa volonté. « Je ne les aime pas assez pour leur laisser faire l'amour avec vos cent mille lecteurs[32] », dira-t-elle un jour à Jean

Paulhan pour lui expliquer son refus de les voir édités, fût-ce à la Nouvelle Revue française. A ce premier dîner, Valéry ne peut pas deviner que Catherine écrit. Ni qu'elle a pour les mots, les phrases, les images, le même amour et la même exigence que lui. Il ne peut pas connaître sa ferveur. Ses dons de poète. Son admiration éperdue pour tous les travaux de l'esprit. Ni le feu qui la brûle.

Il parle à Renée de Brimont de *L'Après-midi d'un faune* de Mallarmé, que le compositeur Ernest Chausson a mis en musique : il vient d'en retrouver une nouvelle version. Catherine, qui écoute en silence, note que Renée « quand elle ne trouve rien à penser sourit. Et se regarde d'un œil de côté dans la glace du mur ». Le poète poursuit son monologue, à peine entrecoupé d'exclamations ou de petits rires de gorge de son amie la baronne. Celle-ci est pourtant loin d'être inculte. Elle traduit les poèmes de Tagore et songe à réunir dans un club ses amies qui partagent sa passion de la bibliophilie[33]. En face de Valéry, elle peine cependant à être au niveau. Mais qui le serait ? C'est alors que Catherine se décide à intervenir. Tardivement, au dessert, mais magistralement.

Elle se met tout à coup à parler de *Force et Cause*, l'ouvrage récemment paru du biologiste Frédéric Houssay, un sujet pour le moins inattendu dans la bouche d'une femme du monde, épouse d'un auteur de boulevard. Sans laisser à Valéry le temps de réagir, elle passe à la réversibilité du principe de Carnot dans le monde de l'esprit qu'elle commente en sachant fort bien que c'est une idée valéryenne, Valéry l'ayant abordée dans son *Introduction à la méthode de Léonard de Vinci*, ou plutôt dans les *Note et Digressions* qui précèdent la dernière édition – ce qui prouve qu'elle est une lectrice rigoureuse. Enfin, comme si cela allait de soi, elle se met à lui parler d'Einstein : elle vient de lire l'article de la *NRF* annonçant la théorie de la

gravitation, et félicite Valéry d'avoir été à l'origine de
sa publication. Renée de Brimont, excédée de se sentir
exclue, préfère s'éclipser dès la fin du dîner. Catherine
et Valéry, restés seuls, passent au salon où la conversation se poursuit sur les mêmes sommets.

Phénomène rare, Catherine est éblouie. Elle raconte
dans son Journal que Valéry « répond avec une rapi-
dité étonnante, une adresse, une maîtrise à saisir le fil
d'or, que je n'ai jamais vues ; jamais en vérité ». Elle
n'a pas encore rencontré d'interlocuteur à sa mesure,
avec lequel elle partage tant d'engouements. Et ce n'est
pas faute de fréquenter des savants, amis de son frère
ou de son père, médecins ou biologistes, historiens ou
diplomates, professeurs éminents en toutes sciences,
avec lesquels elle aime s'entretenir. Elle a autant soif
d'apprendre que de comprendre. Et que d'aimer.

De son côté, Valéry est très étonné. C'est la première fois qu'il trouve chez une femme un pareil
niveau d'intelligence et une telle maîtrise des connaissances. Le brio de sa conversation, son expression
juste et profonde, sa sensibilité qui perce à chaque
instant derrière l'intellect, tout chez elle l'émeut et
le séduit. Il en oublie sa maigreur, sa laideur, ses
poignets comme des osselets, sa poitrine plate. Elle
l'enchante. Il en vient à lui réciter son *Cimetière
marin*, paru dans la *NRF* du 1er juin. Catherine ne
l'a pas encore lu bien qu'elle soit abonnée à la revue.
Il va le lui dire, pour elle seule, de sa voix chantante.
Modeste et peu sûr de lui, « J'ai fait quelque chose
de nouveau qui m'inquiète... », il voudrait avoir son
avis et commence :

*Ce toit tranquille où marchent des colombes
Entre les pins palpite, entre les tombes...*

Elle a, en l'écoutant, la révélation de son génie : « Ces
vers sont plus que je n'espérais d'aucun être humain. »

Ils sont si bien l'un avec l'autre, dans cette mutuelle fascination, qu'ils en oublient l'heure tardive. Le concierge commence d'éteindre les lumières autour d'eux. Ils se replient vers le hall sans cesser de parler. Valéry s'attarde, pour reculer le moment de quitter cette femme, hier encore une inconnue, dont il ne peut plus se séparer.

Lui : « Que deux êtres soient différents, c'est un grand mystère. »

Elle : « C'est un grand délice. »

Il part, vers la rue de Villejust où doit déjà dormir son épouse.

Elle reste au Plaza, dans sa chambre luxueuse et solitaire.

L'idée vient de naître en chacun d'eux qu'ils se sont trouvés. Comme s'ils avaient été destinés l'un à l'autre de toute éternité.

Catherine, dans son Journal : « Je vous ai rejoint une heure, je suis entière pour l'éternité[34]. »

Valéry, dans son cahier : « Si je me regarde historiquement, je trouve deux événements formidables dans ma vie secrète. Un coup d'Etat en 92 et quelque chose d'immense, d'illimité, d'incommensurable en 1920. J'ai lancé la foudre sur ce que j'étais en 92. 28 ans après, elle est tombée sur moi, de tes lèvres[35].»

C'est une passion réciproque qui les engage, au même instant, dans une aventure exceptionnelle, à la fois intellectuelle et sensuelle, philosophique et amoureuse, telle qu'ils n'en connaîtront plus d'autre leur vie durant. Aventure poétique, de poète à poète, elle aura des incidences sur leur œuvre. Si de longues pages du Journal de Catherine lui sont consacrées, on en trouve les répercussions non seulement dans les Cahiers de Valéry mais dans *Charmes*, dans *Eupalinos* ou dans *L'Ame et la Danse*. L'originalité de cette passion, qui la rend unique, c'est son caractère fusionnel. Aucune amitié ni aucun amour, pas même leur mariage, ne leur avait jusque-là apporté ce sentiment de complétude, dont ils rêvent l'un et l'autre depuis toujours. Il semble à Valéry comme une évidence qu'il a trouvé son âme sœur. Et il en va de même pour Catherine, qui cherchait désespérément celui qui pourrait la comprendre. « Atteindre, en allant au bout de ma raison, le point extrême où, peut-être, vous m'attendez[36]. » C'est d'échange qu'il s'agit et de communion physique et spirituelle. Tout en eux s'accorde : l'âme, le corps, l'esprit. Leurs écrits le racontent, journal ou cahier, de la manière la plus intime.

Ils ont beaucoup de choses en commun. Avant tout la religion du Savoir et de la Connaissance. Ils aiment les mathématiciens et les poètes, les hommes et les femmes de science, ceux et celles qui cherchent un sens, une vérité au-delà des préjugés ordinaires, et sont prêts pour cela à tous les sacrifices. Ils font confiance à la Raison, au Travail, à l'Esprit. Ce sont des rationnels mystiques. Des intellectuels mais aussi de grands sensibles. Ils se comprennent admirablement. Souvent, ils se devinent. Si Valéry aime réciter ses poèmes à Catherine et savoir ce qu'elle en pense, elle veut elle aussi se mesurer à son jugement. Très vite elle lui lit des passages de son Journal qu'elle a intitulé *De l'ovaire à l'absolu* (elle en est au chapitre VIII). Surtout, elle lui confie le manuscrit encore à l'état de brouillon de son grand ouvrage : le *De Libertate*. Titre et réflexion dignes d'un philosophe romain. Elle attend ses commentaires comme ceux d'un oracle. Car elle se l'est juré, en 1913 : « L'homme qui partagera mon travail, je serai sienne. » Ils auront ensemble de longues discussions sur les sujets les plus difficiles ou les plus controversés, comme la survie de l'âme, l'existence du Mal ou la création littéraire. Catherine : « Nous ne savions plus séparer l'instant qui était caresse de l'instant qui était pensée. » L'érotisme est loin d'être absent de leur relation. Il la pimente. Comme si le fait de débattre et de se lancer des défis intellectuels était une excitation à d'autres voluptés.

Ils s'écrivent presque tous les jours lorsqu'ils sont séparés. Valéry : « Quand tu n'es pas là, je suis absent. Je suis absent, séparé de moi, étrange, incomplet, autre. Je te retrouve et me retrouve, avec l'anxiété de ce que tu es, une autre inquiétude, la peur de ne pas t'atteindre, et cet amour qu'il faut bien appeler une maladie de l'esprit[37]. » Dans son langage de femme savante, elle le baptise : *Absum*, je suis absent. Le portrait qu'elle fait de lui dans son Journal est à la fois admiratif et sans concessions : « Qui est-il ? Quelqu'un de très intuitif, de passion, de nerfs : une femme, je l'ai dit. Il devine. Il sait peu de choses. Le genre de culture d'une femme. Il a lu Rimbaud, dit Baudelaire, connaît les gens dont on parle. N'a jamais travaillé à autre chose qu'à son art. Mais là, mâle, ascète et vraiment quelqu'un de grand[38]. »

Ils n'ont pas d'endroit à eux. Le Plaza abrite leurs amours. Puis ils se donnent rendez-vous dans un meublé tenu par une certaine Madame Houday, près de l'Étoile, où Catherine apporte des fleurs et de la brioche. Ils se retrouvent quelquefois dans l'appartement de Thérèse Pozzi, au 123 rue de Longchamp, quand celle-ci est en province – ils y occupent l'ancienne chambre de Jacques Pozzi, le plus jeune frère de Catherine. Le lieu où ils sont le plus heureux ensemble est aussi celui où ils se sont aimés pour la première fois : à « La Graulet », la maison en Dordogne, tout près de Bergerac, que le docteur Pozzi avait aménagée avec amour au cœur d'un beau domaine. Sa fille s'y est toujours sentie protégée et, ce qui arrive rarement dans son existence tendue vers les sommets, elle peut s'y épanouir et s'y détendre. Elle invite Valéry à « La Graulet », il y prend ses aises. La campagne lui paraît belle alentour, « si vaste et si lointainement fermée de futaies et de lignes paresseuses qu'il semblait qu'elle produisît la plus profonde paix ». Vue de la terrasse sur laquelle la maison est construite, il remarque que cette campagne est plus calme que son cœur. Tandis que Madame Pozzi mère s'occupe du petit Claude et de l'intendance, Catherine et Paul ont tout loisir de lire et d'écrire, puis de se promener, se parler, se prendre la main ou se regarder les yeux dans les yeux. C'est presque la liberté. Catherine a une chambre vert tilleul. Lui dort dans un lit à baldaquin, près d'un fauteuil ayant appartenu à Leconte de Lisle. Dans le jardin, un pavillon couvert de lierre – c'est là qu'ils se sont enlacés la toute première fois. Ce sont dix, quinze ou vingt jours d'intimité volés à chaque escapade à la vie ordinaire. Valéry a apporté sa boîte d'aquarelles : il se met à peindre le paysage. Puis, un portrait de Catherine. Les couleurs sont fraîches, le temps suspend son vol dans le parfum des acacias. A « La Graulet », Catherine et Paul approchent du bonheur parfait.

Leur liaison doit rester secrète. L'un et l'autre mariés, ils se cachent pour se voir. Catherine voudrait que leur amour soit public, que le monde entier le connaisse. Elle étouffe dans la dissimulation, le mensonge, l'hypocrisie. Valéry, que cette situation incommode beaucoup moins, souffre en silence de ses récriminations.

Curieusement, ces deux êtres qui s'accordent sur presque tout ont des styles de vie très opposés. Elle est une grande bourgeoise, assez snob, même si elle se défend de l'être. Il reste simple dans sa vie, dans ses goûts. Elle vit luxueusement de ses rentes et peut étudier pour son plaisir. Lui, à l'époque secrétaire particulier d'Edouard Lebey, le directeur de l'agence Havas, qu'il appelle « le Patron », reçoit un salaire mensuel de mille francs par mois. Avec une morgue de pimbêche, elle relève ses costumes élimés ou mal taillés, ses chaussures pas cirées, et l'aspect douteux de ses ongles qui n'ont jamais connu la manucure. Elle ne se gêne pas pour critiquer sa soumission à l'égard du Patron quand Valéry ne peut pas disposer de son temps à sa guise. « J'ai l'atroce impression que je vous déçois », lui dit-il. Elle a beau jeu d'ironiser sur sa condition de « domestique » !

Leurs caractères dissemblables créent des tensions entre eux. Valéry est l'homme de la nuance, de la prudence, du compromis. Inquiet, souvent hésitant, il est doux et bon avec son entourage. Un halo de gentillesse l'accompagne où qu'il soit. Ce natif du Scorpion est incapable d'amertume ou de colère. Le gris tourterelle l'habille comme un gant. Elle est au contraire tout feu, tout flamme. Impulsive, imprudente, ennemie des demi-mesures, elle veut « tout ou rien ». Avec des rages et des aigreurs, elle avance dans la vie comme au combat. C'est quelqu'un d'extrême. Il redoute ses éclats. Il craint sa violence. Car cette hyper-raffinée, lorsqu'elle est contrariée, peut devenir brutale, et la même intellectuelle qui prône les vertus de la Raison peut se montrer injuste et partiale. Elle l'inquiète quand elle lui dit : « Je ne sais pas ne pas aller jusqu'au bout de tout. »

Catherine – signe zodiacal, Cancer – voudrait que le poète soit tout à elle. Rien qu'à elle. Et que leur relation demeure absolue, exclusive. Elle se montre jalouse des amies de Valéry. Madame Mühlfeld, qui tient un des salons les plus prisés de la capitale, rue Georges-Ville, l'irrite au premier chef car Valéry recherche volontiers sa compagnie. Elle la surnomme tantôt « l'Oie » et tantôt « la Sorcière », et ne cesse de se moquer de son embonpoint. N'aimant évidemment que les minces – et encore ! –, elle reprend à son compte l'expression de « la Belle Otarie » que le Tout-Paris donne à la pauvre Jeanne Mühlfeld. Martine de Béhague, Madame Bulteau, la duchesse de La Rochefoucauld, Anna de Noailles et bien d'autres muses qu'elle voit trop affectueuses ou trop assidues auprès de son poète préféré en prennent également pour leur grade. Même Natalie Barney, qui pourtant préfère les femmes, mais qui a la séduction de l'intelligence et pourrait la concurrencer dans ce domaine : elle ne l'appelle jamais que « Bonheur-des-Oies ». Son agressivité fatigue Valéry. Quoique très amoureux, il lui arrive d'annuler un rendez-vous pour ne pas essuyer une scène.

Sa principale cible, c'est Jeannie Valéry. De fait, cette épouse officielle, si douce et effacée, est l'insurmontable obstacle à son bonheur. Catherine comprend vite que Valéry est très attaché à son foyer. Il aura sans doute évité de lui réciter le poème qui figure dans le manuscrit de *Charmes* :

> *J'appartiens à Jeannie – Une chaîne de jours*
> *Nous attache, et parmi des ennuis, des amours*
> *Trois enfants (le plus jeune épiant le passage)*
> *Et parfois tout ce qu'il – de dissonance sage*
> *Pour retrouver parfait cet accord de velours*[39].

L'« accord de velours », si parfait, est la pierre d'achoppement de leur liaison. Catherine, enragée, s'y cogne la tête et s'y broie le cœur, en vain. Elle ne parviendra pas à forcer le passage.

Dans son Journal et devant Paul Valéry, Catherine nomme Jeannie de son nom de jeune fille, « Mademoiselle Gobillard ». Jamais autrement. Escortée de Paule, « la vieille édentée », voici « les demoiselles Gobillard » qui font sous sa plume une entrée peu flatteuse. Quand elle les croise ici ou là dans le monde, elle les trouve mal habillées, coiffées de chapeaux informes, à peine présentables – sa mère, dit-elle, est gênée de les recevoir. Pleines de bonnes intentions, sans rien savoir du drame qui se joue derrière leur dos, les « deux bonnes sœurs catholiques » (expression de Catherine) viennent prendre de ses nouvelles rue de Longchamp. Elle relève de maladie. « Maman les recevait avec ennui tant était offensée sa dignité de femme propre et soigneuse, et cet esthétisme fin et simple qu'elle apporte en toutes parts, autour de ses pas[40]. » Injuste, cruelle. Désespérée.

Quelle que soit la force de son amour pour elle, jamais son amant ne quittera Jeannie. Catherine en est très tôt convaincue. Un an à peine après leur rencontre au Plaza, il l'a amenée chez lui, rue de Villejust, au cœur de sa vie la moins officielle. Jeannie et les enfants étaient à la campagne, de même que le couple d'Ernest Rouart et de Julie Manet à l'étage au-dessus. Le 1er avril 1921, elle a visité l'appartement familial dont, peut-être, il est fier. S'il pensait l'éblouir, c'est le contraire qui se produit. Il lui a ouvert la porte de la chambre à coucher. Catherine : « J'ai vu la chambre – deux mètres sur deux, peut-être moins – où ils dorment. J'ai vu le lit dans lequel il passait des nuits à m'écrire pendant qu'elle dormait ou feignait de dormir. La table trop petite pour vos papiers. Le cabinet de toilette où, depuis vingt ans, l'on a renoncé à se laver, je pense[41]. » Toujours acerbe, Catherine imagine « les échanges conjugaux de l'aube profonde » et la forme du corps de Jeannie, qui dort du côté du mur. Valéry dort près de Jeannie, se réveille à ses côtés. Ce à quoi elle ne pourra jamais prétendre : cette fidélité si solide, liée à l'habitude, indestructible malgré tout. Des visions morbides lui viennent. A l'étage du dessus où il la fait monter, au milieu des Manet, des Degas, ils s'embrassent « avec violence ». Elle voudrait l'arracher à ce foyer où il s'enracine.

C'est un être meurtri que Valéry prend dans ses bras. L'esprit, la chair, tout chez elle saigne et se meurt. Depuis 1912, Catherine se sait tuberculeuse. Une phtisie galopante la ronge. Les hémoptysies se succèdent et l'épuisent. Elle a plusieurs fois failli en mourir. Quelques mois après leur rencontre, vers la fin de l'année 1920, elle s'est crue enceinte de lui. Son rêve d'union absolue trouvait un aboutissement dans ce petit être qu'elle aimait déjà, conçu dès leurs premières étreintes. Mais sa grossesse ne fut qu'un songe. Un mauvais diagnostic dû à son anémie. Il n'y eut pas d'enfant. Il n'y en aurait pas. Sa santé ne devait cesser de se délabrer, avec des rémissions, de brèves plages de bien-être, dans une vie tout entière souffrante. La fièvre, la toux, la sensation d'étouffer, les abcès, les courbatures, le dessèchement de la peau, et ces hémoptysies qui la laissent exsangue : c'est une grande malade qu'aime Valéry. Catherine se sait condamnée. Elle a plusieurs fois dit adieu à son entourage et exprimé ses dernières volontés. Le psychisme est cependant pour beaucoup dans son délabrement. L'éloignement de son amant, ou ce qu'elle prend pour un éloignement : son travail, ses obligations sociales ou sa famille, l'affecte autant sinon plus que le bacille de Koch. Elle se soigne au Sédol, au laudanum, à la morphine. Les drogues les plus dures, elle les emploie pour apaiser sa fièvre et ses douleurs physiques, mais aussi pour mettre un baume sur son âme blessée, également malade – Valéry, elle en est convaincue, l'aime moins qu'elle ne l'aime. Elle le voudrait plus passionné.

Lui, désolé, fuit de plus en plus souvent. Il souffre aussi. Mais cela se voit moins, s'entend moins. Seuls ses Cahiers donnent la résonance de cet amour gâché par les circonstances. Dans le monde, il donne le change. Il mène une vie familiale et sociale normale, alourdie de plus en plus d'obligations. Il écrit, prononce des conférences, entre en campagne pour être élu à l'Académie française. Quand il le sera, en 1926, au fauteuil d'Anatole France, Catherine invoquera sa trop grande fatigue pour ne pas assister à sa réception sous la Coupole. L'Académie aussi, elle la perçoit comme une rivale… C'est de cette entrée à l'Académie que date l'apothéose du poète. Sa gloire monte au zénith. Valéry devient le contemporain capital, que tout le monde consulte pour avoir son avis sur n'importe quoi. Comme l'écrit Catherine, ses manuscrits se mettent à valoir de l'or. Il doit cependant affronter un nouveau surcroît de travail, une charge accrue de devoirs et de mondanités. L'Académie, à laquelle son élection l'a rendu si heureux qu'il a versé des larmes de joie le jour de l'annonce, il portera sur elle un regard sans illusions : « Réunion de gens habiles et de gens intelligents, ce n'est pas un brevet d'orgueil ni de grandeur d'âme. On y trouve les plus naïfs des hommes de talent encadrés par les plus habiles des hommes sans talent[42]. » L'habit vert va lui coûter deux liens très chers, très forts. Avec un homme, avec une femme.

André Breton, qu'il considère comme son fils spirituel, de la même façon qu'il fut en quelque sorte celui de Stéphane Mallarmé, a été ulcéré par son élection. Lui qui l'a tellement aimé et admiré, il le rejette parmi les ennemis du surréalisme, avec l'ensemble des académiciens. Breton ira jusqu'à vendre toutes les lettres que Valéry lui a écrites, alors qu'il y tenait de son propre aveu comme à la prunelle de ses yeux. Par un reste d'amitié, il en conserve toutefois une copie.

Catherine est aussi profondément déçue que Breton. Elle regarde avec dédain cette vaine course aux honneurs que représente une campagne académique. Elle résiste aux flonflons de la gloire. Non seulement elle n'ira pas entendre son discours, mais elle montrera peu de curiosité à découvrir l'épée qu'il a dessinée lui-même – Antoine Bourdelle, agacé par sa lecture d'*Eupalinos*, ayant refusé d'en être le maître d'œuvre. Le soir de sa réception, c'est pourtant chez Catherine qu'il se précipite. Elle travaille dans sa chambre, au 123 rue de Longchamp. « Sonnette. Porte. Vous m'aimez donc ? » : elle est quand même émue qu'il soit venu la retrouver. En ce 27 juin 1927, tout Paris se l'arrache, mais il a préféré se rendre auprès d'elle. Il a regretté son absence. Quand elle n'est pas là, elle lui manque. Il reste éperdument épris de cette insatisfaite.

Aux débuts de leur liaison, alors que les premières fâcheries éclatent entre eux, il descend se reposer à Nice, à l'Hôtel de Paris. Renée de Brimont lui a réservé une chambre à côté de la sienne. Nice lui rappelle le Gênes de son enfance, il y est simplement heureux. Lorsque la baronne regagne Paris, Valéry propose à Catherine qui est à Vence de venir le retrouver. Il lui offre d'occuper la chambre de Renée, à côté de la sienne. Offusquée, n'ayant « jamais rien occupé après personne », Catherine refuse et se venge en l'informant qu'elle part pour Cannes, en compagnie de leur ami commun, le peintre Jean Marchand. Lequel a peint plusieurs portraits de Paul Valéry. Cette nouvelle le bouleverse. Pris entre chagrin et jalousie, il le dira lui-même, il devient « fou ». Fou à en mourir, il songe à se suicider. Dans une lettre à son ami André Gide, il écrit qu'il est « écrasé, changé en fontaine, à demi évanoui ». Il porte un poignard sur lui. Un poignard corse. L'idée lui vient alors de courir à Vence et de tuer son rival. « Mon cœur est un caillot. Je me cogne aux passants. Tombe du train à Cagnes avant l'arrêt. Ce train infini... Ma vie est comme une boulette entre des doigts étranges... Vence. Pluie légère... Suis décidé à entrer de force. Ce n'est plus moi qui marche, c'est une espèce de "force" faite de deux mille heures d'enfer. Tout fureur, tout dégoût, tout feu noir... J'entrerai comme un voleur. » La maison où logent les amants, au milieu d'un jardin d'oliviers, s'appelle « La Collinette » ; c'est un havre de paix. Quelqu'un joue du piano. L'irruption de Valéry, les yeux hors de la tête et le poignard à la main, fige un dernier accord.

La crise de ce printemps 1922 n'aura été que passagère. Marchand s'esquive et cède la place. C'est pour Valéry un de ses plus délicieux séjours auprès de Catherine. Comme à « La Graulet », la vie commune les réconcilie, loin de Paris. « Il y a de la lumière et mon mal s'est retourné sur sa couche », écrit Valéry à Edouard Lebey. Il signe « celui qui revient de loin ».

La liaison va lentement se dissoudre dans les hauts et les bas d'une relation houleuse. Dès la deuxième année, les ruptures succèdent aux recollages. Les portes claquent, des taxis, des trains les emportent loin l'un de l'autre. La belle harmonie, si chère à leurs deux cœurs, se fait rare. Seule l'intensité de leurs rapports, le diapason de leurs échanges intellectuels et le sentiment qu'ils ont de s'appartenir l'un l'autre sont capables de les réconcilier. Valéry encaisse sans mot dire les reproches amers de Catherine et ce qu'il faut bien appeler ses vacheries. Elle voudrait qu'il rompe avec tout le monde, avec ses chères amies, avec son épouse. Mais ce faisant, c'est elle-même qu'elle met en péril.

Elle lui inflige la pire épreuve à l'automne 1925 : la campagne académique où il se démène va lui paraître un agréable repos, en comparaison. Un jour que sa jalousie la torture, Catherine décide de mettre fin à ce qu'elle appelle une équation à trois. Elle veut tenter le tout pour le tout et réduire à deux ladite équation. Lors d'une visite rue de Longchamp, Madame Paul Valéry, animée des meilleures intentions, prend des nouvelles de la santé de Catherine qui vient d'être malade et lui exprime sa « sympathie ».

Pozzi, cinglante : « Je suis la dernière, Madame, pour laquelle vous devriez vous servir de ce mot. »

Jeannie comprend. Sous le choc de cette révélation, elle préfère ne rien dire et ne veut pas risquer d'en savoir davantage. Rentrée chez elle, humiliée, défaite, sa foi chrétienne lui ordonne de pardonner.

Mais Catherine revient à la charge en envoyant une lettre pour confirmer à Madame Paul Valéry qu'elle est la maîtresse de son mari. Cette fois, Jeannie revient, furieuse, rue de Longchamp, pour exiger que Catherine Pozzi brûle les lettres de Valéry et cesse de le compromettre. Etrangère à toute idée de vengeance, elle protège son foyer. Catherine refuse de détruire le précieux trésor qu'elle garde dans une boîte en fer.

Valéry ne lui pardonnera jamais ni l'offense faite à son épouse ni la menace qu'elle fait peser sur sa famille : ce qu'il a de plus cher. Elle aura, par ce dernier emportement, gâché définitivement leur belle histoire.

« – Pourquoi as-tu fait cela ? s'interroge Catherine.

– Je ne pouvais plus... »

Son poème *Vale* porte témoignage de ce qu'elle a perdu sans retour :

> *La grande amour que vous m'aviez donnée*
> *Le vent des jours a brisé ses rayons.*
> *Où fut la flamme, où fut la destinée*
> *Où nous étions, où par la main serrée*
> *Nous nous tenions.*

Ces huit ans d'une liaison passionnée et chaotique ont marqué Valéry au fer rouge. « J'ai aimé une folle », dira-t-il. Il a le sentiment d'être passé à côté d'un rendez-vous essentiel. Il en reste meurtri, au point que le nom de Catherine n'apparaît plus dans ses Cahiers pendant les six années suivantes. De 1928 – date de leur rupture – jusqu'en 1934, quand meurt Catherine, ils ne se revoient plus. Il lui adressera ses condoléances à la mort de sa mère, Thérèse Pozzi. Il lui écrira aussi pour lui demander de lui rendre les lettres qu'il lui a écrites – entre deux à trois mille, selon sa destinataire !

Elle ne lui répond pas. Soit elle lui renvoie ses lettres non ouvertes, soit elle les jette aux cabinets... Dans son Journal, car son amour lui fera mal jusqu'à son dernier souffle, elle vitupère contre Valéry, l'insulte et dit le mépriser. Son nom, que ses amies évitent de prononcer, suffit à la mettre hors d'elle quand elle le découvre dans la presse.

Longtemps, Valéry craindra qu'elle ne se venge en divulguant ses lettres d'amour. André Breton, pour le punir de son élection à l'Académie, a bien vendu tout ce qu'il lui a écrit... Les héritiers de Pierre Louÿs, à la mort du poète en 1925, en ont fait autant. Catherine aurait pu, sinon vendre sa correspondance, au moins la publier : la *NRF* aurait été ravie d'en offrir des morceaux choisis à ses lecteurs.

En 1934, par testament, elle charge son fils, Claude Bourdet, de détruire les lettres de Valéry. Il s'acquittera de cette dernière volonté en présence d'un clerc de notaire et brûlera une à une, dans la cheminée du 47 avenue d'Iéna, les lettres d'amour adressées à sa mère par celui qu'elle appelait couramment son « Très Haut Amour » et qui était devenu son « Enfer ».

8

Exister seule

Jeanne Voilier suscite elle aussi des passions. Mais les éprouve-t-elle avec l'intensité qui brûle ses admirateurs ? Le mariage, avec ses obligations et ses chaînes, ne lui laisse aucun regret, pas même celui de la belle position sociale que lui avait offerte Pierre Frondaie. Elle a compris qu'elle peut exister seule, avec tous les avantages que cela comporte. D'autant qu'elle a, à ses côtés, un homme pour la protéger et prendre soin d'elle : son « père ». Leurs relations sont ambiguës. Certaines mauvaises langues, dont son ex-mari qui à son habitude en a fait un roman, ne se gênent pas pour les qualifier d'incestueuses. Il n'en reste pas moins qu'elle forme avec lui un couple : la disparition de sa mère, suivie de près par son propre divorce, les a rendus l'un à l'autre.

Certes ils n'habitent pas ensemble. Ferdinand Loviton, veuf, a pris un logement boulevard Saint-Michel, proche de ses bureaux des éditions Domat-Montchrestien, mais il voit sa fille quotidiennement dans le cadre de leurs activités puisque, depuis qu'elle n'est plus Madame Pierre Frondaie et n'ayant pas repris ses fonctions au barreau, elle travaille avec lui. Il lui rend souvent visite rue de l'Assomption, dans cette maison qu'il lui a lui-même trouvée et qu'elle a décorée avec goût. Il n'y vient pas à l'improviste, c'est un homme délicat, mais il en est l'hôte le plus régulier. Tous les autres visiteurs savent qu'ils vont devoir compter avec sa présence quand la porte s'ouvre sur le joli jardin.

En 1939, sentant monter les périls, cet homme d'affaires prévoyant conseillera à Jeanne d'acquérir une propriété dans le Sud-Ouest, qu'il pense à l'abri d'une invasion allemande, telle celle de la précédente guerre. Elle dénichera ce havre grâce à son ami Robert de Billy et à son épouse qui possèdent plusieurs domaines et souhaitent se défaire de l'un d'entre eux. Ferdinand Loviton aidera sa « fille » à en financer l'achat. C'est le château de Béduer, à Figeac, dans le Lot. Il surplombe la vallée et offre une très belle vue depuis ses terrasses. Construit sur des fondations qui datent des croisades et pourvu d'un donjon, il est chargé d'histoire : à l'abri de ses murs, derrière la grille d'entrée sur laquelle veillent deux lions couverts de mousse, Jeanne se sent anoblie. Elle règne sur quatorze hectares de terres. Au printemps, la saison la plus agréable, la forêt de tilleuls embaume la propriété. Mais le château doit être restauré. Jeanne s'apprête à y entreprendre, modestement au début, des travaux d'embellissement qui monopoliseront beaucoup de son temps. Elle aimera Béduer. Elle y fera venir nombre de ses amis – y compris, bien sûr, Paul Valéry. Fière de cet enracinement si neuf pour elle, ce sera le symbole de sa réussite. Elle y recevra en châtelaine.

C'est une femme libre, indépendante, heureuse de n'avoir à obéir à personne et de ne dépendre que de son bon vouloir.

Elle ne vit pas dans le luxe, du moins pas encore, mais dans une aisance de bon ton. Oubliés la misère de la petite enfance, les déménagements à la cloche de bois, l'embrouillamini de sa naissance et le cadre petit-bourgeois de ses débuts dans la vie. Elle se veut élégante, raffinée, chic.

Loin d'être abandonnée à la solitude des femmes divorcées, à une époque où celles-ci sont mal considérées, elle ne manque pas de chevaliers servants. Les hommes sont attirés par elle. Quel magnétisme les électrise ? Les photographies ne lui rendent pas justice : elle n'est pas laide sur tous ces clichés, mais plutôt banale, la jambe lourde, la poitrine insuffisante, le visage austère, un peu masculin... Ses défauts physiques sautent aux yeux. Elle est pourtant irrésistible. D'où tient-elle son charme ? Les soupirants s'empressent autour d'elle. Pourquoi n'est-elle jamais à court d'hommages ?

Sa consommation d'hommes est à la fois variée et soumise à une norme sévère : elle choisit ses amants parmi les gens importants. Jeanne aime la réussite, où qu'elle soit. Chez les écrivains d'abord, objets de sa prédilection. Mais les grands avocats, les grands journalistes, les grands industriels l'intéressent également. Elle ne dédaignera pas un jour les ambassadeurs (du Japon). Parmi une liste, loin d'être exhaustive et dont on ne connaît pas tous les intervenants, citons deux poids lourds des lettres.

Pour le premier, Saint-John Perse, leur relation reste très mystérieuse, sujette aux seules suppositions. Est-ce un peu plus qu'un flirt ? Se poser la question est déjà, sans prendre trop de risques, une manière de confirmation... Le poète d'*Eloges* et d'*Anabase*, Alexis Saint-Léger Léger pour l'état civil, comble les vœux de Jeanne en étant à la fois un écrivain considéré, tenu en très haute estime par le milieu littéraire, et le secrétaire général du Quai d'Orsay – à ce poste des plus prestigieux de la haute administration, il succède à Philippe Berthelot. Amant en titre de Marthe de Fels, il offre à Jeanne de se sentir l'égale de l'une des égéries les plus ravissantes et rayonnantes du monde littéraire et du monde-monde : un plaisir exquis.

Elle ne peut trouver plus sûr contraste entre « l'homme à l'Hispano », romancier abonné aux gros tirages et aux rubriques mondaines des magazines, et ce personnage discret, secret, distingué, amateur de voyages et de nuages, qui semble poursuivre un idéal de beauté sublime et conçoit la poésie comme une ascèse. De Pierre Frondaie à Saint-John Perse, il fallait l'éclectisme et le goût des contrastes de Jeanne pour ne pas se sentir déboussolée.

Leur rencontre, en 1934, a lieu dans l'immense bureau du secrétaire général du Quai. Jeanne, recommandée par l'une de ses amies, est venue lui demander des conseils et probablement aussi des recommandations. Elle s'apprête à entreprendre une croisière à bord du *La Fayette* qui doit la conduire jusqu'aux Antilles, et n'entend pas embarquer sans s'être assurée d'avoir les meilleurs contacts outre-Atlantique. C'est sa première traversée à bord d'un de ces paquebots de la Compagnie générale transatlantique dont elle deviendra une cliente assidue. Elle prendra goût à ce qu'offrent ces beaux navires : le luxe et la détente, les dîners de gala où le champagne coule à flots, et peut-être aussi les valses et les tangos dans les bras d'inconnus auxquels elle s'abandonne.

Antillais, né sur une île proche de la Guadeloupe, Alexis Saint-Léger Léger est le plus à même de l'initier à ce nouveau monde avant son départ. Il connaît par cœur les petits paradis de la mer des Caraïbes, mais les charmes des tropiques, leur histoire, leur culture, la souffrance de leur peuplement, que lui en a-t-il dit ce jour-là ? Consciente d'être en face d'un être exceptionnel, elle a noté ses impressions lors de leur entretien. « Mince, droit, sec », ainsi se fixe-t-il dans son souvenir. Elle est surtout frappée par « ses yeux brillants d'anthracite » qui la scrutent, tandis qu'il l'invite à s'asseoir face à la Seine. Elle part deux jours plus tard : il lui fera porter le soir même des lettres d'introduction auprès des consuls de France dans les divers ports où elle accostera. Elle est sensible à son élégante évocation des îles : « Les images de son pays natal flottaient entre lui et moi. » Rentrée chez elle, elle se met à faire ses bagages – ou plutôt ses malles –, ce qui n'est pas une mince affaire pour une femme éprise à la folie de ses parures. Elle enveloppe ses robes, griffées des meilleurs couturiers, dans du papier de soie. Vers dix heures du soir, le téléphone sonne. C'est Alexis Léger... Il prend de ses nouvelles, s'étonne du bruit délicat qui lui parvient à l'autre bout du fil – le chat siamois de Jeanne joue avec le papier de soie ! – et l'interroge sur ses autres prénoms. Jeanne Anne Elisabeth décline ceux qu'elle a reçus à son baptême (sur ceux-là, elle n'a pas besoin de mentir...). Il choisit de l'appeler Anne : Anne elle sera donc pour lui seul. Il ne lui a, semble-t-il, rien demandé d'autre sinon d'avoir une pensée pour lui lorsque le *La Fayette* croiserait au large de Saint-Léger-la-Feuillade : l'île où il a vu le jour. Ce jour-là, elle lui fera envoyer un télégramme.

A son retour, la Rolls-Royce du secrétaire général – c'est une époque faste pour la République – l'attend pour la conduire dans un restaurant « des environs de Paris », où le poète diplomate l'attend. Il souhaite « connaître ses impressions de voyage ». On n'en saura pas plus que ce commentaire de Jeanne : « J'entrai directement dans ce langage nouveau, cette simplicité, cette dureté et cette solitude qui m'apportaient des rêves insolites. L'amitié fut sans faille, fidèle et dure comme le cristal[43]. » Elle fréquentera Alexis Léger jusqu'à son exil aux Etats-Unis en 1940, le reverra à Washington puis à son retour à Paris en 1947, mais les années de leur amitié « fidèle et dure comme le cristal » précèdent la guerre – ce sont ces mêmes années où elle noue une liaison avec Paul Valéry.

Les deux poètes ne s'apprécient guère. Est-ce leur conception de la poésie qui les sépare ? Leur exigence extrême et leur élitisme devraient les rapprocher, alors qu'ils les éloignent. Est-ce leur tempérament d'homme ? Leur rivalité d'écrivains ? Ou n'est-ce pas plutôt cette même femme entre eux ? « Tout en reconnaissant la valeur de Saint-John Perse, Paul Valéry ne l'a jamais beaucoup aimé », confie Jeanne à un interlocuteur américain[44]. Alexis Léger était d'ailleurs honni par tous les amis de Philippe Berthelot qu'il avait supplanté au Quai.

L'autre rival de Paul Valéry, à l'heure où commence son histoire avec Jeanne Voilier, n'en est pas moins prestigieux. Il est au sommet de sa gloire : Jean Giraudoux. Si ses romans des années vingt, *Siegfried et le Pacifique*, *Suzanne et le Limousin*, lui ont valu un succès d'estime, c'est le théâtre qui fait sa renommée. Depuis 1928, Louis Jouvet met en scène chacune de ses pièces : *Judith*, *La guerre de Troie n'aura pas lieu*, jusqu'à *Electre* en cette année 1938 connaissent de véritables triomphes. Curieusement, comme si Jeanne recherchait obstinément à associer chez ses amants le prestige des lettres et celui des affaires étrangères, le brillant écrivain est également un éminent diplomate : entré dans la Carrière avant la guerre, du clan des amis de Berthelot, Giraudoux est ministre plénipotentiaire, inspecteur des postes diplomatiques et consulaires. Et sous les ordres de son actuel grand chef au Quai : Saint-John Perse.

Les deux hommes ont eu le même amour. Jean Giraudoux a été très épris et l'est peut-être encore de Rosaria Abreu, dite Lilita, une égérie du monde littéraire, Cubaine flamboyante qui détruit tous les cœurs sur son passage – Léon-Paul Fargue a écrit pour elle son poème *Solitude*. Avec le secrétaire général du Quai, elle a vécu, peu avant, une passion dévastatrice. Giraudoux lui garde une amitié teintée de tendresse, à laquelle seule la mort pourra mettre fin. Egaler Lilita, dans la vie de ces deux écrivains, ou entrer en concurrence avec elle, n'était pas une mince affaire.

Jeanne a envoyé à Giraudoux *Beauté raison majeure*, son premier roman, avec une dédicace lui exprimant son admiration : une approche naturelle, spontanée, dira-t-elle, car Giraudoux est lui-même un auteur publié par Emile-Paul, l'éditeur d'Alain-Fournier, de Maurice Genevoix et... de Jean Voilier. Le résultat escompté ne manque pas de se produire : l'auteur d'*Electre* l'a aussitôt appelée au téléphone et Jeanne a accepté de le recevoir dans son petit appartement de la rue Champagny, où elle habite seule depuis sa séparation d'avec Frondaie... En témoignent deux cartes, que sa biographe a retrouvées parmi la correspondance de Jeanne. La première, signée Giraudoux et datée du 11 février 1936, porte ces simples mots : « marqué d'une pierre blanche ». Sur la seconde, écrite le lendemain, 12 février 1936 : « et d'une rose noire ». Ces messages sibyllins coïncident avec la proclamation officielle du divorce des Frondaie au tribunal de la Seine.

Les choses entre les amants vont bon train puisque, dans sa correspondance, Jeanne évoque les « caprices sexuels démesurés » de Giraudoux. Quand, en 1938, Jeanne emmène Paul Valéry visiter sa chambre et sa salle de bains, rue de l'Assomption, sa liaison avec Giraudoux est donc largement entamée.

Marié à une très jolie femme, Suzanne, dont il a un fils de dix-huit ans, Giraudoux endure les nombreuses scènes de jalousie de son épouse qui soupçonne ses infidélités et surveille ses fréquentations : les comédiennes, les femmes du monde, les jeunes romancières. Quand il voyage, les soupçons de Suzanne se portent sur les filles ou les épouses du corps diplomatique dans son entier. Elle n'est jamais en repos, au point de se rendre malade. La vie familiale est gâchée par un affreux climat de reproches et d'hystérie.

Giraudoux, qui parcourt le monde entre deux géné-
rales, fuit les réalités trop mesquines, trop contrai-
gnantes, dans les rêves et dans les voyages. Jeanne l'a
tout de suite compris : « C'était un homme complexé,
malheureux, mal à l'aise dans sa vie. Lorsqu'il se
confiait, rarement, c'était toujours les yeux fermés,
mais on ne pouvait rien pour lui. Même ses succès
ne lui apportaient pas le bonheur. Je crois que seuls
les voyages qu'il multipliait comme envoyé du Quai
d'Orsay, en lui apportant la liberté, le rendaient à
lui-même et à sa fantaisie[45]. »

Pour Jeanne, c'est un amant itinérant, forcément
épisodique. Passant sans transition d'un théâtre à un
paquebot, apparaissant, disparaissant, tel un elfe des
forêts enchantées, sa grâce bien connue de tous ses
amis, son caractère léger, insaisissable, et son mystère charment sa nouvelle conquête : « Sa fantaisie,
sa façon de tout percevoir sans avoir l'air de regarder, ses yeux cachés derrière des lunettes, une grâce
naturelle, ses boutades, ses pirouettes, tout cela devait
me plaire et me plut[46]. »

A côté des lettres, il y a aussi les arts. Jeanne, dans
ses amours, n'est jamais exclusive. Elle a pris dans ses
filets un peintre connu pour l'éclat de ses couleurs, le
soleil de sa palette : Charles Camoin. Elève de Gustave
Moreau mais très influencé par Renoir, ce Fauve, qui
signe « Carlo » toutes ses lettres à Jeanne, a sans nul
doute éprouvé pour elle un très vif sentiment. Elle
doit lui envoyer ses réponses « Poste restante », car il
est marié, et son épouse, Charlotte, est l'une de ses
amies. Un très joli portrait de Camoin demeure de
cette histoire en douce : Jeanne, souriante, le buste pris
dans une robe d'été, la joue posée sur ses mains et les
coudes sur un livre, regarde le peintre d'un air tendre.

Valéry ignore le territoire très encombré sur lequel
il s'engage. D'autant que son principal rival est une
rivale, dit-on.

Jeanne a en effet, depuis trois ans, une amie chère : Yvonne Dornès.

De sept ans sa cadette, plus petite et menue que Jeanne, avec son corps de garçon, cette blonde aux cheveux courts et bouclés, aux yeux gris, au fort tempérament, n'est pas du genre à s'effacer. Ni à se contenter d'un rôle de dame de compagnie. Issue d'un milieu aisé – son père était haut fonctionnaire –, apparentée à Jules Ferry dont elle est l'arrière-petite-nièce, elle a fait des études de droit, de philosophie et même d'économie politique, pour renoncer définitivement à ce qui est encore le destin de la plupart des femmes, en 1930 : celui de mère au foyer.

Séparée depuis peu d'un mari qu'elle a épousé à vingt ans, Madame Claude Weinbach a repris son nom de jeune fille et habite seule un appartement, rue de Monceau. C'est une battante. Yvonne Dornès a conçu et porté à terme des projets aussi originaux qu'ambitieux, comme le « Cercle François-Villon », auquel elle a œuvré lorsqu'elle était encore étudiante, pour ouvrir un foyer aux intellectuels chômeurs. Ou l'association « Musique pour tous », qui organise des concerts gratuits dans les écoles, avec la participation rémunérée d'élèves du Conservatoire. Elle possède la fibre sociale. Animée d'intentions généreuses, altruiste, elle possède un grand sens de l'organisation et tient à se rendre utile.

Par sensibilité, c'est plutôt une femme de gauche. Yvonne Dornès est entrée en 1936 au cabinet de Pierre Viénot, sous-secrétaire d'Etat aux Affaires étrangères, qui lui a confié la propagande française à l'étranger par le livre. Devenue secrétaire générale adjointe de « Mai 36 », elle est chargée de l'organisation des loisirs que le Front populaire va rendre légaux et obligatoires, avec la semaine de quarante heures et les congés payés. Puis, en 1937, Vincent Auriol, alors ministre, la nomme secrétaire de la Commission inter-

ministérielle du cinéma : sa passion pour le 7ᵉ art est
née et ne la quittera plus. Elle a elle-même réalisé un
film sur le voyage du président Edouard Daladier en
Tunisie, ce qui lui a valu d'être primée cette année-là.

Parallèlement à ses responsabilités publiques, elle
gère depuis quelques mois une société d'envergure,
dont elle n'est encore que le conseiller technique : la
fameuse SVP. On s'abonnait à l'époque à SVP pour
obtenir les réponses aux questions les plus diverses
sur la politique, l'histoire, l'actualité ou la vie pratique. Il suffisait aux abonnés de composer les trois
lettres magiques sur le cadran de leur téléphone pour
obtenir les réponses attendues. Cette société, promise
à un bel avenir, Yvonne Dornès allait en prendre la
direction.

Personnalité charismatique, douée d'une vaste ambition et capable d'exercer son talent dans des activités multiples, elle étoffera au fil des ans son rayon
d'action et son réseau d'influence. En 1944, elle sera
la cofondatrice du « Siècle », avec six hommes. En
1955, elle prendra activement part à la fondation du
Mouvement français pour le planning familial, dont
elle dirigera la revue. Elle soutiendra Henri Langlois,
lorsqu'il fondera la Cinémathèque française et en sera
la codirectrice pendant dix ans, de 1977 à 1987. On
retrouve son nom dans toutes les luttes féministes en
faveur de la liberté et de l'éducation sexuelles et de la
contraception. Entrée à la Grande Loge féminine de
France en 1955, elle en sera la Grande Maîtresse de
1977 à 1980. Elle y imprimera sa marque. C'est une
femme solide, en dépit de sa frêle apparence, d'une
intelligence très au-dessus de la moyenne et d'une
énergie non moins exceptionnelle. Une conquérante,
dotée d'une belle aura.

Jeanne et Yvonne se connaissent et se fréquentent
depuis 1935 : année de la mort de Madame Loviton
et du divorce de Jeanne.

Toutes deux émancipées, indépendantes, éprises de leur nouvelle liberté, ne s'encombrant ni d'un mari, ni d'un compagnon officiel, ni d'enfants, elles s'accordent sur la vision d'une vie sans entraves. Jeanne est plus secrète : de même qu'elle cache son statut de fille naturelle et s'arrange pour que les paramètres de sa vie ne soient pas connus en préservant des cloisons de silence, elle est réservée lorsqu'il s'agit de ses sentiments. Est-ce de la prudence, de la pudeur ? Sa discrétion est-elle sa meilleure défense ? Ou garde-t-elle naturellement une distance, dans le registre des émotions ? Yvonne Dornès est plus passionnée. Plus entière. Par là aussi, sentimentalement plus fragile. Son amour pour Jeanne sera son talon d'Achille. Son caractère ira s'affirmant avec l'âge, au point que Jean Chalon, qui la connaîtra plus tard, dira pour résumer sa personnalité assez virile, qu'elle est « du type lesbienne agressive[47] ». La jalousie va vite la dévorer, et pour longtemps.

Yvonne, contrairement à Jeanne, ne craint pas de dire ce qu'elle ressent. Or, ce qu'elle éprouve pour Jeanne, c'est un amour fou. Cet amour d'une femme pour une femme n'a rien à envier au registre habituel des amants qui brûlent d'une flamme : « Devant toi je ne sais que t'admirer et dire : tu es belle, je t'aime. Ce doit être lassant à la longue, pour toi naturellement, car pour moi la vie sera trop brève... »

« Quand je suis avec toi, je suis inondée de bonheur... »

« Je suis à toi, mon chéri, de tout mon être, de toutes mes forces, de toutes mes pensées. Je suis ton objet, ta chose, ton esclave. Je t'appartiens corps et âme et ne vis que pour t'aimer, toujours plus, toujours mieux, jusqu'au jour où j'en mourrai. Ton Yv[48]. »

Paul Valéry, bientôt, emploiera les mêmes mots. En même temps.

9

Renaissance

C'est donc heureux, rajeuni, fringant, que le poète sonne désormais à la porte du 11 rue de l'Assomption. Il a retrouvé le cœur de ses vingt ans. Son âge véritable, soixante-sept ans révolus, et les symptômes inévitables du vieillissement, la maladie, la fatigue, tout est effacé quand il vient chez Jeanne. Le jardin ombragé, la maison aux boiseries claires, le boudoir rouge sont autant de promesses de bonheur. Il a beau avoir mesuré les risques et calculé les dangers, il est tout entier dans son élan. Un homme amoureux.

Les oiseaux chantent pour lui quand il pousse la grille dont le grincement lui est maintenant familier. Il salue au passage le saule au frémissant feuillage, en traversant la pelouse d'un pas étonnamment léger. Il a toujours été l'ami des arbres. L'érable, le magnolia et les vieux marronniers du couvent voisin des sœurs de l'Assomption, Valéry les connaît tous ici. Il les voit grandir et s'épanouir. Au premier printemps de leur liaison, il offre à Jeanne un rhododendron qui ajoutera ses fleurs magnifiques à son parterre de couleurs et de parfums. Tout l'enivre lorsqu'il pénètre dans ce jardin : le calme surtout, l'impression de paix et de volupté. Soudain le temps s'arrête. Le monde extérieur s'efface, avec sa fébrilité, ses soucis, sa pénible et

exigeante routine. Il entre dans un éden. Petit paradis
en marge du siècle. Merveilleuse enclave protégée des
agressions de l'existence. Au 11 rue de l'Assomption,
il est loin de tout ce qui l'ennuie, et lui pèse. Hors
de la ville, de ses tensions, de ses contraintes, il est
enfin, comme par miracle, rendu à lui-même. Et à
cette ravissante personne qui lui redonne goût à la
vie. Un goût violent et cru. Un goût comme on en a
adolescent.

Et qu'importe l'hiver, saison de leur tout premier
rendez-vous ? L'adresse ensoleille son cœur, quel qu'en
soit le climat. Février : « Soleil. Je vois la grinçante
grille, la rue. Une rue, ça mène où ?... Tout à coup,
un choc brusque de rupture d'âme[49]. »

Il n'a pas été long à succomber aux charmes
de Jeanne. Une brève analyse devant la situation
inattendue qui se présente à lui. Un appel à ses
sages principes, sa célèbre et solide tête d'homme de
sang-froid, réputé pour son intelligence et sa lucidité, pour sa mesure, sa tempérance. Sa personnalité
si patiemment construite au fil des années, exercée
à la logique et au raisonnement mathématique, se
trouve prise au dépourvu. Il a suffi que Jeanne lui
apparaisse, vestale moulée dans son satin blanc. Elle
l'a conduit jusqu'au sofa rouge. Et ses défenses se
sont écroulées.

Il l'a prise dans ses bras, il l'a aimée. Désormais, il
ne peut plus se passer d'elle. Il est devenu, ainsi qu'il
se décrit lui-même, « l'Assomptionniste ».

Jeanne est sa drogue. Une drogue encore légère,
mais à laquelle il voit bien qu'il s'accoutume. Quand
il est loin d'elle, il ressent un manque cruel, comme
un vide physique. Ou métaphysique. Le besoin qu'il
a de la retrouver ne lui laisse aucun répit.

Il a soif d'elle. Faim d'elle.

Toutes ses pensées vont vers elle.

Il est possédé.

« Rien de toi que je n'aime[50]. » Il aime son corps bien sûr, avec sa petite poitrine et ses fortes jambes, ses hanches généreuses de déesse grecque. Mais beaucoup d'autres choses aussi, à commencer par son allure de goélette ou de tartane qui rend si juste son nom de Voilier. Il aime ses yeux et ses mains, la douceur satinée de sa peau, sa gaieté et sa mélancolie, sa volubilité et ses silences, son sourire radieux et l'ombre qui parfois voile l'éclat de ses yeux. Elle le fascine. Il a connu des femmes plus belles, comme cette artiste sculpteur, Renée Vauthier, dont il a été amoureux naguère. Son visage aux traits réguliers avait gardé des rondeurs d'enfance. Il en a connu de plus intelligentes et de plus imaginatives : Catherine Pozzi demeure indétrônable en la matière. Plus encore que la duchesse de La Rochefoucauld, sa chère Edmée, dont la conversation pétille, plus même qu'Emilie Noulet, agrégée de Lettres et professeur à l'université. Non, Pozzi était inégalable. A ce jour, inégalée. Mais aucune n'a su prendre possession de lui comme Jeanne.

Amateur de femmes, il se méfie en général de toutes. Ce misogyne averti, jamais repenti, les classe en trois catégories, selon un ordre ascendant : les emmerdantes, les emmerdeuses et les emmerderesses. Seules les créatures les plus charmantes méritent cette dernière étiquette.

Pour lui-même, marié depuis près de quarante ans à une épouse qu'il aime tendrement et auprès de laquelle il a trouvé une harmonie familiale indispensable à son bonheur, il s'est toujours gardé des « emmerderesses ». Ses balises mentales lui disent jusqu'où ne pas aller trop loin. La folie de Catherine Pozzi, qui avait cherché à le faire divorcer, faillit avoir raison de son précieux équilibre. D'autres, comme Emilie ou Edmée, ont essayé de trouver une faille. Il s'est toujours arrêté avant de commettre l'irréparable. Il a flirté, esquissé de brèves liaisons, mais ses histoires sont restées sans gravité. Il s'est toujours éloigné à temps.

En honnête homme, Valéry a une phrase pour elles. Cette phrase, il l'a servie à Jeanne, dès les premiers jours, comme à toutes les autres. C'est son arme fatale : en quelques mots, pudiques et élégants, mais parfaitement clairs, il résume la situation et s'en dédouane. Qu'elles n'aillent pas trop rêver... Il est marié, en charge d'une famille, il tient à le rester. L'amour, il le conjugue au présent, dans l'instant. Il ne veut ouvrir aucun champ libre à un amour qui ne serait pas de l'ordre du vagabondage. A Jeanne, 6 avril 1938 : « Tu ne peux pas penser que je n'aie un besoin infini de tendresse. Et tu ne peux pas penser que je n'aie entièrement conscience, et douloureuse conscience, de ce que je ne puis te donner, et de ce dont tu te prives pour l'amour de moi[51]. »

Ce « besoin infini de tendresse » il l'avoue à maintes reprises dans sa correspondance. C'est un des traits de sa personnalité, plus sentimentale qu'il n'y paraît – « Plus je vais, plus j'ai besoin de tendresse. Au fond, il n'y a que cela au monde. Comme le reste est affreux, avili, bête et vain. Même l'esprit...[52] ». La tendresse dont il a tant besoin le rend vulnérable.

Ce mot est pour lui à multiples facettes. Synonyme de douceur câline et enfantine, il évoque tout à la fois l'attirance, le désir, l'union. Tendresse rime avec caresse. C'est un autre mot pour le sexe. « Hier soir, quelle tendresse n'est-ce pas ? Nous étions vraiment deux vies plus à nu que les nus corporels et plus serrées que toutes les étreintes. »

« Je te caresse dans la douceur de la lumière doucement riche, je cause avec toi (voluptueusement, intelligemment), il n'y a pas de mot qui combine les deux termes en un seul adverbe extraordinaire. Il faudrait avoir une langue à nous – (quelquefois cette idée se matérialisa et il n'y eut bien qu'une bouche et une langue). Tiens, tu me fais crayonner des bêtises[53]. »

Jeanne, il la surnomme Jasmin. Comme la fleur blanche, odorante, entêtante, enivrante. Mais l'homme, si amoureux soit-il, n'en perd pas pour autant son sens de l'humour, c'est son indicatif d'appel téléphonique qui le lui a inspiré : Jas(min) 65-51 ! L'érotisme du jasmin n'en est pas moins dans l'atmosphère.

Il l'appelle aussi Lust, « Désir » en allemand. Du nom de l'héroïne de *Mon Faust*, qu'il est en train d'écrire ; ou Calypso, comme la nymphe qui par sa beauté et sa jeunesse a retenu Ulysse loin des rivages trop sages de Pénélope ; ou encore Polydore, qui pour cet intellectuel pétri de culture gréco-latine décrit sans ambiguïté les dons multiples et stupéfiants de son ensorceleuse. Polidora... Polidoro étant le prénom connu du Caravage.

Elle l'inspire. Indubitablement.

Mais il n'est jamais plus lyrique ni plus émouvant que lorsqu'il l'appelle Jeanne, tout simplement.

Dès les premières lettres, il la tutoie. Souvent, il la nomme « mon terrible toi » : « Oui, mon terrible toi ! mon amour, quel baiser nous avons échangé[54] ! »

Cet adepte de l'introspection, du dialogue intérieur et des insondables abîmes du « je » découvre les vertiges de l'oubli de soi. Le moi s'abolit dans cet amour. Le nous devient possible. Mais ce toi, qui est-il vraiment ? D'où vient sa force ?

« A toi, mon cœur – ma petite intime et toujours plus poignante toi. »

« A toi, mon toi. »

L'habitude est vite prise : s'il le pouvait, Valéry viendrait tous les jours auprès de Jeanne. Les fins d'après-midi sont délicieuses chez elle. Aussi essaie-t-il autant que faire se peut de ne pas s'engager ailleurs à ces heures-là. Il se veut libre pour elle, pour lui-même, volant ces quelques heures à l'inexorabilité du temps. Les conférences, les cours au Collège de France, les séances à l'Académie, sans parler des ouvrages à écrire, et des mondanités innombrables qui sont le tissu de sa vie, lui apparaissent comme autant d'entraves. Il s'en acquitte avec de plus en plus de mal. Il se dit las et ne trouve plus de joie, ou si rarement, à cette existence brillante, devenue pour lui une routine monotone. Jeanne, en contre-point, est sa récréation. Son repos du guerrier. Et aussi sa chance. Pour ce travailleur infatigable dont les agendas sont truffés de rendez-vous, la vie soudain s'allège. La grille, en grinçant, lui ouvre le paradis. Les parfums du jardin flattent sa moustache, avant qu'il ne s'élance rajeuni vers la jolie maison claire, presque une maison de vacances, dont la lumière est si douce et si chaude vers cinq heures du soir.

Le jeune maître d'hôtel l'introduit au salon où il s'installe dans un canapé confortable. Il y a bien quelques toiles aux murs qui pourraient lui rappeler le foyer familier de la rue de Villejust – des danseuses de Degas, une marine de Boudin, une autre de Jongkind et un petit Morisot. Mais ils sont ici fondus dans un décor très différent de chez lui où les chefs-d'œuvre s'accumulent – c'est un ensemble homogène, tout en clarté, dépouillé et nu. Les rideaux de soie jaune apportent du soleil dans cette pièce cossue et luxueuse. Il s'y sent bien. On lui sert un thé avec un nuage de lait que cet impénitent buveur de café noir laisse refroidir dans sa tasse. Il allume sa énième cigarette de la journée. Il attend, en rêvant... Et il n'est pas difficile d'imaginer la silhouette qui se dessine, voluptueuse, dans les nuages de l'âcre fumée.

Il est rare que Jeanne arrive la première. Elle est toujours en retard, retenue à sa maison d'édition. Elle aussi a un agenda surchargé. Pas autant que Valéry sans doute, mais elle ne compte pas ses heures au bureau et ne mesure pas sa peine. C'est une créature industrieuse, qui aime le travail bien fait. Aux nombreux rendez-vous qu'elle a avec les imprimeurs ou les professeurs de droit qui font tourner sa maison, il faut ajouter ceux, non moins prenants et essentiels, avec le coiffeur, la manucure, l'esthéticienne ou les grands couturiers (Lanvin, Maggy Rouff, Madeleine Vionnet). Jeanne est raffinée et coquette : une reine des abeilles, dont le charme naturel ne néglige pas les apprêts.

Valéry apprécie le luxe et la beauté. Les peignoirs de Jeanne, ses déshabillés de satin ajoutent à l'érotisme. Mais il adore la voir débarquer, comme à l'improviste, dans ses tailleurs de femme d'affaires qui, par une piquante inversion des rôles, lui donnent l'air d'avoir été invitée chez elle en visiteuse du soir. Il lui arrive de la regarder se préparer pour un dîner, de deviner quelle allure elle aura dans une tenue de gala, parée de ses perles. La féminité l'a toujours séduit. Avec Jeanne, il est comblé. Par son style, mélange très étudié de naturel et de sophistication, elle incarne à merveille la Parisienne. Valéry découvre son parfum coruscant de femme libérée. Il en rêve la nuit.

Ce Méditerranéen, plutôt classique dans sa vision des genres, aurait sûrement préféré trouver en Jeanne une autre Madame Récamier : aussi douce, nonchalante, disponible, accueillante que l'égérie de Chateaubriand. Elle l'aurait attendu tout le jour, allongée sur sa méridienne, lisant et suçant des bonbons. Au lieu de quoi, c'est lui qui attend... Cette femme moderne et dynamique a des soucis de chef d'entreprise. Il lui reproche quelquefois de ne pas être disponible lorsqu'il le souhaite, mais toujours avec des mots tendres, pimentés d'humour. « O mon amie, ma grosse abeille suractive, je te vois bourdonnante autour de tes alvéoles, harcelant et piquant tes ouvrières et les mâles très pares-

seux : tu es malade de ta ruche. Mais Nom de Dieu,
il faut que ça marche[55]... » Et dans une autre lettre,
sur le même ton : « Ami amour, Vole à tes gens, à
tes fiches, à tes casiers, à tes caisses, à tes monstres
de profit, de dactylos péteuses, de semi-techniciens,
de têtes d'affaires ; de rouspéteurs, de raseurs, de sou-
riants & Cie... Moi je veille sur ton trésor[56]. »

Au fond, il apprécie l'indépendance, pour lui inédite, de cette égérie. Jeanne ne lui demande rien :
pas de soutien matériel, pas d'argent, pas d'enga-
gement moral à long terme. Elle semble se satis-
faire de cette liaison secrète qu'ils n'ont ni l'un
ni l'autre l'intention d'afficher. Les désirs d'épou-
sailles de Catherine Pozzi lui avaient gâché la vie ;
elles avaient lassé son amour. Jeanne sait savourer
le moment présent. Certes, son métier l'accapare,
mais son père semble être son principal protecteur.
Divorcée, sans regrets, elle lui fait l'effet d'une bulle
d'air. En comparaison avec toutes celles qui, comme
Pozzi, finissent toujours par se plaindre, récrimi-
ner, ou exiger, Jeanne lui paraît extraordinairement
légère à vivre.

Catherine était devenue amère et violente : vilenie
des vilenies, elle l'accusait de la rendre malheureuse,
ce qui le désolait. A la fin, il ne pouvait plus supporter ses mines patibulaires, ses éclats de furie, ses
récriminations.

Avec Jeanne, pas de reproches, pas de procès d'intention, une sensualité de satin et de soie.

« Tu es harmonie, mon amour, et je crois que c'est
là le secret de ton pouvoir sur tous. Ta voix et tes
yeux agissent de concert, comme un accord. (Et je
n'oublie pas d'autres charmes conjoints[57].) »

Non moins exquise est sa conversation. Valéry ne
s'en lasse pas. Loin d'être un bas-bleu comme lui
apparaissait parfois Pozzi, qui mettait un peu trop
d'entrain à son érudition, Jeanne a l'intelligence de

celles qui sont de plain-pied dans l'existence. Elle connaît le monde et le pratique. Sa jeunesse va de pair avec une maturité déconcertante. Son expérience du cœur humain surprend chez une jeune femme de son âge (trente-quatre ans, rappelons-le, au début de sa liaison avec Paul Valéry). Elle a un regard acéré mais juge sans violence, avec justesse et perspicacité. Elle s'exprime avec un indéfinissable mélange de spontanéité et de grâce, sans élever le ton, en pesant ses mots. Toutes ses lettres, que Valéry va bientôt adorer autant que sa conversation, révèlent un esprit clair et subtil. En même temps qu'une épistolière d'exception.

Si elle est moins cultivée que Catherine Pozzi ou qu'Edmée de La Rochefoucauld, Jeanne Voilier est extraordinairement vivante. Elle déborde de vie.

« O. Avec toi, je ne connais que des extrêmes. Quel signe, quel symptôme ! »

« Oui, quelques minutes d'hier ont été de telle puissance de tendresse – et en toi aussi n'est-ce pas ? – que j'en suis encore aussi fou et exaspéré d'idéale jonction et totale et vitale. »

Sa Lust est un idéal de femme.

Narcissa, son double dans l'eau du temps.

Elle a rallumé la flamme du vieux poète, parvenu au faîte et peut-être au bout de sa vie.

« Mon beau, mon grand daimôn, Narcissa, belle puissance, j'interromps je ne sais quelle ligne commencée dans l'abstrait de mon griffonnage matinal ou plutôt, tu l'interromps. Une grande jambe, un Tout, un Toi, un Tiède, un Doux... et ces regards qui font un travail des plus précieux dans le fond de mon personnage[58]. »

10

Les dimanches de la volupté

Le dimanche devient le jour de Jeanne : un rituel vite établi entre eux. S'ils se voient les autres jours de la semaine, celui-ci est plus propice et plus régulier. Sur le calendrier, il brille d'une lumière complice. C'est une promesse à laquelle rêver dès le lundi. Le dimanche, Jeanne ne travaille pas, ses bureaux sont fermés, elle est libre jusqu'au soir. Elle si pressée, si besogneuse en semaine, et qui peine à maintenir la cadence de ses rendez-vous, apparaît les traits reposés, plus détendue sinon nonchalante, dans une maison qu'elle a plutôt l'habitude de traverser en courant d'air. L'atmosphère se fait plus suave et plus voluptueuse : en un mot plus féminine, Valéry ayant toujours été sensible à ce qui reste pour lui la vocation ancestrale de la femme, une disponibilité de tous les instants.

De son côté, l'écrivain ne fait pas de différence entre les sept jours de la semaine : écrire est un travail quotidien, auquel il s'astreint avec une discipline de bénédictin. Aucune passion ni aucune liaison ne lui a jamais fait manquer le tête-à-tête avec son cahier, qui l'attend au réveil, au chevet de son lit. Chaque journée commence avec cet exercice matinal, ultra-matinal même, puisqu'il a l'habitude d'écrire à l'aube, vers cinq heures, quand la maisonnée est encore profondément endormie. Mais au moins son dimanche n'est-il dévolu ni à l'Académie française, ni au Collège de France, où l'attendent collègues et élèves. Les universités où il donne ses conférences sont fermées, et les éditeurs attendront le lundi pour lui faire part de leurs propositions de préfaces et autres textes de commande. Excepté lorsqu'il voyage, à des fins toujours littéraires, pour parler ici ou là de poésie et de civilisation devant des auditoires exigeants, il est donc lui aussi à peu près tranquille. Il peut savourer le temps, qui sinon s'enfuit à une vitesse qu'il juge vertigineuse depuis quelques années déjà. Il éprouve, de manière douloureuse, le sentiment de ne plus s'appartenir. Son agenda pléthorique lui pèse comme un fardeau. Lui, si doué pour le farniente, les rêveries au soleil, les promenades sans fin dans les villes italiennes ou sur les plages languedociennes, s'est mué en forçat des lettres. Le paresseux qu'il a toujours cru être fait preuve d'une exceptionnelle ténacité pour venir à bout de ce qui l'attend chaque jour. Cours, conférences, remises de prix et de décorations, allocutions de toutes sortes à l'occasion d'anniversaires, de promotions, voire d'enterrements, les journées sont sans répit jusqu'aux soirs qui le conduisent de cocktails en soupers en ville et en dîners-débats.

Le dimanche, traditionnel jour du Seigneur pour toutes les femmes de la maison, Jeannie son épouse, Paule sa belle-sœur, Julie Rouart-Manet la cousine de sa femme, qui vont ensemble à la messe à Saint-Honoré-d'Eylau, il peut traîner à la maison, aller marcher au Bois ou ouvrir pour son seul plaisir un recueil de poèmes. Le courrier, qui déverse les autres matins à sa porte sa liasse de requêtes et d'invitations, lui épargne la corvée de la correspondance : Valéry fait relâche sur presque tous les fronts. Sauf celui de la famille. Car il a l'habitude, ce jour-là, de déjeuner avec les siens, rue de Villejust, et plus souvent au Mesnil, la maison de campagne de Berthe Morisot où Julie maintient cette tradition familiale. Valéry aime le Mesnil, il s'y sent chez lui. Dans ce petit château du XVIIIe à l'élégance surannée et délicieuse, entouré de grands arbres, il savoure une paix bucolique. Sans eau courante ni électricité, son confort plutôt rude lui convient. Il a désormais sa chambre, celle où on l'isola quand il eut la coqueluche, et qui est devenue la sienne : dans une soupente, à l'écart du chahut de la maisonnée où piaillent les enfants, cette petite pièce lui rappelle son enfance dans l'appartement de Montpellier ou dans celui de sa tante à Gênes. Dans l'encadrement de la fenêtre, il voit se balancer les branches d'un marronnier. Un espace rien qu'à lui, où il peut faire la sieste et s'évader en esprit loin de ses limites, au-delà de ses murs. Il y a lu Proust pendant sa maladie. Sans cet ermitage il ne pourrait supporter son quotidien de professeur, d'académicien, de poète presque déjà sanctifié.

Au Mesnil, il respire. Il rêve. Il goûte à un bonheur simple. Il aime se retrouver, avec Jeannie et les enfants, et avec Ernest, Julie et leurs enfants : à eux tous ils forment un clan, où tout le monde s'entend bien. On bavarde, on rit, on se promène... loin des tracas de Paris. Atmosphère conviviale, où alternent les plaisanteries et les souvenirs toujours présents de Berthe Morisot, Degas, Mallarmé, Manet. Les repas se prennent dans la bonne humeur. Les anicroches sont rares. Ernest Rouart est un doux. Un peu taciturne. Gazé en 1914, il garde des séquelles qui ont ébranlé sa vision du bonheur, mais il n'en demeure pas moins d'agréable compagnie. Les deux hommes, épris d'art l'un et l'autre, ont construit avec les années une véritable fraternité. Cette fraternité, que Valéry n'a jamais vraiment partagée avec son frère aîné, Jules, l'avocat pour lequel il éprouve plutôt les sentiments d'un fils vis-à-vis d'un père de substitution, lui rend d'autant plus fort son attachement au Mesnil. Là-bas, Valéry est époux, beau-frère, oncle, père, grand-père et comblé d'être tout cela à la fois. Les enfants l'adorent : il leur raconte des histoires un peu cochonnes pour lesquelles on le gronde quand les petits les répètent. C'est papa et grand-papa gâteau, le Collège de France ne fait rien à l'affaire. Ni son insigne d'officier, et bientôt de grand officier de la Légion d'honneur. Valéry accepte également les contraintes – il lui faut tenir compte de chacun dans l'organisation de ses jours. Catherine Pozzi, aux moments les plus intenses de leur histoire, en a fait la cruelle expérience : il respecte comme une loi d'airain les rites et les horaires familiaux. Il avait fermement refusé de l'accompagner à la gare pour ne pas arriver en retard d'un quart d'heure à la table du soir ! Elle l'avait supplié, arguant de sa fatigue, de sa détresse, mais n'avait pu l'infléchir : il tenait à être à huit heures exactement au dîner. « Je ne peux pas, lui avait-il dit. Vous ne savez pas à quel point ma vie, depuis toujours, a été dirigée par l'horaire[59]. »

« Domestique du réel[60] », tel que Pozzi le voyait, il est enchaîné, c'est vrai, à son devoir de père de famille. Et surtout le dimanche. Or, pour Jeanne, et c'est là que l'on peut mesurer à quel point il est pris, il va trouver des arrangements qu'il n'avait pas voulu concéder à Catherine. Il va écourter ses week-ends au Mesnil. S'il déjeune à la campagne avec sa famille, blagueur, léger à son habitude, il s'esquive ensuite, et prend le train à Gargenville pour rentrer au plus vite à Paris, au prétexte qu'il a à faire. Et il retrouve Jeanne, rue de l'Assomption.

Dans le « flottant jardin », coupé du monde comme une île, il est à la fois tel qu'en lui-même et un autre. Tel qu'en lui-même, parce qu'il arrive chez Jeanne avec le poids de sa vie, de son âge, celui aussi de sa culture si vaste, qui l'habille d'une seconde peau. Le poète érudit, savant, le personnage officiel, un brin désabusé, las des honneurs et des distinctions qu'il a pourtant brigués, ne peuvent s'effacer tout à fait. Mais ici il retrouve une vivacité que la routine de l'existence avait fini par éroder. Sa vraie nature, légère, aérienne, reprend le dessus. Son œil gris pétille. Sa moustache frétille. Il peut se laisser aller à cette fantaisie, qu'il bride si souvent par ailleurs, une fantaisie que Louÿs ou Gide dans leur jeunesse ont beaucoup aimée, comme son humour de potache et ses gauloiseries. Avec Jeanne, il retrouve l'impertinence des années de bohème et de liberté. Une verve adolescente, qu'on aurait pu croire éteinte, jaillit pour elle de son cœur de poète. Lui parlant de leurs rendez-vous, voilà ce qu'il lui écrit, la vouvoyant et la tutoyant tout ensemble : « C'est ma récréation, ma fin de jour, mon besoin, mon désir du cœur. Et tout le reste m'... et oui, m'emm... Vous n'avez pas entendu...

M'EMMER.

DE DE DE DEDEDEDEDE

Je t'embrasse 88 %%%%%%%%%88 00%%%%%%%%00...[61] »

Avec Catherine Pozzi il était tenu de rester au firmement : elle idolâtrait chez lui l'intelligence. Pour compenser à une sensualité défaillante, conséquence d'une santé déclinante et de maux physiques qui l'épuisaient, mais aussi du fait de sa personnalité plus cérébrale que physique, elle préférait chez lui Monsieur Teste. Elle adorait ses raisonnements, ses idées. Ses fulgurances l'éblouissaient. Ensemble, ils avaient des conversations que peu de gens auraient pu suivre, à propos d'Einstein, de philosophie ou de poétique. C'étaient des joutes savantes à n'en plus finir entre ces intellectuels qui faisaient l'amour avec leurs cellules grises.

Avec Jeanne, c'est au contraire l'enlacement et le délassement. Elle a le charme moelleux des grandes courtisanes, des Aspasies qui savent y faire avec les hommes. Elle a aussi le piquant des femmes qui sont entre le demi-monde et le monde, du genre aventurière, capable de tout et n'ayant pas froid aux yeux : le domaine du lit lui est un territoire familier.

Près d'elle, Valéry parvenu à l'hiver de sa vie trouve une femme qui a toutes les qualités et aucun des défauts de celles qu'il a précédemment aimées ; elle est compréhensive, ne cherche pas à se faire épouser ; elle a de la culture et de la conversation ; elle est douée pour les choses de l'amour sans être dévergondée ; elle connaît tous les potins du monde des lettres, ce qui l'amuse ; enfin, elle est riche et possède ces apanages qui séduisent Valéry et le rassurent, lui à qui le confort financier a toujours échappé.

Quant à elle, elle a l'impression de serrer un mythe vivant dans ses bras, d'être à tu et à toi avec une légende nationale et même internationale. La question de l'âge ne l'a jamais préoccupée car elle a toujours choisi des hommes plus vieux qu'elle, à l'image de Ferdinand Loviton – Valéry le voit souvent chez elle sans imaginer les liens un peu troubles qui, selon « l'homme à l'Hispano », les auraient unis. D'autre part, cette conquérante aime l'ascendant qu'elle exerce par son argent et son nouveau statut social de grande bourgeoise sur un poète certes célèbre, mais désargenté, qui l'adule. Cette séductrice – elle l'est dans l'âme – peut se dire, en véritable Diane chasseresse, qu'elle a rajouté un trophée de prix à son formidable tableau. Ce n'est pas rien pour la jeune fille humiliée qui vivait chichement avec sa mère, sans être reconnue par son père, d'avoir séduit un académicien français, docteur honoris causa de plusieurs universités étrangères, professeur de poétique au Collège de France, allié par sa femme à la prestigieuse dynastie des Manet-Morisot, l'élite artistique. Quelle revanche éclatante !

Car on ne peut pas imaginer que son corps amaigri, avec sa toux incessante, son odeur de cigarette et ses doigts jaunis aux ongles parfois sales (comme le relevait Catherine Pozzi), ses costumes souvent froissés (comme elle le notait également), soit un objet sexuel très désirable. Sa séduction est ailleurs, bien sûr.

Il possède plus d'un atout aux yeux d'une femme. Son intelligence. Sa drôlerie. Sous les ors de la consécration qui l'a statufié, ses airs d'adolescent. Son regard bleu-gris « de bourrache éblouie ». Enfin, sa frénésie amoureuse. Cette manière qu'il a de s'adresser à elle comme si elle était une déesse – parmi tous ses surnoms, il l'appelle aussi Héra, telle l'épouse de Zeus. Sa dévotion rassure cette femme éminemment narcissique, insatiable au salon comme au lit. Mais il n'en reste pas moins vieux.

Il n'est pas toujours seul avec elle le dimanche. Quelques ombres planent sur son bonheur : les invités de Jeanne. Car elle convie à déjeuner des gens importants du monde de l'édition et des affaires, et bien sûr ces écrivains connus dont elle raffole, notamment Jean Giraudoux. Valéry qui n'apprécie guère Giraudoux, pas plus l'écrivain que l'homme, soupçonne-t-il les liens qui ont existé et existent peut-être encore, ou les « caprices sexuels démesurés » dont Jeanne semble avoir souffert ?.... Elle n'est pas à une liaison près. La séductrice est une accumulatrice. Elle gère en tout cas avec un certain tact, tel un aiguilleur du ciel – du septième ciel –, le trafic intense des visiteurs plus ou moins compromettants de la rue de l'Assomption et s'arrange pour que les deux hommes ne se rencontrent pas. L'un vient de partir quand l'autre sonne à la porte. Giraudoux et Valéry se sont-ils croisés et salués sur le seuil ? Cela paraît peu probable tant elle dresse des cloisons étanches dans sa vie – pour simple qu'elle paraisse, un véritable labyrinthe dont elle seule détient le fil. Valéry sait-il que dans le jardin de la rue de l'Assomption, près du rhododendron qu'il a offert à Jeanne, son ex ou présent rival a planté avant lui le cytise dont il n'aime pas les fleurs jaunes et que Giraudoux a apporté lui-même dans un petit pot ?

Ces visiteurs, parmi lesquels on trouve aussi des visiteuses, telle l'indéboulonnable Yvonne Dornès, en laquelle Valéry ne peut pas imaginer une rivale – il a peut-être tort –, retardent le moment tant espéré : le tête-à-tête intime. Quand Jeanne est enfin toute à lui.

« Chérie », « ma chérie », Oh ! ma chérie », « mon amie », « Amie mon amour »… « Songe que ce moment est le seul de cette immense journée où je vive un peu, avec et pour toi. »

« Je te vois dans la vénusté. Je te caresse dans la tiédeur de la lumière doucement riche. »

Il admire ses beaux bras nus, ses jambes de caryatide. Tout son corps l'inspire. Il s'attache à ses yeux, à sa voix, « qui vont si bien ensemble » et « agissent de concert, comme un accord ». Il adore ses « autres charmes conjoints ».

Il s'étonne de « toute cette puissance d'émotion » qu'elle fait naître et dont elle est « à la fois la créatrice et le seul objet possible ».

« J'aurais tant souhaité, désiré que tu sois toujours près de mon feu d'esprit – et moi, si près de ta chère chaleur[62]. »

Il est pris. Jeanne l'obsède. Elle le hante. Sa maison, son corps, son parfum… « Ah ! la voilà !… Voilà la belle, la douce, la tiède, la chaude, la fraîche, la mienne[63]… »

Grâce à Jeanne, il découvre, émerveillé, la « correspondance harmonique, chose rarissime », qui peut lier deux êtres et éprouve cette « vibration identique entre les âmes, les esprits, les corps » que seul le véritable amour autorise. Il a bien conscience de vivre des moments qui recèlent « une parcelle de l'éternelle beauté ».

« En vérité, lui écrit-il, depuis que nous nous voyons, je ressens cet *accord exceptionnel* sonner de plus en plus fort dans la substance de ma vie même[64]. »

11

Bonheurs dans le crépuscule

La vie ne chante plus.

Autour d'eux, le monde bouge. L'Histoire gronde. Hitler a pris le pouvoir. Depuis 1933, il impose sa politique à une Allemagne qui a revêtu ses couleurs brunes et noires. L'incendie du Reichstag et la nuit de cristal, les persécutions contre les anti-nazis et les juifs, les autodafés de livres ne sont pas propices à des rêves édéniques. Tous les observateurs constatent unanimes la montée des périls mais les gouvernements, en France, en Angleterre, semblent impuissants à l'endiguer. En mars 1938, l'annexion de l'Autriche – l'Anschluss – soulève de leur part des protestations indignées mais ne déclenche aucune réaction concrète devant une politique de conquête, nettement affichée. Vienne occupée, l'Autriche est désormais une province du Reich. La Tchécoslovaquie sera la prochaine proie. Son président, Beneš, se débat avec ses voisins roumain et yougoslave, alliés dans la Petite Entente, pour trouver une solution diplomatique et ainsi échapper à l'ogre.

A Genève, la Société des Nations, en laquelle Valéry a placé ses espoirs, entretient le mirage d'une paix universelle. Valéry y rencontre régulièrement des intellectuels de toutes les nationalités européennes, des

Anglais, des Tchèques, des Roumains, des Belges, des Soviétiques avec lesquels il débat des grands sujets du moment, qu'ils soient politiques, économiques, scientifiques, voire littéraires ou artistiques. Il participe à des entretiens, travaille à des amendements, convaincu d'œuvrer à cette vaste Organisation de coopération intellectuelle (ainsi nommée) qui rassemble les représentants des diverses disciplines humaines autour d'une idée généreuse de dialogue et d'union. De là devrait jaillir la lumière. Au moins en théorie. Valéry, très à l'aise dans ce bouillon de culture qui fait appel à sa hauteur de vues et au brio de son intelligence, n'y a pas moins tiré la sonnette d'alarme. En juillet 1938, il y rappelle la nécessité de « ne pas être inutilement inutile » et de ne pas perdre de vue la mission intellectuelle, morale et spirituelle de l'Organisation. « Il faut sauver le capital intellectuel du monde qui est menacé », a-t-il lancé à ses collègues de la commission, sans réussir pour autant à rallier certains à sa cause. Il considère qu'il a pour devoir de se placer en dehors de la politique, ou plutôt au-delà, tant sa conviction est profonde que « l'intellect est vicié par l'idée politique, cachée ou explicite ». Contrairement à Jules Romains ou à André Gide, par exemple, qui ont rallié le parti communiste, il se retient de s'engager. Il préfère garder sa réserve. Sa hauteur de vues. Et l'anxiété salutaire, dont témoignent presque au quotidien ses Cahiers. Sa position rappelle celle de Romain Rolland pendant la Grande Guerre : au-dessus de la mêlée.

Des mieux informé, par ses relations haut placées et ses multiples contacts avec des amis écrivains de tous horizons, des risques d'éclatement de l'échiquier européen, il est de surcroît vice-président de l'Association française des amis de la Tchécoslovaquie, que préside Edouard Herriot. Actuel président de la Chambre des députés mais aussi écrivain, auteur entre autres livres d'une *Vie de Beethoven*, ce radical a proposé il n'y a que trop longtemps, et en vain, à la SDN un plan d'arbitrage et de désarmement. Valéry suit donc les événements d'on ne peut plus près, tandis que les politiques font leur travail comme ils peuvent.

Edouard Daladier, député radical-socialiste du Vaucluse, ancien ministre de la Défense nationale dans le ministère Blum du Front populaire, devient président du Conseil en avril 1938. Devant la menace de guerre, l'une de ses premières mesures est de rappeler 400 000 réservistes sous les drapeaux. De l'autre côté de la Manche, Sir Arthur Neville Chamberlain, député conservateur au Parlement, ancien ministre des Finances, a succédé à Joseph Baldwin comme Premier ministre, en 1937. C'est un apôtre de la conciliation avec l'Allemagne. Ensemble les deux hommes, le Français et l'Anglais, vont se rendre à Munich pour y rencontrer Hitler et tenter, dans un ultime effort, de sauver la paix. Les 29 et 30 septembre, les accords de Munich scellent une paix illusoire, sous les hourras ! d'une opinion qui, tant en France qu'en Angleterre, souhaite « la paix à tout prix ». « Entre le soulagement et la honte », pour reprendre la douloureuse formule de Léon Blum, quel est alors le sentiment de Valéry ? Il n'en dit mot dans ses Cahiers.

La Tchécoslovaquie, abandonnée par son allié français, est presque aussitôt démantelée. Les Allemands envahissent le pays sudète dès le 1er octobre, tandis que les Polonais saisissent Teschen, en Silésie, et que les Hongrois, partisans de la même politique irrédentiste, reçoivent leur part du gâteau : le sud de la Slovaquie. En mars 1939, Hitler fera occuper la Bohême-Moravie et les troupes hongroises entreront en Ruthénie. Puis, ce sera le tour de la Pologne que la Wehrmacht envahit le 1er septembre. Acculés à une décision qui leur semblait impossible à prendre quelques mois plus tôt, l'Angleterre et la France, déterminés cette fois à défendre leur allié, déclarent la guerre à l'Allemagne : le 3 septembre. Quelques jours auparavant, le 23 août, celle-ci a signé un pacte avec l'URSS : Hitler et Staline sont désormais alliés contre les démocraties occidentales. « L'homme est l'ennemi du genre humain, note Valéry dans ses Cahiers. Je me demande si tout ceci – l'Europe – ne finira pas par une démence ou un ramollissement général[65]. »

Les deux fils de Valéry – Claude, qui venait d'entrer au cabinet de Daladier, et François, qui, en bon angliciste, va devenir interprète aux armées – ainsi que son gendre, Paul Rouart, le mari de sa fille Agathe, sont mobilisés.

Les tableaux de la famille Rouart-Valéry – les Manet, Degas et autres Morisot – sont mis à l'abri par l'entremise des Musées nationaux.

Ainsi que Valéry l'écrit à Jeanne, les canons aériens de la DCA sont en place dans les jardins du Ranelagh, non loin de la rue de Villejust, et plus près encore de la rue de l'Assomption. Le couvre-feu est déclaré. On craint le bombardement de Paris. Toute la famille et Valéry lui-même ont rejoint le Mesnil. Ils pensent qu'ils y seront plus en sécurité, et les poules et la vache (qui, la malheureuse, sera victime d'un obus) leur offrent des ressources dont ils craignent de manquer. Les souvenirs ne sont pas si vieux de la guerre de 1870 et du siège de Paris durant lequel les habitants durent manger des rats. Valéry, qui entretient aussi des relations avec des personnalités militaires – il a travaillé jadis au ministère de la Guerre –, n'ignore pas l'impréparation des troupes françaises ni la vétusté de l'armement. Il n'a pas beaucoup d'espoirs quant à la suite des événements.

L'histoire d'amour de Paul et de Jeanne prend place dans ce climat très sombre. Tout ce qu'ils vont vivre, dès le premier jour, l'éblouissement et le bonheur de la passion, se déroule dans cette lumière paradoxalement nocturne et angoissante. L'époque est lourde. Sous un ciel bas, qui laisse peu de place à l'insouciance, l'amour n'en prend que plus de valeur. Il est d'autant plus une enclave, un paradis coupable. Mais aussi, dans « le bruit des bottes et des Ein, Zwei... » qui rythment désormais la vie, une sorte de miracle. Comme dans les opéras de Wagner, une plage de résistance aux forces du Mal et de la Nuit.

Valéry, si absorbé soit-il par son nouvel amour, n'en est pas aveugle pour autant. Il juge en toute lucidité la situation, comme s'il en connaissait déjà l'issue. Dès avant Munich, alors que tout le monde croit ou veut croire encore à la paix, les discours de Daladier, de Chamberlain ne le trompent pas. Il désapprouve comme une bévue de l'esprit leur politique d'illusionnistes. Ainsi écrit-il à Jeanne : « Je sens trop que tout ce que j'ai admiré, et voulu et donné pour sens à la vie est en route, à toute vitesse pour l'inintelligible. Je mesure toute la profondeur probable de l'abîme où l'Europe, l'esprit, le divin sens de la forme (ou ce qu'il en reste) vont tomber.

Toutes les valeurs – et celle de la France en particulier – sont en perdition[66]. »

S'il craint d'ennuyer Jeanne avec ses inquiétudes, s'il s'excuse auprès d'elle d'aborder des sujets aussi graves alors que son amie lui semble née pour la joie et les plaisirs, s'il souhaite avant tout la protéger, il lui arrive plus d'une fois de lui livrer ses états d'âme. Et de lui confier combien il se tourmente pour la France, pour l'Europe, pour le monde occidental. « Oh ! ma chérie, je t'ennuie de mes lourdes pensées. Mais songe que je ne parle à personne que du bout des lèvres[67]. »

Très vite, ainsi qu'il en a eu le pressentiment, les événements vont se déchaîner. Le 10 mai 1940, Hitler déclenche l'offensive générale contre les Pays-Bas, le

Luxembourg, la Belgique et la France, dont les armées sont mises hors de combat en un mois et demi. Les annales retiendront l'épisode, inédit dans l'Histoire de France, sous le nom de « drôle de guerre », baptisée ainsi par un écrivain, héros de la Grande Guerre, Roland Dorgelès.

Le 17 juin, le maréchal Pétain, que Valéry a reçu sous la Coupole en janvier 1931 et qui a remplacé Paul Reynaud à la tête du gouvernement, prononce le discours où il fait à la France « le don de [sa] personne pour atténuer son malheur ». Le 22, il signe l'armistice avec l'Allemagne à Rethondes.

L'Angleterre, d'où le général de Gaulle, le 18 juin, dans un autre discours célèbre mais que peu de gens auront finalement entendu ce jour-là, appelle les Français à résister, se replie sur son île. Churchill a remplacé Chamberlain (le 10 mai) et prend en main le gouvernement. Le 7 juillet, Londres essuie son premier bombardement, à l'aube d'une bataille qui va révéler le courage et le dévouement patriotique de toute une nation.

L'Italie, la terre maternelle de Paul Valéry, passe du côté de l'ennemi. Entrée en guerre le 10 juin, elle tente de conquérir les Balkans.

Roosevelt a été réélu président des Etats-Unis, qui se maintiennent en dehors du conflit.

Jeanne, s'inspirant probablement du prudent retrait de Valéry et de sa famille au Mesnil, comprend qu'elle aussi doit ménager ses arrières. On ne sait jamais... Les conseils de son père, que le sort de sa fille unique préoccupe, ont été avisés : Béduer, la belle propriété achetée à Robert de Billy en Dordogne, sera son refuge contre les malheurs du temps. Elle s'y trouve l'été 1939 et prolonge son séjour en raison des circonstances, quoique la maison ne soit pas encore aménagée à son goût (luxueux). « Bientôt, écrit-elle à Valéry, j'aurai devant moi de longues, longues journées noircies par l'hiver. Alors ? Vivre comme tu as vécu trente ans... ? »

Cette retraite à la campagne, au milieu des tilleuls, lui permet soudain, en interrompant le cours de ses multiples activités professionnelles et privées, de faire le point sur sa situation affective : le destin d'une femme célibataire et sans enfants, à trente-six ans. Vivre seule ? Libre mais seule ? « Je l'aurais pu certes avec une présence voisine qui m'aurait de temps en temps soutenue. C'était l'idéal de ma vie mais je sais que j'ai tout manqué. Je suis sûre heureusement qu'il n'y a point de ma faute. Jusques à toi avec qui... Et puis la guerre.

Sur le plan affectif j'ai vécu comme toi dans le domaine intellectuel. Avec de si hautes exigences que je devais n'avoir que la solitude pour compagne de cœur. Puis toi et le désespoir de trouver tout en toi. Tout et tous les obstacles.

Je viens de pleurer. Quel sot attendrissement sur soi. »

Elle mesure mieux avec la distance le prix de cet amour, né si tard il est vrai, mais qu'elle sait exceptionnel : « le désespoir de trouver tout en toi. Tout et tous les obstacles ». Elle ne peut espérer vivre auprès de lui, sinon par intermittence.

L'époque est pour eux deux une épreuve : ils ne se voient plus. Finis le rituel du dimanche et les cinq-à-sept des autres jours. Ils sont maintenant non plus à quelques minutes l'un de l'autre, mais aux deux extrémités de la France. On sent dans leurs lettres l'exaltation de cet amour frustré qui se nourrit déjà de souvenirs et de fantasmes. Lui rêve de son corps, de sa chaude présence. Elle, emportée d'ordinaire dans le tumulte de ses rendez-vous et de ses affaires, libère une tendresse inaccoutumée. « Je suis seule et je t'aime, lui écrit-elle à la fin de cette année 1939. Pourtant tu m'aimes, je ne devrais pas me sentir seule et je t'aime, je ne devrais pas souffrir. »

On ne sait comment ni par qui – sans nul doute un de ses admirateurs – elle a reçu la proposition, quelques mois plus tôt, d'être la marraine de la première escadrille du groupe 1-34ᵉ escadre de bombardement. Elle a aussitôt accepté et se montre ravie que l'on songe à fixer une photo de son visage sur la carlingue des avions ! « Espérons que ce visage, écrit-elle à Valéry avant qu'il ne la dissuade de cette folie, n'aura pas à se promener au-dessus des villes italiennes. Mon enfant, c'est toi ; mon enfant, viens calmement dans mes bras, viens te résigner avec moi. Serrons-nous très fort l'un contre l'autre. » Valéry, lui, ne se résigne pas, mais quand il écrit à Jeanne, ce n'est pas pour lui faire la leçon. Son côté « enfant gâtée » ou petite fille en sucre, qu'il lui rappelle souvent, est un des charmes qu'il préfère chez elle. Il aime le caractère primesautier de Jeanne, son goût du luxe et de la fête et son amour de soi. Au soir de la Saint-Sylvestre 1939, elle dîne avec son père et « quelques amis », loin de Valéry. Elle lui écrit pour lui raconter la soirée : « Ce soir j'ai dansé – dansé seule. C'est un aspect de moi que tu ignores. C'est une explosion de ma force secrète, une façon que j'ai de tout dire sans être entendue de personne.

Devant mon père et mes amis ahuris j'ai retrouvé – malgré le manque d'entraînement – cet élan qui me rend légère, capable de bonds, d'entrechats, de pas, de glissements dont on n'imaginait pas que je fusse capable. (...) Voilà comment j'ai fini l'année, folle devant des sages.

Ardente comme une dernière fusée, mais en vérité mes muscles, mes pensées, mes larmes qui restent en arrière des doubles rideaux sont l'expression de ma solitude et de mon amour. »

C'est cela que Valéry aime en Jeanne : ce caractère de feu, cette sensualité explosive, ce corps fait pour danser, lui que la danse fascine et qui a écrit sur cet art de très belles pages. Les jambes solides de Jeanne, sa grâce naturelle et sa vitalité auraient pu faire d'elle un modèle pour Degas, ce misogyne qui a inlassablement peint et sculpté les femmes. « Ardente », « chaude », brûlante » sont les adjectifs qui reviennent le plus souvent sous la plume de Valéry pour évoquer le bel objet de son désir. Elle est la vie, Jeanne. La force de la vie. Et la tragédie de la France n'y va rien changer.

Lui, de son côté, supporte mal la tourmente. Sa santé décline depuis quelques années déjà mais soudain elle s'aggrave. Rien n'apaise plus ses crises de toux (il fume soixante cigarettes par jour) ni ses pénibles maux d'estomac. Sans parler de l'urée, du cholestérol et autres crises d'arthrite. Malade, ne s'accordant que peu de repos, il doit lutter au quotidien contre une fatigue désormais familière, presque constante. Les efforts pour la dominer lui coûtent de plus en plus. A de rares exceptions, comme lorsqu'il est chez Jeanne ou près de Jeanne, il traîne un corps épuisé et – les deux phénomènes sont évidemment liés – une âme qui ne l'est pas moins. Si son corps est malade, son esprit souffre également. Les événements qui se déroulent sous ses yeux, depuis l'Anschluss et l'abandon de la Tchécoslovaquie, ne sont pas faits pour lui remonter le moral. Il est déprimé. Triste parfois à en avoir envie de mourir. Son tempérament joyeux, sa belle humeur italienne ont régressé avec les années sous la pression de l'existence. Il lui revient de temps en temps des regains inattendus d'énergie, de fugitifs éclats de joie, des fringales de vivre qui lui passent vite, hélas, mais de manière générale, l'homme s'est mis au gris. Il se sent devenu vieux et mesure la perte de sa jeunesse avec d'autant plus de mélancolie qu'il est maintenant amoureux. Amoureux plus et mieux qu'à vingt ans, c'est la cruauté de sa vie.

La guerre puis la défaite ne peuvent qu'accroître sa tristesse et son désarroi. « Jour de malheur, écrit-il à Jeanne, le 17 juin 1940, après avoir entendu à la radio le discours du maréchal. Nous voici tombés. En écoutant Pétain tout à l'heure j'ai dû éclater en pleurs... Quel moment ! On est assommé, comme saigné à blanc[68]. » Dans ses Cahiers, l'inquiétude cède la place au découragement.

Il faut dire qu'il ne se ménage pas. A peine vient-il de prononcer un discours à la Sorbonne pour la célébration du centenaire de la photographie, le 7 janvier 1939, qu'il enchaîne avec un cours sur Edgar Poe au Collège de France, le 14, une lecture suivie d'un débat sur la *Cantate du Narcisse* à la Société des auteurs dont il est le président, le 23, avant de partir pour Dijon où l'attend une autre conférence sur... il ne sait plus quoi. Il lui arrive de lire le programme où il est annoncé pour vérifier le sujet sur lequel on l'attend ! Il se lance alors dans une improvisation plus ou moins maîtrisée, avec la conscience aiguë de décevoir son public quand il n'est pas au meilleur de sa forme. Il en rit intérieurement, mais son humour se teinte depuis quelque temps d'amertume. Ainsi raconte-t-il à Jeanne pour l'amuser : « Ce matin, une improvisation à faire trembler. Personne, ni moi, n'y comprenait plus rien. Les très jeunes rigolaient ? Les mondaines ouvraient leurs becs de rouge peints ? Tu n'as pas idée de ce que je leur ai servi[69]... »

Le voici à Genève, où les déjeuners et les dîners avec les écrivains européens prolongent, dans la fumée des cigarettes et des cigares, le travail du jour. Le voici à Londres où, escorté d'étudiants et de professeurs, il passe plusieurs jours à courir d'un collège à l'autre, « dans les courants d'air », lui dont la gorge est si fragile, parlant, parlant, parlant... A Dijon, il attrape une angine en signant ses livres dans un hall glacé. A Nice, où il se rend régulièrement, car il préside le Centre universitaire méditerranéen (le CUM), le spectacle de la Méditerranée ne suffit plus à le rasséréner. Il lui faut là encore affronter un auditoire, tenir la scène comme un acteur chevronné, tâcher de ne pas bafouiller comme cela lui arrive trop souvent quand il est fatigué, et ce n'est pas fini : il doit répondre aux questions, signer ses livres, dîner avec le maire, des conseillers municipaux ou des représentants de l'élite locale, devant lesquels il est forcément toujours en représentation. Le soir, dans sa chambre, dépouillé du smoking, de la cravate et de son rôle de grand personnage, il est épuisé. « Vidé de sa substance » (cette expression lui est familière). Quasi mort. Et au bord de la neurasthénie. Car il lui reste encore des articles, des préfaces et des postfaces à écrire, et de nouveaux cours à préparer, qu'il écrira le lendemain à l'aube ou bien dans le train. Comment nourrirait-il sa famille sans ce travail de commande ? Ses livres n'y ont jamais suffi. Maintenant qu'il est célèbre, il est encore obligé de gratter du papier sans relâche. Comme Balzac, avec lequel il partage la même addiction au café. Mais Balzac, du moins tel que Rodin l'a représenté, avec son gros ventre et son cou de taureau, devait être une force de la nature. Valéry, lui, est frêle, il est « mal en point », cassé par la toux, il se traîne (là encore, ce sont ses expressions). Fatigue... fatigue... fatigue...

Nice, mai 1939, lettre à Jeanne sur papier à en-tête de l'Hôtel Ruhl : « Seul. A un point seul... et je ne puis le dire à quel point, puisqu'il n'y a ici même pas moi, mais un pauvre corps brisé. Vois cette chambre de palace. Ces palmiers qui s'embrouillent dans le vent si frais que je ferme les vitres contre la mer. J'ai été si mal... Ce matin cette fatigue démesurée hier éclate[70]. »

La guerre ne va rien arranger. Les conditions matérielles n'en sont tout de suite que plus difficiles. Valéry est dans la nécessité de « trimer » (son mot) plus que jamais. Heureusement, les cours au Collège de France pour lesquels il est rétribué vont pouvoir reprendre, dès janvier 1940, mais il comprend vite que sa présidence du CUM, qui lui assure un salaire conséquent, ne va pas pouvoir durer. Le maire de Nice, Jean Médecin, pense que sa ville a d'autres priorités. Valéry va se livrer à toutes sortes de tractations – lettres et demandes d'entrevues à différentes personnalités influentes parmi lesquelles Jean Giraudoux qui occupe un poste important au gouvernement – dans le but de convaincre de la nécessité du CUM en temps de guerre. Ce qui alourdit son emploi du temps déjà surchargé.

Lettre à Jeanne, 28 janvier 1940 : « ... que me font tous ces pensers que je tiens chaque jour, comme une vieille arachné que je suis ? Quand le corps vous trahit, quand l'époque est affreuse, quand le travail de toute une vie très laborieuse ne vous assure pas du surlendemain, s'il doit exister, – alors le sort tout nu se montre à vous tel qu'il est, – et je ferme les yeux pour te voir[71]. »

Hospitalisé pour une grave bronchite, en avril 1940, à la clinique du docteur Bour, à Rueil-Malmaison, établissement spécialisé dans le traitement de la tuberculose et des maladies nerveuses, il y passe près de deux mois à se répéter que « la vie ne chante plus ».

« Sensation d'aurore du joueur ruiné, du navire abandonné par la mer. Rien à faire. Désespoir net et froid. Silence. Quel détachement de ma substance ! »

Les nombreuses visites qu'il reçoit ne parviennent pas à le distraire et il ne sort qu'à regret de sa chambre pour aller régler des affaires urgentes à Paris, dont Jeanne est absente. Elle lui manque chaque jour un peu plus. Les perturbations du courrier le torturent, il guette ses lettres avec impatience, craint qu'elle ne reçoive pas les siennes. Valéry à Jeanne, février 1940 : « Je ne sais pas si de t'écrire ainsi me soulage un peu

l'âme ou m'intoxique davantage ? Il y a des deux...
Dire que les événements vont sans doute devenir
effroyables, et que je ne puis penser qu'à cette forme,
à ces yeux, à ce charme qui sont toi... C'est insensé
n'est-ce pas[72] ? »

Gestes mécaniques et nerveux. Difficulté à écrire.
Oppression sur la poitrine, difficulté à respirer. Abat-
tement. La tristesse où se mêlent sentiments intimes et
catastrophe nationale l'habille « comme un manteau,
comme un nuage opaque, de plus en plus opaque et
lourd[73] ».

Réveillant les pires souvenirs de la guerre de 1870,
encore fraîche dans les mémoires, on annonce l'arrivée
des Allemands à Paris. Valéry revient en toute hâte
rue de Villejust. Par un réflexe de survie, il prend le
temps d'entasser dans un gros sac de toile et de cuir
le stock de ses Cahiers, accumulés depuis plus de
quarante ans, et de le fermer à clef. Ce capital familial sera déposé à temps au coffre d'une banque de
la rue de Provence. La rue de Villejust vidée de ses
tableaux, de ses manuscrits et des effets personnels
de première nécessité, le paterfamilias emmène « ses »
femmes avec lui, en taxi (car il n'a pas d'auto), à
Dinard. Ses femmes, c'est-à-dire Jeannie et Paule bien
sûr, qui demeurent inséparables, mais aussi Madeleine
– la femme de son fils aîné, Claude – et les deux
bonnes. La route de l'exode est longue – les Parisiens, avec les Belges et les gens du Nord, sont sur
les routes –, moins longue pourtant que la perspective
de ce séjour en bord de mer, ces vacances obligées
qui l'éloignent encore un peu plus de Jeanne et qui
sont pour lui un déchirement. Il va passer quatre mois
dans un petit hôtel, la Pension Albion, puis dans une
villa prêtée par des amis.

Le 14 juin – il est parti le 23 mai –, les Allemands
sont à Paris. Mais une semaine plus tard, les voilà
à Dinard ! Il aurait fait un meilleur choix en suivant

les Rouart-Manet dans les Pyrénées, à Oloron-Sainte-Marie (où, soit dit en passant, ironie de l'Histoire, Berthe Morisot et Edouard Manet avaient séjourné, fuyant la Commune). C'est la première fois que le clan se sépare. Mais Jeannie et lui tenaient à rejoindre leur fille Agathe qui se trouvait déjà là-bas, enceinte de son second enfant et accompagnée du premier, la petite Martine. Impératifs de la vie de famille dont Valéry se dit avec autant de résignation que d'exaspération « toujours esclave ». Il est « furieux », agacé, malheureux. Il broie du noir, ou pour reprendre son expression, bien plus poétique, il broie « de l'ombre ».

C'est à Dinard que Valéry entend le discours du maréchal Pétain et qu'il écrit à Jeanne, « crevé de larmes », dans son cher Béduer.

Il ne supporte pas d'être séparé d'elle. Pendant la débâcle, cette amie généreuse accueille dans son château une vingtaine de personnes qui ont fui Paris, parmi lesquelles Pierre de Monaco, Jacques Porel et l'actrice Jany Holt qui se baigne nue dans la rivière. Des fêtes, des bals costumés veulent faire oublier la défaite à ces réfugiés de marque[74].

Les lettres circulent difficilement – quelques-unes pourtant en juillet et en août apportent des tendresses. Comme celle-ci, de Paul : « Il y a des jours où il est grand besoin de se voir, grand ennui de ne pas. Aujourd'hui est l'un de ces jours. Tu m'empêches de rien faire et même de ne rien faire. C'est pourquoi j'écris ceci qui ne sert à rien. Et je le cloue sur la face d'un jour passé ou passant sans se voir[75]. »

Loin de s'éteindre, la flamme continue de brûler entre Paul et Jeanne. C'est comme si un génie malin soufflait sur les braises. Jeanne regrette l'absence de cet homme doux et compréhensif, qui lui passe ses caprices et tient à la protéger. Maintenant qu'il n'est plus là pour lui répéter inlassablement qu'elle est la plus belle, qu'il est follement amoureux d'elle, qu'elle est sa Calypso, son Héra, tout ce qu'il voudra, elle se sent perdue. Elle a d'autres recours, mais moins prestigieux ou moins talentueux que lui. L'amour de Valéry la façonne. Elle sent bien que sa vénération la grandit. Quant à lui, qui s'étiole de ne plus la prendre dans ses bras, à force de souffrir et d'être en manque tel un drogué de son opium, il n'a plus qu'une solution : la réinventer. Il est poète, c'est sa qualité, son avantage. Dans la clinique du docteur Bour, entre deux prises de somnifère, il avait déjà caressé cette idée. Elle va prendre forme ici, à Dinard, face à cette mer bretonne. Il donnera à cette idée un corps merveilleux, ses bras, ses jambes, les proportions parfaites de Jeanne, mais aussi sa fraîcheur et sa chaleur qui lui font perdre la tête, sa présence excitante, son rire perlé, sa toute petite voix... Il va recréer son personnage, le modeler à son image. Puisqu'elle n'est pas là, physiquement, il va l'aimer en rêve. Ce sera une créature sublime et dangereuse, aux formes épanouies et à la démarche légère : Lust. « Désir »...

12

Résurrection

C'est un des prodiges de cette histoire : grâce à cet amour, le poète va ressusciter. Depuis *Charmes* et *Le Cimetière marin*, en 1922, Paul Valéry semble en effet avoir renoncé à la poésie. Avec les années, il est devenu un théoricien, un professeur ex cathedra, un des meilleurs spécialistes au monde de cet art singulier. Tenu en haute estime par les professeurs les plus titrés de l'Université, il exerce son magistère au Collège de France qui vient de lui offrir, en 1937, une chaire de poétique. C'est le couronnement d'une carrière, la consécration d'un parcours placé sous l'étoile de la poésie. Mais enfin, ses vers sont tous anciens. Ils remontent à sa jeunesse, à ce temps où il était le disciple fervent de Mallarmé et l'ami de Pierre Louÿs, son premier lecteur qui apporta des corrections subtiles et essentielles à sa *Jeune Parque*. Tout cela est loin, très loin. Valéry garde l'aura du poète qu'il a été, une aura étincelante, mais il n'écrit plus de poèmes. Son œuvre, depuis près de quinze ans, consiste en préfaces, en cours, en discours et conférences. Les livres qu'il publie comme *Eupalinos* ou *Degas Danse Dessin* s'appuient sur des textes rédigés il y a longtemps, qu'il rassemble, orchestre, commente et qui, ainsi recomposés, trouvent une architecture et une

musique. Mais aucun n'est neuf à proprement parler.
Aucun n'est une de ces créations pures dont il vante
les mérites par ailleurs. Son énergie créatrice, c'est
aux Cahiers qu'il la donne, chaque matin à l'aube. Il
y consigne ses pensées avec la plus extrême rigueur,
une volonté de ne rien noter qui ne vienne de soi – en
toute intelligence et lucidité. Il a toujours détesté l'inspiration, la transe, le branle-bas romantique avec son
flux de sentiments, tout ce qui n'est pas conscient et
maîtrisé. Les Cahiers le tiennent à distance de la poésie, qui penche dangereusement vers l'inintelligible,
l'irrationnel. Ce que la poésie éclaire est souvent un
mystère pour l'intelligence qu'elle botte en touche.
Valéry s'en méfie. Il s'en protégerait presque, comme
des pulsions amoureuses et de ce qui, avec l'harmonie et l'équilibre, menace le souverain contrôle de la
personnalité.

Depuis toutes ces années, il campe volontairement
du côté de l'analyse et de la théorie. Ce qu'il veut
maintenant, c'est réfléchir sur le sens et la nécessité de
la Poésie, toujours chez lui avec majuscule, et étudier
les techniques qui permettent d'atteindre à cette perfection conjointe de la forme et du fond. C'est comme
s'il avait perdu, ou renié, l'élan créateur. En 1938,
sa poésie appartient au passé. Il lui arrive d'être pris
d'émotion en récitant par cœur devant des auditoires
qu'il bouleverse quelques-uns de ses vieux poèmes. A
en croire ceux qui l'ont entendu, *Le Cimetière marin*
n'est jamais aussi beau que lorsqu'il est dit par lui, de
cette voix qui n'est pas toujours audible en d'autres
circonstances mais qui tout à coup chante une mélodie
envoûtante.

L'amour, la poésie sont étroitement liés. Depuis
Catherine Pozzi, qui a enflammé son cœur avant de
réduire leur histoire d'amour en cendres, il a connu
d'autres amours, qui ont chaque fois éveillé son
ardeur de poète. Au printemps 1931, posant pour

Renée Vautier, une jeune artiste qui avait entrepris de sculpter son buste, il est tombé dans le piège de l'amour fou et il en a été très malheureux. Relation érotique mêlée de sentiments artistiques – « J'ai les doigts argileux, comme Sculpteur, dans les oreilles, dans le cou... La nuque d'argile effleurée fait frémir toute la chair du modèle » –, elle lui avait inspiré des déclarations comme lui seul sait en écrire : « Je suis une chose pensive dans une vitre. Pensive, c'est-à-dire qui ne pense à rien. Mais songeant à tout », mais le désir était demeuré sans récompense. Renée, qu'il nomme Neère ou NR dans ses Cahiers, était amoureuse d'un autre et s'était refusée à toute union charnelle. Elle restait une amie chère et fidèle, « une rose dans le noir » de sa vie.

En 1934, il y avait eu My – Emilie Noulet. Une jeune enseignante belge, professeur de lycée à Bruxelles, qui avait écrit un texte sur son œuvre et lui avait demandé un rendez-vous, accordé on le devine avec plaisir, My étant une jolie personne. Mais cette fois, sans doute parce qu'il était encore épris de Renée, la réserve était de son côté. C'était My qui s'était plainte de n'être pas assez aimée. Cette admiratrice (plus jeune que lui, mais plus âgée que Jeanne d'une dizaine d'années) l'avait lassé par des excès de jalousie. La poésie s'était tarie, avec l'amour. Valéry avait gardé un joli souvenir de My, ainsi qu'il l'appelait, et de leurs rendez-vous dans la garçonnière qu'il louait alors rue des Sablons – « aux Sables ». Il inscrira son nom, ailleurs frappé du sigle d'Eros, sur le Cahier vert dans lequel il recensera de manière cryptée les amies de sa vie la plus secrète. Emilie Noulet de son côté, même mariée, lui conservera une admiration et une affection d'une exemplaire fidélité – le Grand Homme sera toujours Ty pour elle... Il avait composé à son intention, au plus fort de leur histoire, une série de poèmes, qui avaient étonné leur auteur lui-même : « Mais quelle drôle de chose que, depuis bientôt douze ans, cette My-manie fasse improviser des vers ! Pas une rature. »[76] Ce sont des poèmes érotiques, dans l'ensemble, d'un ton joyeux et plutôt désinvolte, qui n'ont pas eu l'heur de plaire à leur destinataire. Emilie aurait préféré recevoir des lettres, encore des lettres, plutôt que ces bouts-rimés, trop vite écrits, trop vite expédiés, où elle ne voit (peut-être pas à tort) que des succédanés de poésie. Valéry a pourtant pris beaucoup de plaisir à les écrire.

La brèche est ouverte. Le goût d'écrire des vers demeure, comme en attente, quand les sentiments qu'il éprouve pour Emilie s'estompent puis s'éteignent. La poésie reste au bout de sa plume comme un peintre tient ses couleurs au bout de son pinceau. Tout ce qu'il va vivre désormais, c'est en poète qu'il le vivra. En poète inspiré – lui qui déteste l'inspiration – et en poète romantique – lui qui a cru en finir avec les vers sentimentaux !

L'effet est immédiat : dès qu'il rencontre Jeanne, Valéry, subjugué, lui écrit de premiers poèmes. Il ne va plus cesser, emporté par une frénésie poétique jusqu'à ce que la mort vienne y mettre le mot FIN.

Ce seront plus de cent cinquante poèmes, fort différents de ceux qu'il a envoyés à My.

L'amour que Valéry éprouve pour Jeanne dépasse en intensité tout ce qu'il a vécu jusque-là. Il est de l'ordre de la passion. Ses vers en seront irradiés. Non plus des bout-rimés, écrits à la va-vite, comme en se jouant, même si la poésie reste pour lui un jeu – un jeu d'adulte réconcilié avec l'adolescence, sa folie et ses tourments –, mais une révélation et un accomplissement à la fois. Le feu symbolisera sa renaissance, puis les cendres sa mort. Dès les premières braises, Valéry sait qu'il vit quelque chose d'exceptionnel, comme en témoigne ce « psaume », si semblable à une lettre, qu'il écrit pour Jeanne dès 1938 :

« Tu ne m'inspires pas quelque chose. Tu m'inspires tout court. Tu es pour moi ce qui assemble la source de la plus profonde et nécessaire joie avec la cause de la plus mortelle douleur. Tu peux me créer ou me détruire.

Tu as beau être belle, il y a quelque chose de plus de toi à moi, et si cette chose était toute réciproque… rien au monde ne me serait comparable. »

Dans cette même lettre, qui date de la toute première année de leur histoire, figure déjà cet aveu de reddition, ce constat de sa dépendance :

« Si tu m'entendais gémir tout à coup. C'est que tu me traverses comme une aiguille, une épée… Je dis gémir, – et puis soupirer, aspirer l'air… Je dis gémir et soupirer, et ce ne sont pas des figures. On pourrait m'entendre et je m'entends, tout à coup, gémir et soupirer… (…)

Tu inspires le désir à beaucoup. Mais je me sens bien autre chose que du désir à l'égard de toi. Quelque chose de beaucoup plus élémentaire, qui tient de l'instinct de vivre et du besoin de respirer. Il faut respirer à chaque instant : ainsi j'ai soif de ta présence à tout moment[77]. »

Cette présence surgie dans sa vie, c'est en poète qu'il va la savourer, la célébrer, l'aimer tout entière.

Les poèmes à Jeanne, pour qui les découvre aujourd'hui, possèdent une lumière dorée. Ils sont chauds, voluptueux, sensibles, presque naïfs parfois à force d'adoration. Ils parlent de très haut amour mais aussi de sexe, de fusion des corps et de communion des âmes : c'est le chant de l'amour total. L'espoir d'être aimé en retour, aussi fort qu'il aime, la folle illusion de l'accord parfait entre les amants alternent avec des aveux pathétiques sur la différence d'âge et le vieillissement. Sur la difficulté aussi à ne pas trouver le temps pour être près d'elle davantage, ce temps qui file et qui fuit. Il y a du bonheur dans

ces poèmes, une joie juvénile, de la jouissance et
de l'extase. Puis viennent l'inquiétude, le doute, la
mélancolie de ne pouvoir être celui qu'elle attendait
– un autre. Alors, la lumière s'ambre et s'assombrit,
mais le chant reste musical, étonnamment caressant,
habité par cette passion souveraine.

Vers toi, je fuis vers Toi, comme un oiseau s'abrite,
Et l'âme obéissante à ton secret parfum[78]*...*

L'amour de Jeanne est le nouveau pôle d'une vie,
pourtant riche en tant d'attraits divers, sérieuse, responsable, organisée et où les distractions sont des
moments volés. Le jardin, la maison de la rue de
l'Assomption, Valéry les voit comme des endroits
enchantés, magiques, où il puise un élixir de jouvence.
Au saule, témoin de leurs tendres enlacements, et qu'il
salue comme une présence familière, il dédie tout un
poème sur l'impatience et sur l'attente. « Cette Toi
toute à moi » qui se fait désirer, toujours en retard
à leurs rendez-vous, si souvent injoignable ou qui se
décommande, il ne voit qu'elle, ne pense qu'à elle et
où qu'il soit, quoi qu'il fasse, n'aspire qu'à la retrouver. Elle obsède son esprit tout au long du jour et
ses nuits d'insomniaque, agitées, tourmentées de son
absence.

Une ombre de voix
N'est-ce point la mienne
Dont l'âme te vienne
Si loin que je sois ?...

Jeanne lui rend plus lourd et plus pénible tout
ce qui n'est pas l'aimer. Il se plaint des chaînes qui
l'entravent, du poids de sa vie d'écrivain, et même de
la gloire qui le retient au loin – « La gloire ne m'est
plus qu'un étrange malheur ».

Un jour sans toi vécu ne m'est qu'un jour de fer,
Qui m'accable d'un poids que mon soupir repousse
Et qui s'achève en siècle accompli dans l'enfer...

Tandis qu'autour de moi tout ce qui vit m'irrite,
Et qu'en moi l'œuvre même est un songe
importun...

Jouant sur le jasmin et sur la rose – « Sombre et profonde rose, antre d'ombre odorante » –, sans même parler des « crépus chrysanthèmes », Valéry dit à Jeanne son désir le plus sensuel : des vers pleins de caresses qu'il n'aurait pas déclamés au Collège de France. La chair y est bien présente. Voici les mots qui reviennent souvent : seins, bouche, lèvres, calice et corolle (métaphores explicites) et puis salive, mais aussi langue, gorge, « cuisses entr'ouvertes », reins, toison, « ventre de soie »... Il y a même le cou et les genoux de Jeanne, qui l'électrisent. Ces éléments d'un tout magnifique – « O belle Tour / Je fais le tour / de toute Toi... » – trouvent un écho et parfois une rime dans « frisson » et dans « plaisir », dans « baiser », dans « jouir ». Il y aurait beaucoup à dire sur « le fruit le plus mûr du moment le plus cher », sur « le suc délicieux de toutes les tendresses » ou sur le « Plus je te bois, ma Fontaine sans fond », extraits d'une longue et belle litanie amoureuse.

Douce à baiser, délicieuse à boire,
Ta bouche vaut les plus doux de mes vers
Et les regards de tes beaux yeux divers
M'en disent plus que toute ma mémoire.

A Jeanne, Valéry offre une déclaration d'amour si vibrante et brûlante, qu'elle a pu s'en offusquer parfois et la lui reprocher, à moins qu'elle n'ait feint par coquetterie de la trouver impudique.

Puisse ton cœur, ce soir, silencieuse absente,
Te souffler de ces mots dont je t'ai dit plus d'un,
De ces mots dits si près qu'ils prenaient ton parfum
A même ta chair tiède et sur moi trop puissante.

L'amour physique, Valéry en parle sans afféterie, et même à la gauloise, dans ses Cahiers, où il n'écrit plus comme autrefois qu'il le trouve « dégoûtant, avec ses jus, ses sueurs, ses baves et ses chaleurs ; ses tâtonnements, ses hontes, ses maladresses de gestes et ses automates[79] ». Mais Eros est un de ses dadas, il y revient toujours, entre une réflexion sur la conscience ou les mathématiques, comme à une des données essentielles de la vie. Sur la jouissance et sur l'orgasme, il a écrit de nombreuses pages lors de ses aubes laborieuses. Des pages à l'érotisme parfois très cru. Dans les poèmes à Jeanne, Eros l'inspire à l'évidence. Jeanne est « Merveille », elle est « Substance ». Il se « nourrit » d'elle, il la « boit », il « s'abreuve à sa source » (ou « à sa fontaine »). Elle est l'eau, le principe de vie. Mais elle est aussi le feu. La chaleur excitante. L'autre principe de vie. Elle réchauffe son vieux corps fatigué. Elle dore le paysage autour d'elle.

Je te vois grande, belle et nue, ô Jeanne d'ambre
Qui t'envoles superbe à peine après l'amour...

Si, comme la plupart de ses lecteurs – admirateurs ou détracteurs –, Jeanne tenait Paul Valéry pour un poète difficile et cérébral, c'est-à-dire mallarméen, elle n'a pu que changer d'avis : dans chacun des poèmes écrits pour elle, il est d'une clarté à la Ronsard, direct et on ne peut plus charnel. Est-ce bien lui, le poète de *La Jeune Parque*, dont la poésie sibylline et sinueuse, tout en méandres, n'avait pas manqué de déconcerter son public ? Valéry lui parle dans l'intimité du tête-à-tête amoureux, comme s'ils étaient tous les deux au coin du feu. Ou sur les draps d'un lit en désordre, de sa chambre « chérie », « tiède et blonde ». Si simple même parfois... Comme dans le plus petit poème du recueil, daté du 12 novembre 1939 :

> *L'heure de Toi, l'heure de Nous*
> *Ah... Te le dire à tes genoux,*
> *Puis sur ta bouche tendre fondre*
> *Prendre, joindre, geindre et frémir*
> *Et te sentir toute répondre*
> *Jusqu'au même point de gémir...*
> *Quoi de plus fort, quoi de plus doux*
> *L'heure de Toi, l'heure de Nous ?*

Pourtant l'auteur de *La Jeune Parque* est bien là avec sa technique chevronnée et son art consommé. Si l'amour jaillit de son cœur et le fait spontanément déborder, il ne choisit pas la voie de la facilité. Il n'est pas du genre à faire rimer « soir » avec « bonsoir », même dans ces vers de circonstance. Pour écrire à Jeanne, il a recours à des formes poétiques savantes qu'on étudie à l'université (et lors de ses cours au Collège de France) où l'on s'applique à les cataloguer selon le nombre de vers, le rythme et la cadence, les rimes et les césures. Voici des odes, des chansons, des ballades, des madrigaux, des épigrammes, de simples quatrains, cela arrive, et aussi des tirades. Et puis voici le roi de la poésie, dont Valéry a dit un jour que celui qui l'a inventé est supérieur à tous : le sonnet. Cet ensemble de quatorze vers écrits en alexandrins (la plus noble cadence) et répartis selon une architecture immuable (deux quatrains suivis de deux tercets aux rimes scrupuleusement codifiées) est un chef-d'œuvre de la composition poétique, dans l'art duquel les plus grands poètes se sont illustrés depuis la Renaissance. Pour le poète qui se lance dans cette écriture, si limpide à l'œil mais dans le détail si complexe, c'est un numéro de haute voltige.

Valéry maîtrise son métier mieux que personne. Il en connaît toutes les techniques, il passe sa vie à en enseigner les subtilités. Pour Jeanne, il ne fera pas exception, il travaille ses vers. Il en surveille la forme avec ce même esprit méticuleux qu'il porte à toute chose. On y retrouve les images et les symboles qui lui sont familiers depuis ses vers anciens : l'onde et le serpent, le soleil, la mer, les yeux enchâssés comme des pierres précieuses, et puis le bruit des pas qu'on guette et qui un jour ne viennent plus... Jeanne a-t-elle compté les vers ? Mesuré les syllabes ? Observé l'art de la rime et la place de la césure ? C'est peu probable... Peut-être en a-t-elle admiré la virtuosité.

Ces poèmes divers, puisés à la même source, Valéry songera, l'été 1942, à les réunir en recueil. Il leur a presque aussitôt trouvé un titre, ou plutôt un double titre : *Corona* et *Coronilla*. La couronne et la petite couronne. *Corona*, c'est la couronne qu'il dépose sur la « chère tête châtaine » de sa reine. Un hommage noble. Un vœu d'adoration. A *Coronilla* il destine les poèmes légers, les érotiques, les encore plus secrets.

En lisant une biographie de Goethe, pour préparer un discours officiel, il a découvert que Corona fut le prénom d'une des maîtresses préférées du poète (la cantatrice Corona Schröter). Ce détail l'a enchanté. Il y a vu un de ces hasards dont sa vie est si riche – « Moi qui ne suis que mes hasards ». Il avait voulu protester quand Gide, son ami, le décrivait dans son journal comme un ambitieux, habile à construire sa carrière. Il se sait plus complexe et beaucoup plus fragile, vulnérable en tout cas à cette part d'irrationnel que ces poèmes à Jeanne révèlent, au souffle du vent dans les feuilles d'un saule.

Ensemble, *Corona* et *Coronilla* sont une œuvre. Une œuvre secrète, destinée à la lectrice unique qui l'a tout entière inspirée. Il songera à en tirer un exemplaire relié et à l'illustrer de dessins... Avec Jeanne, il jouera même au bibliophile amateur, faisant semblant de rechercher dans les librairies cet exemplaire unique, évidemment introuvable, imprimé en imagination « sur soie de couleur ».

Les poèmes resteront cachés[80]. Soigneusement calligraphiés par le poète ou dactylographiés sur sa propre machine à écrire, ornés de frises et parfois de lavis, comme cette femme nue, pulpeuse, qu'un long serpent étreint, il lui en offrira un exemplaire, à propos duquel il écrit : « Je me fous que cet ouvrage doive demeurer entre nous. C'est toi qui m'importes, et moi... Nous sommes TOUT ; et le reste n'est que par erreur. » Et il ajoute, dans une conclusion qui a dû la combler de vanité : « Tu es à la fois la muse, le public, le modèle, le thème et... la récompense[81]. »

Valéry les disait « cryptiques ».

Quand on découvre ces poèmes destinés au secret, avec le recul du temps, on est pris à la gorge devant l'aveu de ce très grand amour. Paul Valéry est emporté par le torrent de ses émotions, par sa sensualité, bientôt par sa mélancolie – il ne se sent pas aimé autant qu'il aime. On en oublie la main, le savoir-faire, le travail du poète amoureux. Comment Jeanne n'aurait-elle pas été sensible à ce que Paul Valéry lui écrit avec tant de passion et tant de dévotion ?

> *J'ayme ces yeux jusques à les fermer*
> *D'un tel baiser qui boive leur lumière...*

J'ayme ces yeux jusques à les fermer
Et leur éclat doucement désarmer,
Grande beauté...

Elle le reconnaîtra plus tard : « C'est l'être qui m'a le plus aimée au monde[82]. »

13

Vivre, c'est créer

La brèche que l'amour a ouverte dans sa vie d'écrivain, éloigné depuis tant d'années de la poésie, ne s'arrête pas à cette « crypte » ultra-secrète où *Corona* et *Coronilla* sont enfouis tels des trésors, précieusement gardés à l'intention de leur unique muse et destinataire. Un processus dont le mécanisme autrefois si parfait avait cessé de fonctionner est en marche : le processus de création poétique. L'amour produit des étincelles. Pour Valéry, son retour à la poésie marque un retour à la vie.

« Vivre, c'est créer, écrit-il à Jeanne. C'est créer ou ce n'est rien. Et parmi les créations possibles, créer l'Amour, faire un amour qui soit à l'amour connu et su de tous ce qu'une Cathédrale est à une paillote. Un amour qui renferme la vie, et non que la vie englobe pêle-mêle dans un tas de choses[83]. »

Deux ouvrages vont naître de cet élan d'amour, si intimement liés à Jeanne Voilier qu'ils auraient pu paraître impudiques, sinon scandaleux, s'il n'y avait mis quelques masques. La force des sentiments, la sensualité des mots et l'émotion contenue dans chaque page étonnent chez le vieil écrivain, connu pour être un Monsieur Teste, commentateur inlassable de ses pensées et froid observateur des passions humaines.

Il y a de la jeunesse dans ces deux livres qui vont voir le jour, une joie de vivre entièrement nouvelle et même, ce qui est encore plus déconcertant de la part d'un homme à l'esprit aussi caustique et critique, de la candeur. Miracle de la rencontre avec Jeanne : le poète renaît de ses cendres. Et cette fois, non plus dans le secret, mais sur la scène publique.

Ce seront deux créations d'envergure, ambitieuses, tirées l'une de la mythologie et l'autre de la légende. Un Narcisse, puis un Faust ! Rien de moins pour éblouir Jeanne. On pourrait croire qu'il s'éloigne de l'inspiration érotique et amoureuse qui préside à l'écriture de *Corona* et de *Coronilla*. Mais Narcisse, mais Faust, c'est encore une offrande à Jeanne pour qui est destinée cette orchestration magistrale que commande en vérité le seul vrai dieu du moment, Eros.

Valéry écrit d'abord un « libretto » : une sorte de livret d'opéra, à l'intention de Germaine Tailleferre, compositrice de talent qui lui en avait timidement fait la demande et qui, à sa grande surprise et à sa non moins grande inquiétude – elle pensait qu'il allait refuser ! –, voit ses vœux exaucés. Il a donné son accord en avril 1938, tout joyeux à l'idée que son texte sera mis en musique et chanté, puisqu'il s'agit d'une cantate. Et il en a aussitôt trouvé le sujet – un des plus anciens et des plus familiers de son œuvre, Narcisse. L'histoire du beau jeune homme épris de sa propre image et qui finit par rejoindre, au fond d'une fontaine, son reflet dans l'eau.

Ce sont les premiers mois de sa liaison avec Jeanne. Au mois d'août, parti en vacances dans le Midi chez sa vieille amie Martine de Béhague, qui a l'habitude de l'héberger l'été à « La Polynésie », sa belle propriété sur la presqu'île de Giens, il est pour la première fois loin d'elle et il en souffre. Son séjour ressemble à un exil. Plutôt que de languir, tandis que Jeannie et son fils François se promènent ou s'attardent avec leurs amis, il se jette dans l'écriture de la *Cantate*. Il reste tout le jour enfermé dans sa chambre, d'où il ne sort que pour les repas et les bains de mer – il reste un fidèle adorateur du soleil et de la Méditerranée. Mais le reste du temps, il écrit. Du 10 août au 10 septembre, il aligne les alexandrins : car c'est en vers qu'il compose, comme du temps de sa jeunesse (au grand dam de Germaine Tailleferre, qui se demande comment elle pourra ajuster sa musique à ce rythme un peu trop solennel...). Ecrire, pendant ce séjour estival, lui apporte un bien-être à la fois moral et physique. C'est un excellent palliatif à l'absence. Dans la Cantate, Valéry est avec Jeanne, tout près de Jeanne... ce qui dissipe un peu la tristesse de leur séparation. C'est avec plaisir qu'il retrouve Narcisse, comme un ami, un frère, un compagnon d'armes qui, lui, n'aurait pas vieilli. Valéry s'est toujours vu pensant, rêvant, et il se voit aimant : obsédé par ce Moi dont il surveille les réfractions dans un incessant jeu de miroirs.

Il avait dix-neuf ans lorsque « le jeune homme triste et beau » – Narcisse – a surgi sous sa plume. Il habitait Montpellier, se promenait dans un jardin botanique et avait été saisi, dans un recoin obscur couvert de mousse, par une vision tombée du ciel de la Grèce antique. Etrange correspondance entre le très jeune provincial, solitaire et rêveur, et cette grotte où le visage de Narcisse lui apparut, comme à sainte Bernadette celui de la Vierge de Lourdes. Il a expliqué lui-même ce moment de grâce : une jeune fille d'origine protestante était enterrée dans ce jardin, près de cette grotte, et son père y avait fait apposer une inscription, qui portait son prénom, Narcissa. Le féminin, Valéry ne s'en défera pas. Tous ses Narcisse – car il y en a plusieurs – ont quelque chose de féminin, certains plus que d'autres. Et même s'il reprend le mythe pour lui-même, donc au masculin, pour refléter sa propre personnalité, réfléchir à ses identités parfois incertaines et, au-delà des images trompeuses, chercher la révélation d'une vérité, il n'oubliera pas Narcissa.

Sous l'effet de cette illumination au jardin botanique, il avait écrit un sonnet, *Narcisse parle*. Très mallarméen avec ses lys et ses saphirs, sa « funérale rose », sa « flûte gracile » et ses « bois bleus », le style est sous l'emprise de l'école symboliste dont le jeune Valéry, comme toute sa génération, a été le disciple fervent et docile. En 1891, à la demande de Pierre Louÿs dont il vient de faire la connaissance et qui a à peu près vingt ans, lui aussi, il reprend ce sonnet, le prolonge et le développe afin de lui donner une allure plus ample et plus libre. Il lui garde son titre : *Narcisse parle* sert de poème d'ouverture au premier numéro de *La Conque*, la revue que Louÿs – qu'on appelle encore Louis à cette époque – vient de fonder. Un honneur, pour un poète de vingt ans parfaitement inconnu, même si la revue tirée à cent exemplaires s'adressait, on s'en doute, à un public d'initiés. Exploit sans précédent : pressé par Louÿs, Valéry l'a écrit en deux jours (à peine six heures de travail) et reste confus de cette précipitation. Il s'en est excusé auprès de son autre meilleur ami, André Gide : « j'ai fait ce poème sur commande et je m'en repens ». Il n'empêche qu'il ne l'a jamais renié, le garde dans son recueil de *Vers anciens* et voue à ce texte pionnier (qui lui a valu son tout premier article, plutôt flatteur, dans *Le Journal des Débats*) ce qu'il appelle une « tendresse-faiblesse ».

> *Un grand calme m'écoute où j'écoute l'espoir*
> *La voix des sources change et me parle du soir...*

Narcisse a des ailes dans l'œuvre de Valéry. Il vole d'une époque à l'autre de sa vie, comme un ange.

Vingt ans après le premier *Narcisse*, paraît dans *La Revue de Paris* un poème plus long, plus élaboré (environ trois cents vers, contre moins de soixante pour *Narcisse parle*), qu'il intitule *Fragments de Narcisse* et qui fera partie, en 1926, de son recueil *Charmes*. Ses premiers vers sont aussi fameux que ceux de *La Jeune Parque* que de nombreux contemporains, amateurs de poésie, connaissent par cœur :

Que tu brilles enfin, terme pur de ma course !
Ce soir, comme d'un cerf, la fuite vers la source
Ne cesse qu'il ne tombe au milieu des roseaux,
Ma soif me vient abattre au bord même des eaux.

Ces *Fragments*, devenus chef-d'œuvre immortel, ont pour l'histoire qui nous intéresse des accents de pythie. Valéry y décrit en effet un Narcisse qui ressemble à s'y méprendre à Jeanne : comme s'il avait eu le pressentiment de cette rencontre et de son dénouement fatal.

Mais moi, Narcisse aimé, je ne suis curieux
Que de ma seule essence.
Tout autre n'est pour moi qu'un cœur mystérieux
Tout autre n'est qu'absence.
O mon bien souverain, cher corps, je n'ai que toi !
Le plus beau des mortels ne peut chérir que soi.

On les croirait écrits pour Jeanne, ces vers prémonitoires qui dessinent son portrait, ici éprise d'elle-même. Jeanne pour laquelle il écrit en cet été 1938 un poème qui doit figurer un jour dans le recueil secret et qu'il appelle *Narcissa*. C'est d'ailleurs son titre.

Narcisse femme, amoureuse de soi,
Ton cher reflet te rend avec tendresse
Le vert regard qu'à ton miroir adresse
Ton grand désir d'être belle pour toi.

Du poème ancien au plus récent poème, la chronologie est abolie par l'amour, qui puise aux racines les plus profondes et noue des liens mystérieux avec le passé comme avec la légende.

Lorsque Valéry prend la plume, cinquante ans ont passé mais Narcisse, qui dormait d'un calme sommeil dans la mémoire de Monsieur Teste, se réveille et rouvre les yeux devant le même paysage conventionnel de bosquets et de roseaux, autour d'une fontaine. Des nymphes viennent l'admirer et rêvent de l'arracher à sa contemplation fascinée dans l'eau. Leur danse est lascive. Ardents, leurs cris d'amour. Valéry respecte les données les plus rebattues du mythe, puis s'en libère. On découvre vite, au-delà du langage codé et du ressassement des symboles, une décontraction, un humour et une sensualité qui sont une surprise et une nouveauté. Cette *Cantate* est un poème solaire, aux saveurs d'un été érotique.

Curieusement, Narcisse y apparaît « chargé des diamants des gouttes de soleil », la peau dorée et frémissante, féminisé à l'extrême. La première nymphe, très entreprenante, lui fait la cour. Elle ressemble plus à une amazone ou à une walkyrie, qu'à cet être léger, délicat, des versions précédentes : la nymphe rose et diaphane du mythe originel. En somme, si Narcisse est assez féminin (du moins selon la traditionnelle répartition des sexes), la première nymphe, elle, est carrément virile. De son côté, l'audace et la passion. A lui, la pudeur, les réticences et une certaine froideur. Il y a confusion des genres.

Il suffit de lire quelques pages et de se laisser emporter par ces alexandrins qui glissent avec un si parfait naturel (un peu précieux toujours) pour en être convaincu. La *Cantate du Narcisse*, dont Valéry a dit lui-même qu'elle était son « autobiographie poétique », inverse les rôles. Qui est Valéry, en cet été

1938, sinon la nymphe dévorée d'amour dont il porte le masque ?

Même, au cœur de la nuit, je vous ferai connaître
Plus ardemment qu'au jour tout le feu de mon être.

Les autres nymphes ont beau scander, d'un acte à l'autre, « vainement ! », « vainement ! », pour mettre en garde leur reine contre les excès de sa passion, la première nymphe s'épuise à tenter de se faire aimer. Germaine Tailleferre y voit-elle autre chose que du feu, quand elle découvre ces dialogues en vers qui seront si difficiles à chanter ? La *Cantate du Narcisse*, avec son chœur, ses allusions au Styx et ses personnages tout droit venus de l'Antiquité, est bien un jeu de masques. Mais c'est la vie qui s'y joue sur un théâtre d'ombres, la vie la plus intime. Un homme, grimé en nymphe, y dit son amour, son très grand amour (« J'aime... J'aime ! Sais-tu Narcisse, comme j'aime ? »). L'être qu'il aime, personnalité hautement narcissique, ne peut aimer que soi. Indifférent à tout ce qui ne ramène pas le monde à son propre ego, Narcisse – en vérité, Narciss-a – ne peut pas, ne sait pas aimer. C'est elle qu'on entend – Jeanne – par la bouche de l'éphèbe quand, des bords de sa fontaine où doivent se refléter ses perles et ses diamants, elle lance à son poète, si célèbre et pourtant si humble devant elle :

Amour est ce qu'on veut. Qu'avez-vous à blâmer ?
J'aime comme il me plaît ce qu'il me plaît d'aimer.

Valéry le sait dès le départ, dès cet été 1938. Il ne se berce d'aucune illusion : il aime plus qu'il ne sera aimé.

La *Cantate du Narcisse*, si pleine de son amour, c'est sans masques pourtant qu'il la dédie « à Jean

Voilier ». Et c'est chez Jeanne, rue de l'Assomption, qu'il en donne lui-même la toute première lecture, le 8 janvier 1939, devant quelques amis auxquels est offert le texte imprimé, dans un tirage hors commerce[84]. Jeannie, l'épouse de Valéry, et leurs enfants ne sont pas parmi l'assistance. Ils entendront la *Cantate* dans un peu plus d'un mois lors de sa représentation, officielle celle-là et mise en musique, dans la grande salle de la SACEM (Société des auteurs, compositeurs et éditeurs de musique), à Neuilly-sur-Seine – Valéry en est le président d'honneur depuis 1936. Dans les rôles de la Nymphe et de Narcisse : deux actrices de la Comédie-Française, Véra Korène et Renée Faure.

Ce 8 janvier 1939, un dimanche bien sûr, Paul Valéry et Jeanne Voilier fêtent secrètement et à quelques jours près le premier anniversaire de leur amour. Mais ce long poème écrit pour elle, il a tenu à le lui lire à voix haute, jusqu'au dernier mot, « Délice », que le chœur reprend et répète, « Délice, délice... », jusqu'à épuisement.

La jubilation d'aimer entraîne la jubilation d'écrire : depuis qu'il connaît Jeanne, Valéry n'en finit pas de mettre en pages leur histoire. Pareil aux troubadours des cours d'amour, il chante son cœur sur tous les tons. La *Cantate* était solaire et scintillante, avec un soupçon de mélancolie et quelques accents tragiques dans les voix. C'est un chant voluptueux, un appel, une plainte. *Mon Faust* est beaucoup plus caustique : l'autodérision et la dérision tout court y ont une large part.

L'idée d'écrire un *Faust* remonte à une vingtaine d'années. Valéry en a différé le projet, qu'il a sans cesse reporté au point de finir par le croire enterré. La faute en revenait selon lui à Goethe lui-même,

dont le *Faust* est un chef-d'œuvre : héritage trop écra-
sant. Valéry ne s'est jamais libéré de l'emprise de la
légende. Le docteur Faustus, cet orgueilleux érudit qui
s'est cru plus fort que le Diable et que le Diable a
confondu, lui renvoie dans le miroir sa propre figure.
Comme Narcisse, c'est un autre Moi : un Moi moins
romantique et moins juvénile que « le jeune homme
triste et beau », mais un Moi plus proche de ce qu'il
est devenu en prenant de l'âge, un intellectuel à qui
on ne la fait pas – ironique, désabusé et conscient de
pouvoir maîtriser le destin à l'aide de son exceptionnelle mécanique intellectuelle.

L'été 1940, il est réfugié à Dinard avec sa famille.
Comme deux ans avant à « La Polynésie », il se
retrouve à la mer – une mer un peu plus grise
qu'autour de la presqu'île de Giens. L'absence de
Jeanne, qu'il ne va pas retrouver avant de longues,
trop longues semaines, creuse le même vide dans
son âme. Il rêve d'elle et lui envoie des poèmes qui
viennent étoffer *Corona* & *Coronilla*. Mais en ce mois
d'août 1940, il a mal à la France.

L'armistice vient d'être signé, le 22 juin, à Rethondes.
La France vaincue, en partie occupée, les Allemands
sont à Paris, mais aussi à Dinard et sur toute la zone
côtière. Le décor a radicalement changé. Il n'est plus
question de vacances mais d'un exil provisoire. Des
sacs de sable sur les balustrades des villas. Ses fils,
son gendre tout juste démobilisés, sa fille enceinte
pour la seconde fois et près d'accoucher. L'angoisse
de l'avenir le tenaille – qu'en sera-t-il de la France ?
Le maréchal Pétain qui s'est replié à Vichy avec le
gouvernement saura-t-il sauver le pays ? De l'autre
côté de la Manche, chez ces Anglais qui furent des
ennemis héréditaires, le général de Gaulle appelle à
la résistance. La bataille d'Angleterre vient de commencer. Londres subira son premier bombardement le
7 septembre, mais d'autres villes anglaises comptent

déjà leurs morts, les populations civiles sont deve-
nues des cibles. Le poète peut-il demeurer au-dessus
de la mêlée ? Ou doit-il s'engager ? Et dans ce cas,
placé en face du dilemme, quel camp choisir ? Valéry
demeure prudent. Il s'est toujours méfié des politiciens.
Il observe, sans prendre aucun parti. Ni pétainiste, et
il ne le deviendra pas malgré son amitié pour le vieux
maréchal, ni gaulliste, pour le moment, il s'interroge
– c'est son habitude et sa règle pour mieux penser. Les
écrivains adoptent des positions diverses. Dans une
lettre à Jeanne, il se félicite de ne pas être à Vichy « où
l'atmosphère doit être infecte » : « et puis je me serais
trouvé entre les uns et les autres, et tous me[85]... ».

Les questions financières ajoutent à son inquiétude :
que va devenir sa famille dans la France occupée ? Le
régime de collaboration met en péril les institutions
dont il dépend avec les siens. Quid de ses cours au
Collège de France ? Et de son salaire d'administrateur
du Centre universitaire méditerranéen, à Nice, qui lui
ont jusque-là assuré l'un et l'autre, sans faste mais
dans la sécurité, un quotidien tranquille ? Il n'a jamais
été riche, mais si ses postes de professeur et d'administrateur étaient supprimés, ce serait, il le reconnaît,
« la pauvreté ». Ses minces droits d'auteur, surtout
en temps de guerre, ne suffiraient pas à entretenir
son foyer. Sa correspondance, notamment avec Gide,
témoigne de ses soucis.

Néanmoins, en 1940, tandis que l'Allemagne remet
en jeu l'équilibre du monde, Valéry ne se replie ni
sur ses préoccupations personnelles et familiales, ni
sur cet amour secret qui a pris très vite, pour lui
du moins, les couleurs de la passion. Jeanne éclaire
sa vie, ranime ses forces et son imagination, mais
elle n'occulte pas le conflit qui enflamme l'Europe.
Il pressent un désastre. La civilisation européenne
et, au-delà, la civilisation occidentale lui paraissent
condamnées. Vont-elles mourir comme il l'annonce,

sans défaitisme mais avec la plus haute conscience d'un dépérissement des forces et des valeurs ? A défaut d'être un politique, Valéry garde sa clairvoyance. Faust est lié à cet état d'esprit du moment. Il appartient à l'ère du vieillissement, à celle de la catastrophe finale.

Il est vieux, Faust. Il a largement vécu. Il sait qui est l'homme, avec ses bas instincts, ses pulsions mauvaises, son irrationalité de cauchemars freudiens. Il sait aussi qui il est : « voici que je suis ce que je suis, et que je ne crois pas être autre chose. Il fallut tant d'espoirs et de désespoirs, de triomphes et de désastres pour en venir là... Mais j'y suis... ».

Narcisse n'était qu'un pauvre enfant qui se mire dans l'eau, se croit seul au monde, avec son double, alors que Faust lui, voit tout, comprend tout ; rien ne lui échappe de la comédie du grand univers.

Aussi, à Dinard, prisonnier d'une Histoire en folie, Valéry trouve-t-il un dérivatif dans le travail. « Sans quoi je serais mort de rage et de désespoir », écrit-il à un ami[86]. Faust, c'est un compagnon de galères en quelque sorte : un blasé du même acabit, un type à qui on ne la fait pas, parce qu'il a « été jeune et puis vieux et puis jeune encore ». Il a couru plus d'un monde. Il a « pesé ses désirs et ses expériences dans la solitude » – « J'ai fait le bien, j'ai fait le mal. J'ai vu le bien sortir du mal ; le mal du bien ». Mais il lui reste un cœur. Et ce cœur bat très fort – malgré le Diable et ses démons. Il bat au rythme de l'amour. Il bat, parce qu'il est vivant.

A Dinard, Valéry est saisi d'une frénésie d'écrire comme il en a rarement connu, sinon deux ans plus tôt pour la *Cantate du Narcisse*. Il travaille comme un forcené. Des amis lui ont prêté une villa, plus confortable et surtout moins onéreuse que l'hôtel, « Les Charmettes » (un nom qui évoque un bonheur rousseauiste). Elle résonne du bruit continu de sa machine à écrire qui crépite dix heures par jour et jusque tard dans la nuit. Au point qu'un soir, après le couvre-feu, de violents coups à la porte réveillent la maisonnée, au 8 rue des Marettes. Il descend ouvrir et se retrouve nez à nez avec deux policiers, qui l'inter-rogent sur ses activités nocturnes. Ils lui font observer que la lumière de sa chambre, dont les rideaux sont mal tirés, fait un halo au-dehors et pourrait servir de repère à d'éventuels tirs aériens. Jeannie va désormais veiller à ce que la pièce soit parfaitement obscure vue de la rue, afin que son mari puisse continuer à travailler à la lumière de sa lampe.

Par extraordinaire, Valéry, pourtant si perfection-niste, œuvre sans brouillon, sans presque de repentir. Les dialogues jaillissent sous sa plume, spontanément, avec la force d'un geyser. Ce qu'il écrit dans cette période troublée et douloureuse à tous les points de vue, c'est un hymne à la vie : « VIVRE... Je ressens, je respire mon chef-d'œuvre. Je nais de chaque instant pour chaque instant. VIVRE ! JE RESPIRE. N'est-ce pas tout ? JE RESPIRE... J'ouvre profondément chaque fois, toujours pour la première fois, ces ailes intérieures qui battent le temps vrai. Elles portent celui qui est, de celui qui fut à celui qui va être... JE SUIS, n'est-ce pas extraordinaire ? Se soutenir au-dessus de la mort comme une pierre se soutiendrait dans l'espace ? C'est incroyable... » Quel défi à l'Histoire par l'amour et par l'art !

Nulle tristesse dans ce Faust. Très peu d'effets poé-tiques. Il le constate avec amusement : « Cela court, passe du philosophico-lyrique au vaudeville. C'est marrant... Cela touche aux vérités éternelles et à la pire des lubricités[87]. »

Le Faust de Valéry est sa copie conforme. Un grand personnage, célèbre et révéré. L'auteur d'un *De Sub-tilitate* (!) et d'un traité intitulé *Du Corps de l'Esprit* (!), qui font autorité. On l'admire, on lui demande des conseils, on le sollicite. Des disciples, qui l'appellent Maître et s'inclinent devant son savoir, viennent le consulter à tout propos. Il n'en peut plus d'être devenu ce qu'il est. « Il est gênant et fatigant de faire figure de grand homme : ceux qui s'y plaisent font pitié. »

Il a une secrétaire (le rêve de Valéry !). Laquelle tape ce qu'il lui dicte – sans comprendre un traître mot de son travail. Faust serait-il misogyne ? Elle confond les chapitres. Elle prend un mot pour un autre et le début pour la fin. Il doit surveiller son orthographe. Elle l'interrompt sans arrêt, pour des futilités, et pleure pour un oui pour un non... Mais elle est ravissante. Jeune et fraîche. Et puis elle sent bon. Son parfum l'obsède. Bref, il est amoureux. Mais il n'a pas envie qu'on le sache. Ni surtout qu'elle le sache. Il se méfie de l'amour.

« Point d'amour : je sais trop qu'il s'achève en ruine, en dégoût, en désastre. C'est le froid, c'est la haine ou la mort qui termine ces jeux de la chair et du cœur, et qui règle leur compte aux délices ! »

La secrétaire s'appelle Lust : « Désir », en allemand. C'est explicite.

Et cela change de Marguerite..., la petite amie de Faust dans la légende d'origine.

Faust lui trouve immédiatement un surnom. Elle est « Celle qui vient trop tard ».

Tout est dit.

Pendant ce temps, les diables s'agitent. Il y en a trois, avec des cornes, une queue, des pieds fourchus et des mines patibulaires. Valéry ne lésine pas sur le ridicule de ces trois rigolos : Béliah, qui souille et rend « toutes choses ordures, les pensées, les regards, les mots », Astaroth, qui rogne, ronge, lime et effrite les cœurs, les corps, les gloires, les roches..., enfin Goungoune, « qui hante et qui hait », et inspire à chacun des rêves érotiques. Krék, Krék... C'est le refrain des diables. Krék, Krék... Valéry s'amuse. Lorsque

Méphistophélès apparaît à la deuxième scène, en habit de clergyman, très élégant mais avec des oreilles de bouc, ses serviteurs le saluent bien bas : « Monseigneur, nous vous baisons selon le rite et l'une et l'autre fesse ! »

On est plus près d'*Ubu roi* que de *La Jeune Parque*.

Le comique le plus vaudevillesque tisse le fonds de la pièce, où le rire n'est pas toujours léger :

« MÉPHISTOPHÉLÈS : Quoi ? Le veau d'or...

FAUST : Bientôt vaudra moins cher que le veau naturel. » (Allusion évidente au marché noir.)

C'est un comique grinçant, amer. Faust déclare au Diable qu'il a perdu son emprise. « Ici, tu ne laisserais de mémoire qu'au théâtre Guignol, sous le bâton... » C'en est fini du règne du mauvais ange, les humains ont repris la main.

Pour le vieux professeur qui a tant travaillé, le temps s'achève. Il a mis le point final à son œuvre. Il lui reste à savourer les derniers instants d'une vie dont chaque souffle lui devient unique. VIVRE, voilà tout son programme : respirer, voir, sentir, toucher. Et être touché. Quand la main de Lust, si délicate et fine, alors qu'il songe, se pose sur son épaule, il mesure le prix de ce geste, de cette sensation, et s'en trouve bouleversé. Dans le jardin, ils partagent une pêche encore chaude de soleil, que Lust vient de cueillir à l'arbre. Ils mordent au même fruit.

Faust, comme Valéry, se méfie de l'amour. Il a construit sa vie autour de ce précepte : « Prenez garde à l'amour ! », qui est un des leitmotive de la pièce. Mais devant Lust, ses défenses cèdent. Il perd la maîtrise de ses émotions. Sa volonté ne lui sert plus à rien. Il redevient vulnérable.

Lust de son côté n'est pas insensible au discours du Disciple (un jeune homme), qui la trouve à son goût et commence à l'entreprendre. Elle essaie de lui résister, car elle est sous la coupe du professeur,

qu'elle admire. Mais le Disciple gagne du terrain...
Valéry, comme Faust, comprend les tentations de la
jeune femme. Il sait que Jeanne est venue « trop tard »
dans sa vie : l'âge est leur pire ennemi. Il y voit le
traquenard du Diable. Car Méphisto veille. Et quoi
qu'en pense Faust, il n'a peut-être pas perdu la main.

A Dinard, en quelques semaines, Valéry a écrit
deux actes de *Lust*. Et une bonne partie du troisième acte qu'il finira d'écrire à Paris, en octobre,
où il revient pour la naissance de son petit-fils et
pour reprendre ses cours au Collège de France. Il a
également écrit une féerie dramatique, qu'il conçoit
comme un prolongement de *Lust* – dans son projet, *Mon Faust* est en effet une mosaïque de plusieurs bouts poétiques. Cette féerie, assez étrange,
qui est une sorte de procès de l'esprit, s'intitule *Le
Solitaire* – « un nom de diamant », selon l'écrivain.
Puis Valéry s'interrompt. La fièvre créatrice du mois
d'août 1940 coïncidait avec les événements tragiques
qui se déroulent en France et en Europe. Elle va
maintenant retomber. Les soucis personnels, principalement économiques, vont désormais écraser
Paul Valéry. Alors même que son amour est mis à
l'épreuve.

Mon Faust, la dernière grande œuvre de Paul
Valéry, restera inachevé. *Le Solitaire* n'aura pas la
suite qu'il voulait lui donner. Et il n'écrira jamais le
quatrième et dernier acte de son hymne d'amour à
Lust.

Même s'il tente de prendre des notes et esquisse des
ébauches pour un *Faust* définitif, sorte de théâtre total
incluant tous les genres et tous les styles, du vaudeville à la tragédie, c'est dans sa version définitivement
inachevée qu'il lira *Lust*. Devant un public restreint,
chez Adrienne Monnier, rue de l'Odéon, en octobre
tout d'abord, puis, chez Sacha Guitry, dans son hôtel
particulier du Champ-de-Mars. Enfin chez ses amis

Pasteur Vallery-Radot, en novembre. Jeanne Voilier vient tout juste de rentrer à Paris. Elle se montrera très fière d'avoir été le modèle de ce personnage de femme, capable de séduire le plus brillant des hommes. Un docteur Faust moderne.

« Lust, c'est moi », dira-t-elle dans le monde, y compris devant ses amants et jusqu'à la fin de ses jours.

Valéry a donné un sous-titre à sa pièce. *Lust, La Demoiselle de cristal.* Sans doute Jeanne, qui a pour lui la fraîcheur de l'eau vive, lui inspire-t-elle cette image de pureté, de transparence. Mais le cristal, dans son cas, a la dureté du diamant.

C'est sur ce cristal qu'il va se briser.

14

Jeanne écrit, Valéry dessine

Jeanne aussi aime écrire. Pas seulement ces lettres
que Valéry attend avec impatience, qu'il voudrait plus
nombreuses – une par jour au moins – et que cette
négligente, tellement occupée par ailleurs et tellement
active, tarde à lui envoyer. Il vit souvent dans cette
attente car ces derniers temps elle fait de longs séjours
dans le Lot. Passionnée de décoration, elle veut rendre
confortable et coquet son château de Béduer où elle a
l'intention de recevoir ses amis avec le même faste et
la même élégance qu'à Paris. Elle y poursuit son rêve
de petite fille désargentée, en mimant le mode de vie
aristocratique. Ce projet de châtelaine la retient loin
de Valéry, d'autant qu'il n'est pas facile de circuler
entre la zone libre et la zone occupée. Il faut des
autorisations, qu'elle semble obtenir facilement mais
qui ne favorisent pas ses allées et venues impromp-
tues. A son retour, l'édition des « Cours de Droit » la
requiert tout entière, au moins en semaine, et Valéry
doit patienter encore. Lorsqu'ils ont enfin rendez-
vous, rue de l'Assomption, elle est invariablement
en retard et il passe d'interminables moments seul,
à guetter son arrivée dans le salon, devant un thé
qui refroidit. Sauf le dimanche, où elle est heureusement disponible, leur liaison est faite d'intermittences.

Jamais ils ne sont ensemble plus de quelques heures volées à un emploi du temps quasi ministériel pour l'un comme pour l'autre. Aussi les lettres ont-elles une importance cruciale. Elles disent la cruauté de l'absence, elles apportent la tendresse qui manque, elles sont pleines de la chaleur et des caresses dont ils sont privés. Elles sont une voix dans le silence.

A celle de Valéry, passionnée, ardente, répond la jolie voix de Jeanne : voix de contralto « profondément émouvante », que ses amants et tous ceux qui l'ont connue ont remarquée et aimée. « Sa voix était plus douce qu'on ne l'eût attendue, dira Valéry[88], elle s'accordait par ses nuances à la grâce de ses mouvements, plus qu'à la plénitude de son corps. » Un jeune ami, Jean Clausel[89], la dira, près de quarante ans plus tard, d'une exceptionnelle suavité. Cette voix si charmeuse, on l'entend dans ce que Jeanne écrit. Dans ses lettres, dont l'écriture, ferme et régulière, ressemble à son corps, chaque mot porte, chaque phrase est harmonieuse : on sent Jeanne à l'aise, dans son élément, et heureuse d'écrire. Elle est aussi sûre de son charme sur le papier, que de l'effet qu'elle produit lorsqu'elle fait son entrée dans un cercle d'amis. Elle ne passe jamais inaperçue. De même qu'elle avance dans le monde toutes voiles dehors comme une goélette, confiante dans sa beauté et dans sa séduction, mais aussi dans la mer qui la porte, elle écrit avec assurance. Elle sait s'y prendre avec les mots comme avec les robes ou les bijoux. Ce sont pour elle les mêmes parures pour captiver son public. Car il faut qu'elle charme. Elle a le plus absolu besoin d'être aimée. Ses lettres, c'est indéniable, contiennent une lumière. Jeanne possède non seulement un style d'une élégance naturelle, sans poses ni préciosités, mais une intelligence tout en finesse. Elle sait jouer de chaque nuance : tour à tour douce puis brillante, ingénue puis perspicace, elle sait se plaindre avec esprit, ses reproches ne sont jamais lourds et elle manie très bien l'humour. Qui dit mieux ?

« Je ne suis point une femme du monde, ni un chef d'institution, ni un avocat, ni un éditeur, ni une femme de lettres, ni un mannequin de Maggy Rouff. Je ne suis rien de ce que je suis pour les autres. Je ne suis que ce que je suis pour toi. »

Valéry, pris au piège de cette ensorceleuse, lui a tout de suite reconnu des qualités qu'il apprécie chez les femmes qu'il rencontre. Celles dont il recherche l'amitié, celles qu'il a aimées avant elle : des qualités littéraires. Catherine Pozzi en fut le plus bel exemple. Jeanne, qui n'est pas du tout poète, ne manque cependant ni d'esprit, ni de talent, ni d'imagination. Elle adore raconter des histoires, vraies ou fausses, et les mettre en scène à sa façon. C'est une romancière-née.

C'est Garçon, ce ténor du barreau et grand maître conteur qui a insufflé à Jeanne, comme une maladie contagieuse, cette perversion qui conduit à écrire des romans – le goût malsain des histoires louches.

Son mari, Pierre Frondaie, lui a fait franchir une seconde étape en lui montrant comment, en enchaînant les situations et en composant des chapitres, on fabrique un livre. Elle a suivi avec lui un apprentissage : à la table de travail où Frondaie, malgré ses facilités et son penchant pour la belle vie, passait beaucoup de temps.

D'autant que ce mari, très épris de sa nouvelle femme malgré ses innombrables liaisons, a voulu être son Pygmalion – c'est lui qui a insisté pour qu'ils écrivent ensemble un roman à quatre mains, *De l'amour à l'amour*, dont finalement un seul chapitre porte la trace de Jeanne.

Mais après leur divorce, Jeanne avait retrouvé sa liberté et s'était émancipée. *Le Mercure de France*, revue prestigieuse, avait ainsi publié le 1er novembre 1935 une nouvelle d'une trentaine de pages intitulée *Solange de bonne foi*. Son auteur, un romancier inconnu, signait « Jean Voilier » pour la première fois. Jeanne avait pris un nom d'homme pour avoir plus de poids, en suivant l'exemple fameux d'Aurore Dupin (George Sand), mais aussi celui de nombreuses romancières contemporaines, telle Marie de Heredia (en littérature Gérard d'Houville), Madame Bulteau (Jacques Vontade), Marie Scheikewitch (Joseph-Elie Blois), la baronne de Tombelle (Camille Bruno) ou la baronne de Pierrebourg (Claude Ferval). Elle avait choisi pour pseudonyme ce nom de bateau, qui évoque évidemment la mer et les voyages, mais aussi la liberté, la légèreté, les délices du vent et des vagues.

La jeune femme de cette nouvelle a tout pour être heureuse : un mari qui l'aime, une petite fille exquise, la beauté, l'argent... Pourtant elle est inquiète et se sent coupable d'avoir tant de chance. Convaincue que les êtres qu'elle chérit seraient plus heureux sans elle, sa propension au malheur lui gâche la vie. L'idée de la mort la hante. Une nuit de désespoir, elle finit par se jeter par la fenêtre. Ce suicide est un cadeau qu'elle fait aux siens en les allégeant du poids de sa vie. Un psychanalyste aurait beau jeu d'étudier dans *Solange* le lourd passé de Jeanne, ce passé qui entrave son aptitude au bonheur. Elle porte sur ses jolies épaules, comme son héroïne, un poids de chagrin. Mais les hantises de Solange sont imprécises – c'est un état d'âme congénital qui la prédispose à la tristesse. Celles de Jeanne, qu'elle cache mais qu'elle connaît bien, tiennent à sa naissance illégitime, à son enfance nomade et sans doute misérable, et à son statut de fille adoptive. Rien de tout cela ne sera jamais effacé.

Solange de bonne foi, dédié à un jeune camarade journaliste qui vient de se suicider, Xavier de Hauteclocque, lui avait donné confiance en elle. Mieux que ne l'avaient fait Garçon ou Frondaie, maîtres trop excellents, cette nouvelle affirmait sa personnalité et son talent. Elle est donc capable d'écrire. Et d'écrire toute seule. Une revue de haute qualité, parmi des écrivains connus et reconnus, la publie. Jean Voilier vient de naître : c'est une fierté pour Jeanne Loviton. Un acte d'émancipation.

A peine trois mois plus tard, paraissait son premier roman : *Beauté raison majeure*, dédié « à Ferdinand Loviton ». Sa publication, en février 1936, coïncidait avec la promulgation de son divorce. Elle avait cependant envoyé un exemplaire dédicacé à Pierre Frondaie qui le fera relier : « Pour Pierre Frondaie, mon mari et mon meilleur ami. »

De même qu'elle avait choisi pour sa nouvelle une revue de premier plan, son éditeur fut des plus réputés, Emile-Paul, l'éditeur du *Grand Meaulnes*, mais aussi de Jean Giraudoux et de Pierre Benoit, entre autres célébrités. Dans cette maison d'édition, place Beauvau, elle les croisera. C'est là que Giraudoux sera attiré par sa beauté et qu'il aura l'idée de lui écrire un petit mot de félicitations, prétexte à une future rencontre.

Beauté raison majeure est l'histoire d'une femme laide, qui désespère sa mère par sa laideur. Mariée à un avocat qui l'a épousée par intérêt avant de se détourner d'elle, elle ne se préoccuperait pas trop de cet état de fait si sa mère ne venait sans cesse le lui rappeler. Que faire d'une fille laide ? Une femme laide peut-elle être heureuse ? Peut-elle être aimée ? Pour être tranquille, l'héroïne s'invente un amant. Elle s'écrit à elle-même des lettres enflammées qu'elle laisse traîner pour que sa mère les lise. Mais son mari les trouve aussi. Et tombe sincèrement amoureux de sa femme. Hélas la jalousie, très vite, le dévore. Il finit par l'étrangler puis se suicide. Que conclure ? Sinon que Jean Voilier a un penchant certain pour les dénouements dramatiques, qui alimentent la rubrique des faits divers dans la presse et sont dignes des plaidoiries de Me Garçon. Deux suicides en deux textes, et une strangulation ! Frondaie avait plus d'optimisme. Jeanne est passionnée, enflammée – il lui faut du sang et des larmes. Mais elle possède un indéniable talent de romancière : son récit est fluide, agréable à lire, avec un côté primesautier qui donne une couleur assez joyeuse à un récit somme toute tragique. Tel est son paradoxe : chez elle la mélancolie livre un conflit permanent à la force vitale.

Les critiques ont aimé ce premier roman de Jean Voilier. Les articles furent brefs mais élogieux. Un petit article de *L'Echo de Paris* annonçait « un romancier délicat et non sans puissance ». Les Treize, « un talent certain », « un auteur de qualité ». Emmanuel Berl signera, quant à lui, une agréable notule à son sujet dans *Marianne*.

Emile-Paul restera l'éditeur de Jean Voilier pour son deuxième livre, *Jours de lumière*, qui paraît l'année où commence sa belle histoire avec Paul Valéry : 1938. Un héros conduit cette fois l'histoire. Roderick O'Brian, un jeune jardinier irlandais, patriote comme tous les Irlandais, quitte son pays pour s'établir en Amérique, là où les maisons ont les plus jolis jardins : sur la côte Est, à Long Island. Loin d'y faire une carrière auprès des milliardaires, et quoique marié à une Américaine qui l'y encourage, il préfère se dévouer aux enfants pauvres des rues de New York. Il est très malheureux – c'est son point commun avec les héroïnes de *Solange de bonne foi* et de *Beauté raison majeure*. La réussite sociale et financière dont rêve pour eux deux son épouse finit par le dégoûter. Il ne veut pas devenir esclave du dollar. Il finit par rentrer en Irlande où il va se battre aux côtés des patriotes. Pour ce sujet ambitieux, Jean Voilier a déployé tout son talent. Elle a eu recours à ses souvenirs de voyageuse : elle traverse volontiers l'Amérique, dans des conditions beaucoup plus luxueuses que son héros, à bord de magnifiques paquebots. Et elle aime New

York, où, l'hiver, dans ses manteaux de fourrure, elle se grise de cette ville neuve et de gens si diffé-rents. Valéry, en comparaison, lui paraît terriblement franco-français ! « Comment peux-tu, comment as-tu pu vivre sans chercher des visages où il est difficile de lire, des pays qui jettent des couleurs nouvelles devant tes yeux ? » Et Jeanne ajoute, pour atténuer le reproche : « Pourquoi n'avons-nous pu tous les deux ?... J'ai tant de tristesse sans toi. »

Elle sera toujours une voyageuse dans l'âme, ama-teur de nouveautés et de changements. Valéry aurait dû y prendre garde.

Quoi qu'il en soit, le récit de *Beauté raison majeure* est efficace, émouvant, avec des envolées, surtout lorsque Roderick se rebelle contre la fatalité de devoir réussir à tout prix – une des lois de l'Amérique.

Valéry, qui n'aime pas les fictions et évite autant qu'il peut de lire des romans, fait une exception pour Jeanne. Non seulement il lit *Jours de lumière* du début à la fin, mais il le fait un crayon à la main, pour souligner ce qu'il aime et lui dire aussi ce qu'il aime moins. Avec autant de tact qu'elle en met pour lui dire à quel point les voyages ouvrent le cœur... : « Ce récit séduit, attache et [grand éloge] on ne sait pourquoi. Pour ou contre ce jugement, ce fait : que le lecteur n'est pas liseur de romans. Il se laisse difficilement glisser sur la pente... de créance et d'absence exigibles, mais ce texte mit sa vigilance en défaut. » Éloge flat-teur donc. Éloge de lecteur captivé. Ou d'amoureux aveuglé par la passion ?

Il lui envoie son exemplaire « criblé au crayon » à Arcachon, où elle se repose – Pierre Frondaie n'a pas réussi à la dégoûter de cette villégiature –, afin de lui proposer quelques améliorations. D'une séance à l'Académie, où semble-t-il il s'ennuie, alors même qu'il la préside, il lui adresse un rapide billet pour l'encourager et la féliciter. Il se propose même d'écrire à Valera, le chef de l'État irlandais, en personne pour qu'il fasse traduire le roman en irlandais[90].

Surtout, il s'entremet pour tenter de lui faire obtenir un prix littéraire. Il use de son influence auprès des dames du Femina, comme en témoigne le message qui conclut le précédent billet : « Si [ton roman] n'est pas couronné, ce sera un scandale, et parce qu'il y a des romancières qui seront jalouses. » Et, plus loin : « Si tu savais quelle cour j'ai faite[91] ! » Hélas pour Jeanne qui sera extrêmement déçue, cette année-là les dames du Femina lui préfèrent le roman de Félix de Chazournes, *Caroline ou le départ pour les îles*.

Dès lors, Valéry que cet échec, relatif puisque Jean Voilier n'en est encore qu'à son deuxième livre, a lui aussi assombri, devra remonter le moral de son amie. Il ne cessera de l'encourager. Il essaiera de lui redonner l'envie d'écrire en la rassurant et en la couvrant d'éloges. Ce n'est pas que Jeanne doute vraiment de son talent, mais la défaite du Femina l'a vexée. Elle est tentée de se divertir autrement. Aussi Valéry, qu'excitait ce petit jeu littéraire, ce dialogue entre auteurs-amants qui mettait tant de saveur dans leurs relations, emploie-t-il les grands moyens : il en appelle à Colette, rien de moins !

« Tu as de quoi te faire une place littéraire de même grandeur que celle que tient Colette aujourd'hui », lui écrit-il le 31 août 1941.

Il lui dira dans cette même lettre : « Je souffre positivement de penser à tes dons remarquables que tu risques de dilapider[92]. »

Car Jeanne n'est pas Colette. Ni George. Tout talent mis à part, il lui manque une vertu fondamentale : pas seulement la persévérance, le courage qui permettent à un écrivain comme à tout artiste de poursuivre son travail contre vents et marées, malgré les échecs, mais ce désir profond d'écrire, cette impossibilité de ne pas le faire par où se révèle, bon ou mauvais, le véritable auteur.

Valéry essaiera une autre tactique pour lui rendre l'envie d'écrire. Il lui propose d'illustrer lui-même ses livres de dessins ou de gravures – il a une main d'artiste qui s'exprime au fusain ou à l'aquarelle, mais aussi à l'huile et au burin, à la pointe sèche, selon ses inspirations. C'est ainsi que *Jours de lumière* paraît en 1940 dans la collection du « Livre moderne illustré », chez l'éditeur Ferenczi, avec des lithographies de son cru, mais signées, par discrétion – il est un peu gêné de mêler son nom au sien –, « Paul Charlemagne ».

Dans leur correspondance, durant ces années de guerre, une même précaution l'amène à se travestir derrière des pseudonymes de fantaisie. Ils sont parfois féminins, sans doute pour mieux tromper son monde : Paul de Grassi ou Pauline Teste... Ainsi signe-t-il les cartes inter-zones pré-imprimées que l'on complète pour donner de ses nouvelles, et où son nom associé à un message tendre aurait pu faire jaser. Ce jeu l'amuse.

Mais Jeanne s'est lassée d'écrire : son troisième roman sera aussi le dernier. Edité comme les deux autres par Emile-Paul, au début de l'année 1942, c'est un très court texte – plutôt une longue nouvelle : *Ville ouverte*. En exergue, une citation de Robespierre : « L'homme ne voit jamais l'homme sans plaisir », citation qui a de la gravité. Il ne s'agit plus de mettre en scène un héros ou une héroïne confrontés à un drame amoureux. Le décor et le sujet se prêtent ici à une fable, sur fond d'histoire contemporaine : une ville, désertée par ses habitants, est sur le point d'être envahie par des soldats ennemis. Une espèce de vagabond s'y promène, hanté par ses pensées et ses obsessions. Jeanne y adopte le ton d'un vieux sage. Est-ce l'influence de Valéry ou l'effet des circonstances ?

Elle fête le 1er janvier 1942 chez elle, rue de l'Assomption, avec quelques amis, dont Valéry accompagné de son épouse. Il ne semble pas que le réveillon souffre des restrictions. Jeanne est fière de servir des mets en provenance de Figeac d'où la ravitaillent les fermiers du voisinage. Elle a peut-être aussi recours au marché noir.

Le 23 janvier, à l'aube d'une année sinistre, Jeanne perd son père, Ferdinand Loviton. Il décède brutalement chez lui, dans son appartement du boulevard Saint-Michel. Jeanne n'était pas préparée à cette mort. Son père la couvait et la protégeait. Il savait la conseiller, la consoler. Seule désormais pour affronter la vie, qui tout à coup bascule, elle se sent orpheline, abandonnée. Pourtant, elle réagit sans tarder. Elle va avoir à gérer elle-même les « Cours de Droit » et les Editions Domat-Montchrestien, que son père lui lègue. Jusquelà Ferdinand Loviton dirigeait toujours les deux librairies. Elle l'assistait, l'aidait, mais c'était encore l'affaire paternelle. Pas question pour elle de vendre l'une ou l'autre de ces deux sociétés, qui sont l'œuvre d'une vie. Elle veut se consacrer à cet héritage, qu'elle entend poursuivre et développer. Et elle tient à en assumer elle-même la direction. Pour bien marquer sa volonté, elle déménage presque aussitôt les locaux de la place de la Sorbonne, vétustes et peu pratiques, vers la rue Saint-Jacques, en face de la Faculté de droit. Et, bien sûr, elle se livre à des travaux d'embellissement, car même au plus profond du deuil, elle garde un sens pratique et le goût du raffinement.

« Je suis encore saisi par cette brusque fin », écrit Valéry, qui craint qu'elle ne subisse le contrecoup de cette mort soudaine.

« Que de choses tu vas avoir à faire, à débrouiller, à soutenir⁹³ ! »

On le sent désolé pour elle. D'autant plus désolé que la décision de Jeanne de prendre la direction de ses affaires l'éloigne davantage encore de la littérature. *Ville ouverte* paraît peu après, illustré des belles lithographies de Valéry, mais elle n'y attache déjà plus d'importance. Elle a tourné la page. Son avenir n'est plus dans l'écriture.

Valéry, lui, s'est donné beaucoup de mal, pendant plusieurs mois, au printemps et à l'automne précédents, pour resserrer leurs liens, dans un projet commun. Il est allé souvent, les jours du moins où ses obligations lui laissaient un peu de liberté, à Montmartre, dans l'atelier de son ami, le peintre Jean-Gabriel Daragnès, graveur et aussi imprimeur. Il y dessine et y grave à l'intention de Jeanne une série de lithographies en noir et blanc. Elle n'y tenait pas particulièrement et a tenté de l'en dissuader. Mais il aime l'intimité de ces moments passés à dessiner pour elle et la douceur qu'ils lui procurent.

2 décembre 1941 : « Comment peux-tu penser que je ne serais pas ravi de faire ces images ? J'envisage des solutions bandeaux et culs-de-lampe. C'est beaucoup plus distingué que l'image hors texte[94]. »

Il est tellement amoureux que, cette fois, il a décidé de signer son travail d'illustrateur. Et de le signer de son vrai nom, au lieu d'un pseudonyme. C'est une œuvre qu'il offre à Jean Voilier. Ces longues heures de travail lui sont dédiées, en contrepoint artistique aux poèmes inédits qu'il rêve de relier en recueil.

Edition de luxe, tirée à quatre cent trente exemplaires sur beau papier vélin, *Ville ouverte* arbore sur la couverture les deux noms, par exception réunis, de Jean Voilier et de Paul Valéry. Ce sera l'unique et ultime fois.

Autour d'eux, en cette année 1942, la plus terrible de l'Occupation, tout est injustice, violence, folie. C'est l'année des premiers convois de déportés, du décret sur le port de l'étoile jaune et de la rafle du Vel' d'Hiv'. Du procès de Riom, où sont jugés les parlementaires démocrates, opposants au régime de Vichy, à l'invasion de la zone occupée et au sabordage de la flotte française à Toulon, l'actualité n'est que malheur. Seul espoir à l'horizon : le débarquement des troupes alliées en Afrique du Nord.

L'un et l'autre souffrent devant cette France déchirée et meurtrie.

Mais Jeanne qui aime tant la vie s'est lancé un nouveau défi. L'édition la passionne désormais plus que la littérature. Cette ambitieuse a d'autres projets, d'autres rêves. Valéry la voit insensiblement s'éloigner, comme un voilier sur la mer. Il voudrait la retenir, mais le vent souffle dans ses voiles. Et il se sent comme un voyageur oublié sur la plage. Aussi seul que le personnage un peu perdu qui traverse les paysages désolés de ses derniers dessins pour Jeanne.

15

L'impuissance d'aimer

Jeanne regrette souvent, dans ses lettres, de ne pouvoir poser sa tête sur une épaule solide. Elle le déplorait déjà du vivant de Ferdinand Loviton mais depuis le décès de son père d'adoption, plus personne ne la protège. Elle a beau s'être émancipée, vivre libre, savourer le plaisir de ne rendre compte à quiconque de ses actes et de ses désirs, elle souffre de sa solitude. Elle rêve de l'homme qui pourrait la guérir de ses peurs de petite fille : un homme qui serait à la fois un père et un amant, un ami et pourquoi pas, un mari. En tout cas un homme pour être enfin heureuse.

Vivre seule ? « Je l'aurais pu certes, écrit Jeanne à Paul Valéry. Je l'aurais pu avec une présence voisine qui m'aurait de temps en temps soutenue. C'était l'idéal de ma vie, mais je sais que j'ai tout manqué. Je suis sûre qu'il n'y a point de ma faute. Jusques à toi qui[95]... »

Ce profond sentiment d'insécurité peut facilement être rattaché à son enfance de « fille naturelle », élevée jusqu'à l'âge de dix ans par une mère célibataire qui a elle-même subi le traumatisme de l'abandon. Jeanne Loviton a un besoin insatiable d'être rassurée. Et consolée. Besoin qu'elle exprime dans ses amitiés, dans ses amours et, de manière plus frivole mais non moins essentielle, dans ses innombrables et coûteux achats de robes, de bijoux, d'objets divers pour ses maisons, destinés à assouvir son goût du luxe et plus encore ses manques. Cette impression de vide, cette absence qui est gravée en elle depuis si longtemps, c'est sa maladie incurable. Son principal tourment.

L'instabilité de sa vie affective en témoigne : aucun homme, jusque-là, n'a réussi à la retenir. Le mariage avec Pierre Frondaie fut un échec. Ses liaisons ne sont pas plus heureuses. Ce sont des histoires parallèles, qui ne s'excluent ni ne se complètent, mais s'accumulent comme ses achats dans les boutiques de luxe, dans l'espoir de combler une insatisfaction fondamentale. Elle est passée maître dans l'art de les conduire ensemble, avec une discrétion et une habileté qui confinent à la perfection. Une énergie amoureuse digne d'une Ninon de Lenclos lui permet de mener de front plusieurs passions et plusieurs aventures. Paul Valéry qui la sait sensuelle connaît sa liberté dans ce domaine – une licence que peu de femmes s'accordent avec autant de décontraction à son époque. Dans un portrait de Jeanne, fidèle en tous points à son modèle et où son nom seul est masqué sous celui de Héra[96], il la décrit sans fard sous l'angle de la « volupté » : « Son jugement de la volupté la juge mal. Il lui échappa de prononcer que *le fait de j... ensemble n'avait aucune importance...* et le déclara à Gozon en personne auquel ce fut une lumière très blessante, étant l'être le plus irritable et le plus résolu sur ce point. » (Gozon, on l'aura compris, est un des multiples avatars de l'auteur...) Ce portrait, écrit au moment où sa liaison avec Jeanne devient douloureuse, en 1942, apporte un éclairage cru et assez dur sur cette femme « superbe et redoutable ». Bien qu'elle le fascine, telle l'épouse de Zeus, par sa beauté altière, son intelligence et ses désirs implacables, il est sans illusions sur ce qui l'attend. Des deux amants, il est le plus vulnérable et il le sait. Parlant de lui à la

troisième personne, sous le masque d'un personnage :
« Il l'admettait [que le fait de jouir ensemble n'eût
aucune importance...], dans tous les cas où l'amour
ne fût que plaisir. Mais il trouvait que l'intimité *en
acte* devient une sorte de communion secrète, quand
une tendresse sacrée et une signification d'alliance des
âmes la relève et lui donne moyen de la plus profonde
identification de deux êtres[97]. »

Jeanne-Héra est peinte comme une sensuelle qui
préserve sa liberté et qui, en amour, ne se donne
jamais tout à fait. « Comme les nageurs prudents
qui nagent de trois membres et reprennent pied dès
qu'ils sentent la terre manquer sous eux, elle savait un
certain point d'abandon qu'il ne fallait pas passer[98]. »
La lucidité de Paul Valéry ne le quittant jamais, pas
même dans les cas extrêmes, il cerne dans ses tours
et détours la personnalité complexe de Jeanne et sa
puissance d'ensorceleuse. Il lui faut pourtant renoncer
pour elle à l'impératif qui a jusque-là régi sa vie :
rester pleinement conscient et maître de ses passions.
S'il peut avoir des doutes sur les fréquentations de
Jeanne, il se garde de vouloir en savoir plus. Une
seule fois, la seule du moins dont la trace n'est pas
perdue, il lui fait une scène de jalousie : à propos d'un
inconnu qui l'a entreprise dans la rue, sous ses yeux,
sans qu'elle s'en offusque – bien au contraire ! C'est
au moment où, ayant fini d'écrire les trois premiers
actes de *Mon Faust*, il vient de retrouver Jeanne à
Paris. Fin décembre 1940, sortant pour une fois de
ses gonds : « Et si tu m'aimes (comme tu dis) comment as-tu pu te laisser racoler par ce – dans la rue ?
Moi étant ! N'était-ce pas me tenir pour remplaçable,
Moi ? – pour un amant ad libitum – tandis que ce
Moi te place hors de tout parangon[99] ? »

Ils ont à ce sujet une mise au point sérieuse chez
elle, le 31 décembre, à quelques instants du réveillon :
Valéry pardonne. « Nous avons parlé. Tu as parlé

raison. Ici je ne puis que m'incliner. Je comprends. Je comprends tout. C'est mon métier[100]. » Il relève que son âge est son principal handicap. Et que d'autres hommes peuvent avoir des qualités qui lui manquent – « des qualités que tu découvres ailleurs ». Mais a-t-il un autre choix que de pardonner ? Il est lui-même trop épris pour envisager une rupture. Ignore-t-il qu'elle a d'autres amants ou cherche-t-il à se persuader qu'il est le seul – elle est assez habile pour le lui laisser croire ? C'est au cours de cette « explication » du 31 décembre 1940 que Jeanne prononce pour la première fois le mot de « partage », si évident pour elle et terrible pour lui. « Tu as parlé d'une sorte de partage[101]... » Elle vient d'ouvrir la porte sur l'abîme.

Concernant Jean Giraudoux, qui est son grand rival, soupçonne-t-il seulement la liaison ? Ne préfère-t-il pas fermer les yeux ? Ou bien pense-t-il que l'intensité de son amour le place au-dessus de ses autres concurrents ? Jeanne fréquente assidûment Giraudoux, ces mêmes années où Paul Valéry croit (ou espère ?) être l'homme de sa vie. Elle est même très éprise de Giraudoux. Elle a souhaité qu'il divorce pour elle. Elle a pu croire qu'il le ferait : il lui promet sans cesse de quitter sa femme.

Mais celle-ci menace de se suicider s'il part (Jeanne : « elle était toujours prête à enjamber le balcon[102]... »). Et Jean Giraudoux préfère le plus souvent esquiver les complications. Sa carrière de diplomate lui en offre l'excellent alibi, d'autant qu'outre-Atlantique, il n'est pas vraiment seul... De là-bas, il écrit fidèlement à Jeanne. Il voudrait pouvoir la retrouver à chacun de ses retours, sans rien changer à leurs habitudes. Car il aime beaucoup lui aussi les tendres rendez-vous de la rue de l'Assomption. « Il était incapable de prendre une décision, dira Jeanne plus tard à Jean Chalon. C'était un lâche. »

Elle s'est lassée la première et lui a finalement signifié leur rupture : « Je lui ai dit : "C'est inutile, tu n'as pas à quitter ta famille, je ne veux plus de toi." Alors, il m'a dit : "Il ne me reste plus qu'à retourner chez moi et à mourir." C'est ce qu'il a fait[103]. »

Pourtant, leurs relations ne sont pas irrémédiablement coupées, elles semblent seulement s'espacer. Du fait de Jeanne. Devenu juste avant la guerre commissaire général à l'information, Giraudoux ne traversait plus l'océan pour tenir provisoirement à distance son épouse et ses maîtresses, mais il y eut l'éloignement de Vichy où il exerça des fonctions jusqu'en janvier 1941, puis celui de Cusset, sa ville natale, en Auvergne, où il se retira quelques mois. En 1942, il est de retour à Paris, où l'on joue ses pièces. Pour Jeanne, qui est une femme compliquée (« contrastée » selon Paul Valéry), l'auteur d'*Ondine* reste une blessure vivante. Si elle a voulu mettre fin à une histoire qui lui semblait sans issue, elle garde au cœur un regret, teinté de frustration : Giraudoux, elle le reconnaîtra plus tard, fut un des hommes qu'elle a le plus aimés. Elle a espéré pouvoir réaliser avec lui son rêve d'union parfaite, cet idéal qu'elle poursuit indéfiniment. Devant son indécision, il lui a fallu y renoncer. « Olivier » – car elle l'appelle ainsi, d'après l'anagramme de son propre nom, Voilier – reste un insaisissable, et ce jusqu'en 1943 où il occupe encore une place dans la vie ultra-secrète de Jeanne.

Seule Yvonne Dornès, par son amitié fidèle et attentive, quoique trop souvent jalouse et querelleuse, peut donner à Jeanne cette stabilité que les hommes semblent lui refuser – Yvonne, qui mourra deux ans avant Jeanne, sera près d'elle, en union jusqu'à la fin. « Tu es ma seule famille », lui déclare Jeanne en larmes, le jour de l'enterrement de son père. Yvonne Dornès, qui est une femme d'affaires et vient de prendre la direction effective de SVP, sait encourager les débuts d'éditeur de son amie et soutenir ses efforts pour diriger l'entreprise familiale. Elle offre, à sa manière, l'épaule solide qui manquait à Jeanne. Mais elle a bien conscience que leur relation, si passionnelle, ne suffit pas au bonheur de sa protégée. Sa clairvoyance dut être pour elle une forme de malédiction : « Mon amour, je t'aime et je n'arrive pas à te rendre heureuse – ne sens-tu pas que c'est là tout mon désespoir ? »

Paul Valéry, tenu là encore à distance de cette intimité amoureuse, n'a pas éprouvé de jalousie envers l'amie et la confidente, dont l'apparence tranquille cache si bien les drames. Il n'a jamais soupçonné en elle une rivale. Il pourrait pourtant écrire la même lettre qu'Yvonne Dornès, employer des termes identiques (mais dans un autre style évidemment), tant ils connaissent la même impuissance face à l'éternel chagrin de Jeanne et à son inaptitude au bonheur : « Si tu ne rencontres pas cet amour que je te souhaite, écrit Yvonne, cet amour terrible mais enivrant, je te souhaite alors d'en perdre le désir, et de trouver dans l'amour que tu reçois, dans la tendresse et le dévouement, dans la dévotion totale d'un être qui t'aime à la folie, de trouver là un aliment suffisant à ton cœur... Il faut que tu puisses enfin aimer la vie, à défaut d'aimer un être. Et alors peut-être le bonheur viendrait-il – aujourd'hui tu n'aurais même pas de temps pour lui[104]. »

Yvonne Dornès ajoute dans cette lettre un constat amer qui sonne le glas pour tous les amants de Jeanne : « Tu ne peux pas aimer. »

Ne pas pouvoir aimer... Valéry a la même analyse, dans son portrait de Jeanne-Héra, quand il en vient à dire que la séductrice dont le narrateur est amoureux n'est « jamais assez distraite pour oublier que l'amour n'est pas tout ». « Cette belle tête rêvait et imaginait, se faisait tous les contes qu'une personne intelligente et sensible peut se faire ; mais il arrivait toujours que la raison et le calcul s'imposassent à sa pensée avec un tel empire et une telle netteté qu'ils l'emportaient sur toutes les puissances de son cœur, même très attaché à quelque objet vivant par les plus tendres liens[111]. »

D'où lui vient cette *impuissance d'aimer*, dont Jean de Tinan a fait un roman tragique ? Est-ce le signe d'un trop grand narcissisme ? une propension à n'aimer que soi ? un instinct d'autoprotection, une froide inclination à préférer son confort, comme semble le croire Valéry ? « Rien de sacré en elle, écrit-il. Rien n'avait plus de prix que celui de vivre aussi agréablement et richement que possible. » Mais ne serait-elle pas plutôt le résultat de sa recherche d'un amour trop parfait, qui fait paraître incomplètes ou mesquines, trop humaines en somme, les relations les plus flatteuses ? Est-ce par neurasthénie, goût morbide du malheur ? Jeanne, à plusieurs reprises, fait des séjours dans des cliniques en Suisse. Elle y soigne son corps, l'objet attentif de ses soins, mais aussi son âme : elle est sujette à des dépressions chroniques. Cette hyperactive a des chutes de tension et d'énergie, proportionnelles à ses pics vertigineux d'activités, qu'elles soient professionnelles, mondaines, sportives, décoratives ou, bien sûr, amoureuses. Très forte, elle est en même temps fragile. Elle peine surtout à mener de front sa carrière de femme émancipée, farouchement indépendante, pionnière par rapport à la majorité de ses contemporaines, et des amours où, à l'inverse, elle cherche à être protégée. Ainsi vit-elle ce paradoxe, impossible à résoudre : obtenir de la vie à la fois la liberté et la sécurité. En femme moderne avant la lettre, elle veut tout. Et plus que tout encore, elle veut être adorée : comme le soleil que décrit si bien Valéry dans ses poèmes. Le feu est son élément. Les êtres qui l'aiment se brûlent à son contact. Yvonne Dornès souffre. Jean Giraudoux veut mourir. Paul Valéry va connaître l'enfer.

Le pire étant peut-être qu'elle est parfaitement consciente de son incapacité à rendre heureux ceux qui l'aiment. Le malheur est écrit dans son histoire, il fait partie de son cœur.

21 mars 1942, Jeanne à Paul Valéry : « Pardonne-moi ma vie, ce destin qui ne m'a point permis d'être celle idéalement aimante, présente avec art, tendrement tendre, que Dieu aurait dû créer pour ton génie. Que je suis malheureuse de ne pas te donner le bonheur qui se trouve en moi pour toi. »

16

Prométhée enchaîné

Valéry est pris. Lui qui s'était promis, depuis la nuit de Gênes, de se garder de toute passion excessive, il plonge dans un état de dépendance. Loin de Jeanne, il éprouve les symptômes du drogué en manque ; il a des suées, des vertiges, des maux de tête, des douleurs dorsales et gastriques, et ne peut plus dormir. Il incrimine sa « fatigue ». Dans chacune des lettres qu'il adresse à Jeanne, le mot et ses synonymes reviennent comme une ritournelle. « Je suis éreinté... je suis en état d'hébétude... il n'y a plus de jour et de nuit pour moi... j'ai été fatigué au point de presque défaillir... j'ai parlé longtemps dans la profondeur de la fatigue immense... moi, ça ne va pas du tout... j'ai les idées noires... j'ai passé un jour noir... travail sans force... je suis fatigué, fatigué... je suis épuisé... je suis brisé... » Louis Pasteur Vallery-Radot soigne son estomac avec du Belladenal (à base de belladone qui a des vertus calmantes) et ses insomnies, en lui délivrant des cachets d'opium. Pour lutter contre son asthénie, il prend de l'Ortédrine, une amphétamine qui produit les mêmes effets dopants que le café : cette autre drogue, avec le tabac, qui sera également rationné.

« Mon harmonique tendre. Je ne sais ce que j'inventerais pour être toujours auprès de toi. C'est une soif, une faim, une sorte de tension telle vers toi que je ne puis m'écarter de la pensée de toi. » Dans une autre lettre, il lui redit qu'il a « soif » d'elle et que cette soif, « qui est le vrai nom du vrai amor, est devenue si profonde qu'elle est aussi organique que la soif naturelle ».[105]

Or, ils sont souvent séparés. Elle à Béduer, lui à Dinard ou sur la Côte d'Azur, et à Paris, leurs emplois du temps se recoupent mal, l'un et l'autre étant très occupés, c'est le temps qui leur manque. Quand Valéry retrouve Jeanne, elle se montre toujours tendre, mais il note avec inquiétude des signes d'attiédissement. Quoiqu'elle n'en dise rien, il voit bien que sa passion n'est plus aussi brûlante, quand la sienne l'est de plus en plus. Elle annule souvent leurs rendez-vous, ou bien elle les reporte. Elle semble moins pressée de courir vers lui et moins patiente pour l'attendre. Il se plaint qu'elle soit « toujours ou absente ou préoccupée[106] »... A partir de 1942, année de la mort de son père, la raison de ses annulations et de ses reports est toute trouvée : elle a du travail. Il faut qu'elle reste au bureau, elle a des dossiers importants en cours, des affaires à régler. Puisqu'elle est trop débordée pour se rendre à l'heure du thé dans sa jolie villa du 16e arrondissement, il prend l'autobus pour aller la retrouver sur son lieu de travail. Ils bavardent ou s'embrassent au milieu des piles de polycopiés... Par peur que Jeanne ne lui échappe, Valéry redouble d'attention. Pour lui être agréable, il propose de demander à Victor Bérard – Bébé –, plus familier des scènes d'Opéra que des locaux professionnels, de décorer ses nouveaux bureaux ! Il lui promet même un texte inédit pour la future collection qu'elle veut créer en demandant à des écrivains célèbres de petits livres sur le droit. *Ville ouverte* l'ayant déjà occupé au-delà du raisonnable, alors qu'il peine à honorer ses autres contrats et qu'il refuse la plupart des propositions qu'on lui fait, Valéry agrée sans hésiter – il va même au-delà de ce qu'elle espérait. Il y a peu, un plan a en effet germé dans son esprit pour essayer de redonner à Jeanne le goût d'écrire – un goût assez fragile pour disparaître à la moindre contrariété. Pierre Frondaie, on l'a vu, en avait eu l'idée avant Paul Valéry : pour retenir Jeanne, il avait proposé qu'ils écrivent un roman ensemble. Valéry applique la même stratégie : « Il m'est venu une idée drôle pour te forcer à travailler : un roman par lettres et je ferais la dame. On fabriquerait un petit schéma, et puis en avant, à l'imprévu ! »[107]

Faut-il que Valéry soit inquiet et déstabilisé, lui qui déteste le roman et n'a jamais voulu en écrire, pour aller proposer un pareil projet – à quatre mains et lui dans le rôle de la dame ! Jeanne, bien décidée à ne pas entrer dans le jeu, le laisse rêver tout seul à ce que ce texte pourrait être – il en esquisse le schéma et commence à en inventer les personnages. Il ne poussera pas le vice jusqu'à l'écrire lui-même comme avait fait Frondaie pour *De l'amour à l'amour*. Le projet est définitivement abandonné après l'échec au Femina. Jeanne se recentre sur les éditions de droit et quand la direction de son entreprise lui laisse un peu de temps, elle préfère se divertir. Elle va chez le coiffeur et la couturière, ou bien au cinéma (ce que Valéry déplore, il déteste le 7ᵉ art !), elle organise des dîners rue de l'Assomption ou bien elle sort en ville : cette période sombre de l'Occupation ne l'empêche pas de s'amuser. Elle aime danser et faire la fête. C'est une noceuse. Sa force vitale peut exploser de manière surprenante, parfois comique, dans des danses improvisées, des entrechats, des bonds joyeux et rythmés, comme si elle avait été danseuse de ballet dans une autre vie. Son assiduité aux bureaux de la rue Saint-Jacques nourrit proportionnellement son envie de plaisirs. Valéry lui en fait le reproche : sur un ton sévère qui ne lui est pas habituel, il lui écrit une lettre pour lui faire la morale et la rappeler à plus de sérieux. C'est bien la première fois qu'il blâme sa frivolité, lui que sa fantaisie jusque-là réjouissait. Il adore toujours son parfum, ses robes de satin, son goût des fleurs et du décor qui font son charme. Mais il pressent un danger : elle glisse vers une autre existence, où elle n'aura pas besoin de lui. Une autre existence, étrangère à la sienne. Si Jeanne s'éloigne de la littérature, comme elle semble le souhaiter, ils n'auront plus rien à partager, ni la lecture d'un livre ou d'un manuscrit, ni l'engouement pour un poème, ni l'échange sensuel d'une jolie phrase, d'un mot... Ce compagnonnage et cette intimité littéraires ont été le pilier de leur amour. En s'en écartant, Jeanne fragilise l'édifice.

Aussi y a-t-il dans cette lettre de reproches adressée à Jeanne, au début de l'année 1941, des accents pathétiques : Valéry sent qu'il est en train de la perdre. « Ecoute, chérie... Je t'ai dit que je voulais te faire un petit sermon : en voici la substance. J'ai cru en toi, c'est-à-dire que j'ai cru sentir en toi un être très différent dans le fond de tous ces misérables fantoches, hommes ou femmes, qui vivent dans l'instant, et pour lesquels tout est contenu dans l'amusement désordonné et perpétuel qu'offre la vie moderne... Je te vois avec une profonde peine te dissoudre, Toi, dans la variété des instants qui ne laissent rien après eux, même pas de souvenirs féconds, Toi[108]... » : « Je pense que tu te perds », conclut-il. Phrase qu'il répétera mot pour mot dans une autre lettre, en insistant sur le fait qu'en choisissant la frivolité, Jeanne se laisse emporter vers un monde qui n'est pas le sien, ne le sera jamais. Et, par là, ne peut plus être le leur. « *Je pense que tu te perds* [il a souligné cette phrase]. Il ne s'agit pas de littérature. Il s'agit de beauté intérieure. C'est tout autre chose et bien au-dessus et bien au-delà. Tu le comprendras un jour. *J'ai cru en toi* [souligné]. Je te crois sans force contre l'écume des moments. *Je suis désespéré* [souligné, là encore]. »

Il n'a que trop conscience de ses handicaps pour espérer la retenir sur le rivage dont il la voit s'éloigner. Jeanne est jeune et libre, alors qu'il est si vieux et prisonnier de tant de chaînes. Que peut-il lui offrir, sinon cet amour démesuré dont il meurt maintenant un peu chaque jour ? Le voilà pris au piège de sa déclaration liminaire, celle qu'il a l'habitude de servir aux femmes les premiers jours qu'il les prend dans ses bras : non, il n'est pas libre, ne le sera jamais pour elles. Marié, père de famille, il ne quittera pas son épouse ni leurs enfants. Contrairement à Giraudoux, son rival, Valéry n'a jamais proféré de fausses promesses, jamais il n'a trompé Jeanne sur ses intentions.

Catherine Pozzi s'était heurtée au mur infranchissable du foyer conjugal. Jeanne en a pris son parti. Maîtresse elle est, certes adorée, mais maîtresse elle restera. Et elle le sait : « Tu ne pouvais rien me donner pour m'offrir le bonheur dans la vie que j'espérais toujours, mais nos heures étaient si tendres, si douces, avec des arcs-en-ciel de délices qu'y penser aujourd'hui, c'est n'y plus croire. »

Il y a chez elle une détresse que Valéry, qui comprend tout, ne peut ignorer. Elle aurait aimé qu'il lui donne davantage. Si elle ne s'est jamais leurrée sur les limites d'un amour voué à l'ombre et au secret, elle n'en est pas moins frustrée. C'est une amante déçue, insatisfaite. Comment se contenter d'une liaison « backstreet », quand toute sa nature réclame la lumière, la reconnaissance et l'affirmation de soi ? Comment se sentirait-elle comblée quand elle est confinée aux coulisses, elle qui a été créée pour les premiers rôles et éprouve au plus profond d'elle le violent désir d'exister ?

Une contradiction insupportable s'établit entre ce qu'elle aime – le soleil, l'éclat de tout ce qui brille – et ce que Paul Valéry lui concède – des fins d'après-midi, des crépuscules, des déjeuners de dimanches pieux sous un saule... Elle n'a pas même de nuits complètes, de ces nuits incendiées par l'amour, qu'il lui décrit si bien dans ses poèmes mais qui restent du domaine des rêves, des abstractions et des chimères. Jeanne est une femme concrète et charnelle – la poésie, si belle soit-elle, ne rassasie pas sa sensualité.

Aussi, dès 1940, elle prononce le mot « partage ». Elle sait être franche à son tour. Otage de sa vie publique et de sa vie de famille, Valéry n'a que peu de temps pour elle, et Jeanne n'a pas vocation de moniale. Il est donc normal qu'elle souhaite avoir des amis, des fiancés, des compagnons de route, en attendant de trouver un mari. Valéry s'efforce de regarder la situation en face : « Tu as parlé d'une sorte de partage... » Il rassemble son courage non seulement pour comprendre, mais pour accepter : « Mon devoir est de ne rien faire qui s'interpose entre toi et une possibilité de bonheur[109]. » Mais cette abnégation lui coûte. Il aime trop Jeanne pour la « partager ».

Contrairement à Catherine Pozzi, dont elle n'a ni l'âpreté ni la violence – Jeanne est très diplomate dans ses amours –, il la fait entrer dans le cercle familial. Il lui en ouvre lui-même la porte. Jeanne connaît Jeannie, qui l'apprécie. Les deux femmes se retrouvent sur les bancs du Collège de France, parfois à l'Académie, parmi le public attentif de Valéry, tout de même pas assises côte à côte, proches mais à une distance qui respecte les usages. Elles se saluent, se sourient. Il arrive à Jeanne de ramener Paul et Jeannie rue de Villejust dans sa voiture, ce qui leur évite de prendre l'autobus ou le métro. C'est dans la voiture de Jeanne qu'ils se rendent au mariage de Claude Gallimard, le fils de Gaston, avec Simone Cornu : le 14 février 1938, une semaine à peine après leur premier rendez-vous rue de l'Assomption. Depuis la guerre, les Valéry prennent les transports en commun et Jeanne se rend à ses bureaux à bicyclette. Il arrive que Jeannie Valéry accompagne son mari aux dîners que donne Jeanne dans sa belle maison. Elle assiste par deux fois à des réveillons du Nouvel An, en 1941 et en 1942. Paul Valéry accepte aussi – c'est là un fait entièrement nouveau – de sortir dans le monde, au théâtre ou à des concerts, en la seule compagnie de cette belle et grande femme qui ne passe jamais inaperçue. Autant Jeannie Valéry est discrète, un peu grise, effacée à ses côtés, autant Jeanne Voilier dégage une lumière qui attire aussitôt les regards admiratifs des hommes et agace la plupart des femmes, toutes n'ayant pas le coup d'œil attendri et sensuel d'Yvonne Dornès.

Elle aura la délicatesse (ou la prudence ?) de se décommander pour ne pas assister en même temps que Valéry (et Jeannie) à la première de *Sodome et Gomorrhe*, la pièce de Giraudoux, le 11 octobre 1943, au théâtre Hébertot. Officiellement, elle est souffrante. Une grippe ? Oui, diplomatique, pour éviter de se trouver en tête à tête à l'entracte avec les deux hommes de sa vie. C'est une pièce sur le couple et l'impossibilité d'aimer. Lia, l'héroïne de Giraudoux : « Son Soleil n'est plus le mien, le visage qu'il voit de moi n'est plus le mien… » Narquois, Valéry écrit à sa chère malade pour lui rendre compte de ce spectacle qu'il n'a pas beaucoup aimé. Il a l'air de lui dire qu'au fond elle n'a rien manqué… « C'est du rien frisé, une prose qui fait attention tout le temps d'être du Giraudoux. Ce qui est très comique. » Il développe avec un plaisir évident les défauts de l'œuvre. Il livre à Jeanne un procès à charge de son rival : « Comme les gens d'aujourd'hui ont peu de fond. On trouve tout de suite le néant, à peine on gratte. Cette pièce, cette salle, ces mitres, ces tirades infinies, personne qui existe par soi. La voilà, la défaite. C'est vraiment une drôle de fabrication. Ici je t'embrasse aveuglément[110]. »

Le 5 mai 1943, ils assistent ensemble à un concert de la Pléiade, à la galerie Charpentier, rue du Faubourg-Saint-Honoré. Au programme, Poulenc accompagné par les paroles de Cocteau. Et aussi Satie et Stravinsky. Valéry est assis au premier rang avec Jeanne. Autour d'eux, le Tout-Paris des arts et des lettres, le monde et la ville : Braque, Marie Laurencin, Jouhandeau, Guéhenno, Paulhan, Morand, Arland, Misa Sert et Jeanne Lanvin, la fille de celle-ci, Marie-Blanche de Polignac, ainsi que Denise Bourdet, entre autres célébrités. Claude Mauriac rapporte l'événement dans son journal[112]. Valéry les connaît tous. On imagine les regards qui convergent vers le premier rang... Autour d'eux, rappelle Claude Mauriac, c'est « la guerre, ses menaces et ses mystères ». Des soldats de la Wehrmacht, des autos de la Gestapo, dans les rues de Paris. Au loin, à Stalingrad, se joue le destin du monde.

Le 10 mai, moins de dix jours plus tard, le duo est à nouveau dehors pour assister aux *Visions de l'Amen* d'Oliver Messiaen, qui vient de rentrer d'un camp de prisonniers en Allemagne. Claude Mauriac observe « la bouche à demi ouverte de Valéry sous sa moustache embroussaillée » et « le regard amusé, curieux » qu'il promène, visiblement perplexe, sur les musiciens. La musique n'est pas son fort, surtout celle-là. Quoi qu'il en soit, assis près de Jeanne comme au concert précédent, il aura donné l'impression d'être en couple. En ne se cachant plus, il va bien au-delà de ce qu'il s'était promis. Il consent à ce que Paris jase. Si pudique et prudent d'habitude, c'est pour faire plaisir à Jeanne qu'il accepte de s'afficher et de se compromettre : le prestige de Valéry, son éclatante aura dans le monde la flattent évidemment.

Mais ces efforts, avec leur part de sacrifice, ne suffisent pas à la retenir. Elle a d'autres préoccupations, d'autres centres d'intérêt. Maintenant qu'elle n'a plus d'ambitions littéraires, elle n'a plus autant besoin de lui. « Tu m'as donné les plus entièrement tendres, les plus parfaites heures de ma vie. » Il mesure la rareté de ce qu'il éprouve, le caractère exceptionnel d'un amour qui a révélé entre eux « un prodige de correspondance harmonique, vibration identique entre les âmes, les esprits et les corps ». Près de Jeanne seule, il dit ressentir « cet accord exceptionnel sonner de plus en plus fort dans la substance de [sa] vie même ».

Il a peur. Humble en face d'elle, craintif et inquiet, il mendie une déclaration d'amour qui ne vient pas. Les mots qu'il attend se dérobent. « Il s'agit pour moi de savoir si tu m'aimes, c'est-à-dire si tu as besoin de moi, si tu as soif de moi et de mon amour. Moi, je ne le sais plus, et il faut *vitalement* que je le sache. » *Vitalement*, qu'il a souligné, est à prendre au pied de la lettre.

Elle : « Il est une puissance en moi qui n'a pas donné sa mesure, une sensibilité qui attend sa libération pour s'épanouir de nouveau et dire qu'elle te pense et te repense et t'aime. »

Elle le trouble, car tout en lui disant cela, elle le tient un peu plus à distance. Elle le voit moins souvent. Il se faisait une joie de venir la retrouver, l'été 1942, dans son château de Béduer où pour une fois ils auraient été seuls pendant quelques jours. Mais elle s'est décommandée. Il est finalement resté, non loin de chez elle, chez Robert de Billy et sa femme, à Montrozier. Une jolie propriété où ses amis ont l'habitude de l'héberger, quand il cherche le repos et l'isolement pour écrire. Il en est tombé malade une fois de plus. Malgré le chaleureux accueil des Billy et le climat agréable, propice à des promenades, il a passé ses journées allongé dans sa chambre, à broyer du noir. Il n'a même pas pu travailler, tant il était déprimé. Aussi est-ce pour lui une consolation merveilleuse quand elle renouvelle son invitation l'été suivant. Et cette fois, elle s'y tient. Les 6, 7 et 8 septembre 1943 resteront gravés à jamais dans le cœur de Paul Valéry.

C'est une fin d'été dans le Lot. L'air est léger, les oiseaux chantent, le parfum des herbes tendres se mêle à celui de la maîtresse de maison. Ils peuvent enfin être seuls. « Ce furent les heures alcyoniennes de ma vie, écrit-il. Ce fut vivre la poésie, une poésie dont la beauté se mêlait de la simplicité, de la gentillesse, de la gaieté d'êtres qui deviennent – ce qu'ils sont ici si rarement et difficilement – *eux-mêmes*, tout eux-mêmes, rien qu'eux-mêmes. Vous souvient-il ? Tel soir d'un ciel, toute une émeraude transparente ? Telle marche dans la liberté, la certitude, *la foi en deux*. Et la grotte de Calypso ? Et ces colloques si précieux d'avant le sommeil[113]... »

Calypso, c'est Jeanne, dans l'une de ses multiples incarnations – la nymphe royale qui a réussi à garder Ulysse près d'elle pendant dix longues années, l'une des plus grandes séductrices de tous les temps. Quant à sa « grotte » qui est leur secret, elle désigne une certaine encoignure, sous l'escalier de Béduer, où Valéry fut, semble-t-il, parfaitement heureux.

Il raconte dans une de ses *Histoires brisées* la puissance érotique de Calypso qui « par toute sa chair frémissante et nacrée, faisait songer qu'elle fût je ne sais quelle part infiniment sensible de l'animal... L'épanouissement autour d'elle, sur la roche sombre des bords, l'environnait de festons frissonnants par fuites propagées et de plis curieusement irritables, d'où germaient des gouttes brillantes... Calypso était comme la production naturelle de ce calice de chair humide entr'ouverte autour d'elle[114]... »

Sa « petite connette chérie », ainsi qu'il appelle Jeanne plus trivialement, lui inspire des débordements amoureux. « A peine apparue et formée sur le seuil de sa grotte marine, elle créait de l'amour dans la plénitude de l'étendue. Elle le recevait et le rendait avec une grâce, une énergie, une tendresse et une simplicité qui n'ont jamais été qu'à elle... et sur elle se refermait le manteau vivant de sa conque[115]. »

Plus possédé et amoureux que jamais, Valéry retrouve à Paris les tristes réalités. Les heures alcyoniennes de Béduer lui laissent le regret poignant de ce qui aurait pu être et n'a pas été : le chef-d'œuvre d'un amour qui, loin d'être abouti, ne peut être selon lui qu'« une suite d'études, d'ébauches », fait d'instants merveilleux et d'éclats de vie, à mettre au compte de ces *Histoires brisées*, qu'il aime tant raconter.

17

Une amoureuse polymorphe

Jeanne Voilier n'est pas la femme d'un seul amour. Elle a aimé avant Valéry. Elle aimera après lui. Elle aime aussi ailleurs. Parallèlement. Cette femme célibataire qui a des amis et des amies avec lesquels elle sort au restaurant, au théâtre, ou part en vacances, ne cultive pas la solitude. Il lui faut de la compagnie, de préférence amoureuse et variée. Toute une cour gravite autour d'elle. Impériale, dominatrice, sûre de la fascination qu'elle exerce si facilement, elle fuit les moments où, seule devant son miroir, elle redevient la petite orpheline.

Valéry, dans l'enthousiasme de son nouvel amour, n'a, depuis qu'il la connaît, qu'elle en tête. Hormis la tendresse qu'il voue à son épouse et malgré son ancrage familial, Jeanne est le centre de sa vie. Les lettres en témoignent. A la fois touchée et flattée d'être l'objet de l'amour d'un amant aussi prestigieux, elle accepte et reçoit ses hommages sans pour autant lui donner tout son cœur ni tout son corps.

Dans le sillage parfumé de Jeanne, on trouve des avocats, des professeurs, des journalistes, et d'autres écrivains... Tous amoureux d'elle, à des degrés divers, ils lui tiennent compagnie et nouent avec elle des liens que le temps ne réussira pas à défaire : elle les fréquentera pour la plupart jusqu'à la fin. Ces amitiés sensuelles mêlent selon les cas la tendresse, la mondanité, les affaires, au plaisir d'être ensemble : parler, converser, sortir, rire, s'amuser, échanger, partager les bons moments... Ses compagnons de route sont tous plus jeunes que Paul Valéry. Même Emile Henriot, critique littéraire au *Temps*, futur critique au *Monde*, ou, dans un genre très différent, le peintre Charles Camoin, qui peignit de Jeanne un ravissant portrait dans les couleurs des Fauves : l'un et l'autre ont huit ans de moins que l'auteur de *La Jeune Parque*. Mais la plupart de ses admirateurs sont de sa génération, ou comptent quelques années de moins. Comme Pierre Amiot, qui fait ses premiers pas dans l'édition d'art – en amour, elle lui reproche de se conduire « comme une midinette »... Ou, le romancier Claude Aveline, auteur de polars, qui fut à vingt et un ans, en 1925, « le plus jeune éditeur du monde » : cette année-là, il publia *Variété* de Paul Valéry sous son propre label, « chez Claude Aveline éditeur ».

Valéry a conscience que les années pèsent lourd dans son histoire d'amour avec Jeanne. Elle aura quarante ans le 1er avril 1943, alors qu'il se rapproche de ses soixante-douze ans. Elle est dans le plein éclat de sa jeunesse – une jeunesse exigeante, qui réclame son dû. Elle veut vivre pleinement. Jouir de chaque instant. Valéry lui impose trop de sacrifices : ses absences répétées, ses visites brèves, toujours limitées par la vie de famille ou les obligations officielles, n'ont pas éveillé chez elle la vocation d'une Pénélope, qui patienterait tranquillement devant un ouvrage de dame. Elle est dans l'action, dans le feu de la vie. Or, il lui faut prendre en compte la fatigue plus flagrante de jour en jour de Paul Valéry. Le spectacle des ravages du temps sur l'homme aimé est attristant. Son corps las, amaigri, épuisé par une toux persistante, ne fait sûrement pas de lui, pour une femme de chair, solidement plantée sur la terre, l'amant idéal.

Fin décembre 1942, Jeanne rencontre Robert Denoël grâce à l'une de ses amies, Marion Delbo – Madame Henri Jeanson, à la ville –, actrice de cinéma et de théâtre, qui a publié un premier[116] roman chez Denoël précisément. Denoël : un grand et bel homme dans la force de l'âge. Cheveux noirs ondulés. Regard bleu sous des lunettes rondes qui lui donnent l'air d'un étudiant. De la prestance, de la vivacité, beaucoup d'entrain, du bagou, et l'optimisme chevillé au corps. Il est joyeux, dynamique, à la fois malin et naïf – dix idées à la minute, qu'il cherche aussitôt à appliquer, souvent avec succès. Les obstacles ne lui font pas peur. Il aime les défis : impossible ne fait pas partie de son vocabulaire. Toujours sur la brèche et enclin à prendre des risques. Ni prudent, ni conservateur, ni vraiment réfléchi, c'est tout le contraire d'un Monsieur Teste – même si, évidemment, il est lui-même très intelligent. Mais il se définit mieux dans l'action concrète que dans la géniale ratiocination.

Né à Uccle, en Belgique, élevé à Liège où il a fait ses études, il parle avec un accent belge qui le rend encore plus sympathique. Il a tourné le dos à l'Université, où son père a longtemps enseigné, pour se consacrer à la passion de sa vie : les livres. Depuis l'adolescence, il en lit un par jour... Après des débuts de journaliste à la *Gazette de Liège*, comme son compatriote Georges Simenon, dans laquelle il a publié des contes et des nouvelles sous divers pseudonymes, il est venu à Paris où il s'est employé comme simple vendeur chez un libraire d'anciens, rue Sainte-Anne. Il y a d'ailleurs très bien réussi. Mais tout cela, c'était avant, bien avant de rencontrer Jeanne.

Il est désormais éditeur et compte parmi les plus prometteurs sur la place de Paris. D'abord associé à

Bernard Steele, un ami américain qui a apporté les premiers fonds quand il n'avait pas les moyens suffisants pour créer sa propre affaire, son nom fut accolé à celui de Steele pour publier des textes d'Antonin Artaud, de Jean Genet, de Nathalie Sarraute ou de Paul Vialar. Il a noué des liens d'amitié avec un couple d'écrivains devenus indissociablement célèbres dans sa maison d'édition, Louis Aragon (dont il publie notamment *Les Cloches de Bâle* et *Les Beaux Quartiers*) et Elsa Triolet. En 1932, année glorieuse, il a découvert et publié le premier roman de Louis-Ferdinand Céline, *Voyage au bout de la nuit*. Roman que Valéry définit comme « un livre de génie mais criminel ». Avec le *Voyage,* Céline a raté le Goncourt mais remporté le Renaudot. Et Denoël a réussi à garder dans son écurie un auteur désormais hautement courtisé par d'autres éditeurs.

Depuis 1937, Robert Denoël, qui a racheté les parts de Bernard Steele, est seul maître à bord et poursuit sa route sous son propre nom. Lorsque cette route croise celle de Jeanne, il est l'un des plus brillants capitaines de l'édition. Il n'a pas seulement su faire preuve d'audace et d'intuition dans le choix de ses auteurs, il les a souvent propulsés en tête des ventes : de l'école de Bernard Grasset plutôt que de celle de Gaston Gallimard, par ses méthodes qui visent à la performance commerciale, il a été un pionnier dans l'usage de la publicité. N'hésitant pas à acheter des pages de journaux ou de magazines pour y vanter ses productions du moment sous des étiquettes alléchantes, souvent tonitruantes : « Gigantesque », « Délirant », « Palpitant », « Riche ». Il a même créé une maison d'édition, dont le siège se situe avenue de La Bourdonnais et qui porte ce nom (les éditions de La Bourdonnais), pour y publier des romans populistes, tels ceux d'Eugène Dabit ou de Jean Rogissart, dont il est un éditeur fervent et sans complexes. La grande littérature, Céline ou Aragon, reste estampillée Denoël. Ce qui ne manque pas de panache : c'est une estampille moderne, fraîche et de qualité. Robert Denoël sait non seulement décrocher pour ses auteurs les plus hautes récompenses littéraires – le Renaudot pour Céline en 1932, puis pour Aragon (*Les Beaux Quartiers*) en 1936 et, cette même année, le Femina pour Louise Hervieu (*Le Sang*) ou l'Interallié pour René Laporte (*Les Chasses de novembre*), pour ne citer qu'eux – mais il sait aussi les soutenir personnellement, les encourager, leur apporter son aide jusque dans leur vie quotidienne. Les écrivains qu'il publie deviennent ses amis – c'est du moins ce qu'il souhaite. Avec lui, ils peuvent espérer voir leurs livres gagner le public le plus large – un des buts affichés de l'éditeur, qui se démène tant et plus pour ne plus cantonner la littérature à une élite et l'ouvrir au contraire à un vaste éventail de lecteurs.

Jeanne Voilier est aussitôt charmée par cette personnalité charismatique, comme Denoël l'est par la haute et généreuse silhouette, drapée le soir de leur rencontre dans une somptueuse robe blanc et bleu sombre d'Elsa Schiaparelli. Ils vont se revoir et très vite se lier, en secret.

Car, comme presque tous les hommes de sa vie, comme Maurice Garçon, Pierre Frondaie, Jean Giraudoux et Paul Valéry, Robert Denoël est marié. A ce dîner chez Marion Delbo, il est venu seul, ce qui est le cas la plupart du temps. Le ménage Denoël mène sa vie chacun de son côté. Cécile Denoël, que Robert a connue très jeune en Belgique, est comédienne et, quoiqu'elle ne joue pas souvent au théâtre, dispose de ses soirées à sa guise. Elle se sent délaissée par un mari qui consacre plus de temps à ses auteurs qu'à son épouse. Il voue en effet sa vie à son travail. Ils ont eu ensemble un fils, Robert, qui porte le même prénom que son père. Robert junior a onze ans en 1943. Il a dû affronter bien des scènes sous le toit familial : la rumeur parisienne prête à Cécile des amants – le dernier en date aurait été Antonin Artaud, dont Denoël a publié avant la guerre *L'Art et la Mort* et financé *Les Cenci* – ce qui lui a valu de perdre beaucoup d'argent. Lui-même se console, dit-on, avec les jolies romancières qu'il publie. On lui prête une liaison avec une ravissante et talentueuse compatriote belge, Dominique Rolin, qui vient de publier chez lui son premier roman, *Les Marais*. Si Jeanne Voilier ne sait pas tout de Denoël lors de ce premier dîner, elle ne va pas tarder à en être informée : par Marion Delbo ou par quelque autre ami ou amie qui fréquente le petit monde parisien.

Quant à lui, il ne peut ignorer la liaison de sa belle interlocutrice avec Paul Valéry : liaison cachée, mais connue de tous.

Denoël et Jeanne sont faits pour s'entendre. Même feu. Même dynamisme. Même goût d'entreprendre. Même réalisme, plus grand encore chez Jeanne. Même sociabilité. Même goût de la réussite, quels que soient les moyens employés pour y parvenir.

Ils ont, de plus, en commun leur métier. Jeanne se révèle être un éditeur enthousiaste et passionné. La rencontre avec Robert Denoël arrive à point nommé. La femme d'affaires qu'elle est devenue est ravie de trouver un interlocuteur à sa mesure, ambitieux, résolu, combatif. Elle va pouvoir lui demander des conseils et, pourquoi pas, lui en donner en retour. Le dialogue va s'établir naturellement, d'égal à égale, sur un fond de camaraderie amoureuse qui se transforme rapidement en un magnifique terrain d'entente.

Yvonne Dornès ne s'y trompe pas. Alors que Jeanne lui confie qu'il y a un nouvel homme dans sa vie – un homme qu'elle aime déjà –, elle reconnaît aussitôt cet accord entre eux : « Moi qui te connais mieux que quiconque, et par conséquent t'aime plus que tous, je ne puis faire qu'un vœu : que tu trouves avec Robert cette épaule dont tu as besoin, ce soutien dont aucune femme ne peut se passer[117]. » Pour Yvonne, la jalousie viendra plus tard : quand Denoël, s'avérant être un rival plus dangereux que tous les autres, va vraiment lui enlever Jeanne. Au moins pour un temps.

En 1943, Robert Denoël est aux prises avec des soucis financiers. Il a des dettes. L'Occupation n'arrange rien. Et c'est peu dire. La pénurie et la cherté du papier augmentent dangereusement les coûts de fabrication, mais il faut aussi affronter la censure allemande, qui doit donner son autorisation pour publier le moindre texte. Pour sauver sa maison d'édition, Denoël décide, en 1941, d'ouvrir le capital à un investisseur allemand, Wilhelm Andermann, éditeur berlinois auquel il cède 365 des 725 parts de sa société. D'un autre côté, pour complaire aux forces d'occupation, il accepte de publier les *Discours* d'Adolf Hitler ainsi que des textes pro-allemands ou d'un antisémitisme radical, qui finissent par constituer une collection, comme *Comment reconnaître le Juif ?* du professeur Georges Montandon. Il les publie à l'écart des éditions Denoël proprement dites, sous le nom des Nouvelles Editions françaises, dont le sigle est étonnamment proche de celui des éditions Gallimard.

Editeur fidèle et courageux d'écrivains communistes, désormais engagés dans la Résistance – c'est Denoël qui a publié avant la guerre *Hourra l'Oural* d'Aragon –, il n'hésite pas, en 1942 et 1943, à publier *Mille regrets* et *Le Cheval blanc* d'Elsa Triolet, dont l'appartenance politique est parfaitement claire, et continue à envoyer de l'argent au couple emblématique que forment Aragon et Elsa, réfugiés tous deux en zone libre.

Cela ne l'empêche pas de publier de véritables professions de foi antisémites. C'est une des raisons de son « divorce » d'avec Bernard Steele, qui refuse de voir publié sous son nom le second livre de Louis-Ferdinand Céline, *Mort à crédit*. Lequel n'est pas encore un pamphlet antisémite, mais par sa violence paroxystique annonce déjà la couleur. Grand admirateur de l'écrivain, pour son lyrisme et son désenchantement baroque, Denoël sera lui-même effrayé par l'obscénité de certains chapitres, allant jusqu'à la pornographie. Mais il ne pourra jamais couper, corriger ni même adoucir la moindre phrase de cet artiste génial et impossible qui de toutes façons n'aurait pas accepté qu'il apporte à son texte la moindre petite retouche. Tout juste parvint-il à laisser, au moment d'imprimer, quelques passages en blanc... En 1942, bien après *Mort à crédit*, Denoël ressort, avec la même impavidité et un respect non entamé pour son auteur, les deux pamphlets qu'il a déjà publiés avant guerre aux Nouvelles Editions françaises : *Bagatelles pour un massacre* et *L'Ecole des cadavres*. Quelque génie qu'on y trouve, ces deux livres atteignent des sommets dans l'abject. Il publie encore, en cette même année 1942 où est instauré le port de l'étoile jaune, ce qui restera le plus grand succès de librairie sous l'Occupation : *Les Décombres* de Lucien Rebatet. Un chef-d'œuvre – certains l'ont affirmé – dans le registre de la violence raciale et ouvrage antisémite s'il en fut.

Ainsi, en 1943, Jeanne ne peut-elle ignorer que Robert Denoël a passé un pacte avec le Diable. Brillant mais sulfureux, il regroupe indifféremment dans son catalogue des auteurs fascistes et des communistes, ultras dans les deux cas, et semble lui-même, tel un caméléon, prendre la couleur de ceux qu'il publie. Esprit d'œcuménisme ou inconséquence ? Penchant incurable pour la provocation ? Goût du scandale ? Tapage à des fins commerciales ? Cupidité ? Opportunisme ?

Jeanne ne peut pas parler de Robert Denoël à Valéry, qui serait pourtant de bon conseil – il l'est toujours. Cela le mettrait sur la piste de ce nouvel amour, qu'elle veut lui cacher. Sans doute pour ne pas le faire souffrir, mais aussi parce qu'elle est attachée à Valéry et qu'elle a pris l'habitude de vivre protégée, de puiser à sa sagesse et à sa philosophie, tout en se félicitant de cet amour brûlant qu'elle lui inspire et qui lui procure satisfaction et vanité.

Valéry ignore qu'elle vient de rencontrer « l'homme qu'elle aura le plus aimé dans sa vie », selon sa confidence à une amie.

Il trouve qu'il la voit de moins en moins et qu'elle annule un peu trop souvent leurs rendez-vous. Elle se dit occupée, ce qui est vrai, par son nouveau métier, auquel elle entend consacrer du temps. Mais elle ne le reçoit plus aussi volontiers dans ses bureaux. Et il finit par comprendre qu'il lui devient moins nécessaire, alors qu'elle est pour lui comme l'air qu'il respire. Les poèmes datés de 1943 sont parmi les plus érotiques. Mais ils témoignent aussi d'un manque, ils disent la nostalgie des premiers temps de l'amour quand tout n'est que désir, frisson, attente. Il sent bien que Jeanne s'éloigne. Il en souffre et l'écrit.

Il en vient à rêver son amour à défaut de le vivre.

Mon Mal, ce front si cher, mon Bien, ce corps si beau,
Ce front de qui mon souffle attise le flambeau...
O mon Mal, ô mon Bien, front si cher, corps si beau,
Charmes, craintes, secrets, que je désire ensemble...

Si heureux de venir la rejoindre à Béduer à la fin de l'été, il ne peut pas savoir que Robert Denoël l'y a précédé, début août, et qu'il a passé avec Jeanne cinq jours de ce qu'elle appellera « une vraie lune de miel » – expression qui ne lui est jamais venue à propos de Paul Valéry.

18

L'hiver de l'amour

Le froid est rude en ce dernier hiver de l'Occupation. Valéry garde son pardessus et une écharpe autour du cou pour écrire, « les doigts bleus et gourds par l'acrocyanose[118]. » Il les habille de mitaines et les trempe, le soir, dans l'eau chaude pour rétablir la circulation du sang. Les privations affectent cruellement ce grand fumeur, buveur invétéré de café. Ses deux drogues lui manquent. Sans tabac, sans café, comment vivre et comment écrire ? Des amis chers, qui savent qu'il en a un besoin vital, l'approvisionnent, tels Sacha Guitry, toujours généreux, ou la belle Victoria Ocampo qui lui envoie des colis de Buenos Aires. Mais ces cadeaux, qui lui procurent des joies d'enfant, ne peuvent pallier les frustrations quotidiennes. Valéry vit mal son sevrage qui aggrave encore un sentiment de fatigue désormais chronique.

Tandis que Jeanne se rend à ses bureaux à bicyclette, à une allure sportive, il peine à franchir la distance qui le conduit à la station de métro ou à l'autobus. Tout effort physique lui est pénible. Ses insomnies, que plus rien ne soigne, l'épuisent. Il souffre d'une toux qui effraie son entourage. Il maigrit, ses traits se creusent. L'âge se lit sur son visage. Mais le véritable cancer qui le ronge et qui affecte gravement sa santé, c'est le désamour de Jeanne.

Toutes ses lettres à la femme aimée indiquent un moral en berne : Valéry a mal et se plaint d'autant plus que, seule à être capable de lui rendre le sourire, elle lui fait défaut. 28 janvier 1944 : « Vendredi ! – et depuis quand je n'ai rien de toi, un coup de téléphone ? Pas un mot, un signe, une marque, rien, rien, pendant que je passais ici de vrais jours durs, dans des conditions qui ont été, par moments, des plus pénibles. Je ne puis pas croire cela. Je ne puis pas croire que tu n'aies pas imaginé au moins une minute de l'un de ces jours, ce que je pouvais penser, me demander de toi – et te demander dans mon cœur[119]. »

Lui rêve d'un grand brasier qui le ranimerait et le réchaufferait enfin, lui qui dit éprouver le froid jusqu'à l'âme. Il le désire jour et nuit, « … ce feu, en l'état d'aurore extrême anxieuse… », qui lui rendrait la vie. Mais lorsqu'il se réveille, et qu'il ouvre les yeux, le bûcher est éteint ou n'a brûlé que dans ses songes. Les draps sont glacés. La solitude l'étreint, devant la morne perspective de ses journées et de ses nuits sans Jeanne. « Là, le lit défait se refroidit… Cadavre de ma nuit. »

Il accomplit ses tâches en automate, désespéré du vide vertigineux où le plonge l'éloignement de Jeanne et ce en dépit de son existence remplie. C'est du vide amoureux qu'il souffre et dépérit. Son comportement s'en trouve changé en public. Il écourte brutalement une intervention à l'Académie devant ses confrères stupéfaits de le voir quitter la séance en plein développement ; il se traîne au Collège de France où son ennui n'échappe pas à Maurice Toesca, témoin surpris d'un conférencier qui laisse percer qu'« il exécute une tâche, presque une corvée » et « consulte sans cesse sa montre » – « Il n'a cure de l'enchantement qui nous fait presque oublier le temps. Après cinquante-huit minutes de cours, il termine, sans conclure, simplement parce que l'heure c'est l'heure. Des fidèles s'avancent vers lui, mais il leur parle si distraitement, il cache si peu qu'il veut en finir, que personne n'insiste ». A la sortie du cours, le même témoin observe, amusé, Valéry qui se dirige vers une admiratrice. Elle l'attend dehors (Toesca, par discrétion, ne la nommera pas). « Valéry lui sourit, se montre empressé, galant. La dame a une automobile ; elle est venue le chercher ; elle l'enlève ; il est aux anges[120]. » Le vrai but de sa vie, c'est de retrouver Jeanne. Le travail lui pèse. Le désir et la joie d'écrire l'ont déserté. Son humeur est à la tristesse : tristesse de plus en plus sombre qui rend son cœur malade mais aussi – ce doit être la première fois – son esprit. Il doit se battre, au réveil, pour sortir du brouillard et rassembler ses pensées, alors que depuis cinquante ans il pratique avec bonheur sa gymnastique cérébrale matinale. 12 avril 1944 : « Je passe vraiment par une triste période. C'est la fatigue pure et l'ennui, l'impossibilité de soulever la moindre idée. Je les regarde comme à terre, des masses de plomb. C'est un étrange effet cérébral. »

Début mai, il apprend par la femme de chambre de Jeanne, Sidonie, que sa maîtresse est partie pour quelques jours. Elle ne l'a pas prévenu ! Elle mène sa vie à sa guise sans plus se soucier de lui. Il s'en indigne. « Je t'avoue que je crois sentir que tu m'aimes moins que naguère. Je veux dire que tu ne penses pas trop à moi – ou du moins que tu n'y penses pas avec cette sensation presque constante de besoin, de soif tendre et profonde – qui ne me quitte pas. Ne te méprends pas sur ceci. J'en accuse seulement ma terrible sensibilité. Mais combien elle me torture ! Ce téléphone à côté de moi – et tout ce qu'il me dit. C'est une vraie lutte pour ne pas t'appeler. »

Il passe ainsi totalement à côté du choc affectif que vient de vivre Jeanne en ce début d'année : la mort de

Jean Giraudoux, le 31 janvier. Il en a été informé bien sûr, il a même écrit pour *Comœdia* un de ces portraits posthumes censés servir d'éloge funèbre – article sans enthousiasme, qu'il n'a pu refuser mais qui lui a coûté bien des efforts. Il n'a pas assisté à la messe d'enterrement, en l'église Saint-Pierre-du-Gros-Caillou, où le monde littéraire fut largement représenté – il ne portait pas plus d'admiration que de sympathie à ce dramaturge dont les sentiments pour Jeanne, réciproques, lui étaient connus. Mais il n'a pas mesuré le chagrin de son amie, ni la violence qu'a eue sur elle l'annonce de cette mort brutale. Elle l'a apprise dans un restaurant de la rue de la Huchette où elle dînait avec l'un de ses admirateurs (Pierre Amiot) : une radio en a diffusé la nouvelle. Giraudoux, qu'elle avait vu pour la dernière fois trois semaines auparavant, est officiellement mort d'une crise soudaine d'urémie, mais les rumeurs évoquent des circonstances mystérieuses, liées à un empoisonnement selon les unes et, selon les autres, à une mort volontaire. Au théâtre Hébertot, on n'interrompt pas la représentation de *Sodome et Gomorrhe*, mais en signe de deuil les spectateurs sont priés de ne pas applaudir... Maurice Toesca s'en indigne : « Pour Giraudoux, il fallait au contraire applaudir, applaudir... »

Valéry ne peut pas savoir que Jeanne a beaucoup aimé Jean Giraudoux et qu'elle l'aimait encore dans le chaos de leurs vies. Conséquence du compartimentage de ses amours, elle n'a pu s'épancher auprès de Valéry, qui a ignoré ou feint d'ignorer cette liaison. Mais, à l'annonce de cette mort, pour lui vite effacée – ni personnellement, ni littérairement, il n'en éprouve d'affect –, il n'a pas essuyé ses larmes ni ne l'a prise dans ses bras pour qu'elle pleure sur son épaule. C'est donc un autre qui l'a consolée, Robert Denoël, qui ne considère pas Giraudoux comme un amant en titre (ou seulement comme l'amant d'une vie d'avant – un amant qui ne compte plus et qui a cessé de séduire) dont il ne peut être jaloux... N'est-ce pas précisément ce que Paul Valéry, tout aussi ignorant de l'emprise de Denoël sur Jeanne que de celle de Giraudoux naguère, est lui-même en train de devenir ? Un vieil amant en disgrâce.

Les poèmes de *Coronilla* expriment cette détresse. Si sensuels soient-ils encore, ils disent la tristesse et la solitude, la peur de n'être plus aimé.

> *Tu m'es sourde à présent, et insaisissable.*
> *Je sais que je m'éveillerai avant le jour, devant la*
> *solitude des heures sans tendresse, ni timbre cher*
> *de voix, ni lèvres, ni regards.*
> *Tout ce que je sens se dépense dans le vide.*
> *Tout ce que je dis se dit à mon silence.*
> *Pourquoi as-tu fait que je t'aime tant ?*

Il en vient à célébrer une bouche qu'il n'écrase plus qu'en rêve, « où la langue ivre boit et s'enivre », une rose qui est aussi un rubis, caché « entre des cuisses ouvertes », des seins, des reins « que le plaisir ploie », tout « un char de chair aux souples essieux », pour convoquer près de lui, qui se morfond loin d'elle, un corps trop souvent absent, lointain ou qui se refuse. L'érotisme de ces poèmes semble tourner à vide. Les plus jolis vers, les plus chauds, s'adressent à une indifférente. Mais si Jeanne se montre gentille, alors c'est un déferlement de joie – comme dans cette *Ode vivante*, où il célèbre à la fois son abandon, son pouvoir érotique :

> *Oh... Tu me hâtes vers les cieux,*
> *Vers la cime de mon essence,*

et beaucoup d'autres choses, si impudiques qu'elles ont pu heurter – c'est lui qui le dit – cette grande amoureuse.

Son amour, loin d'être littéraire, idéal, platonique, s'enracine dans le sexe. C'est là que leur relation trouve son état de grâce. Relation qui unit idéalement leurs cœurs et leurs corps, jusqu'à créer cette unité dont ils rêvent l'un et l'autre : l'accord parfait de deux êtres qui ne font plus qu'un.

L'entrée en scène de Robert Denoël change la donne. Jeanne n'est plus au diapason.

Valéry ne connaît pas encore le nom de son rival, mais il devine qu'il y a un autre homme.

A peine je te quitte un autre va jouir
Des biens que j'abandonne au bruit sec de ta porte,
Je sais qu'à d'autres yeux tu vas t'épanouir
Je vous vois, je gémis, l'amertume l'emporte
Et toute force en moi se sent évanouir...

Il ne peut plus dès lors savourer aucun moment de la vie. Tout s'agite autour de lui. Les gens vivent. Ils travaillent et font l'amour, pendant que d'autres font la guerre. Alors seules les nouvelles venues des divers fronts peuvent le réjouir. Les Allemands reculent, après Stalingrad. Les Alliés reprennent la main et apportent des coups mortels aux armées de Hitler. Le 6 juin 1944, ils débarquent en Normandie. L'espérance renaît après des années sombres. Pour autant les batailles se poursuivent, avec leur lot d'horreurs. Les bombardements de villes, Rouen, Caen, Le Havre, se succèdent. Les populations civiles souffrent. Devant l'avance des Alliés, la répression allemande est terrible. Les déportations se multiplient. Le 1er juin, à Oradour-sur-Glane, un village de la Haute-Vienne, la population est martyrisée, les femmes et les enfants sont brûlés dans l'église. La mort est plus que jamais présente dans le ciel d'un printemps endeuillé.

Ainsi la tragédie de l'Histoire trouve un écho dans sa vie la plus intime. Lui qui a toujours été si soucieux de préserver sa liberté d'action et de décision, qui a mis tant de foi dans l'usage de la volonté, qui a toujours voulu être maître de son destin, il est devenu l'esclave d'une femme qui le tient tout entier sous sa coupe. Qu'est devenu Monsieur Teste ? Et le jeune homme qui, à vingt ans, s'était juré de renoncer à jamais à la passion destructrice ? Les grands modèles qu'il s'était donnés très tôt pour construire sa destinée se sont évanouis pour laisser place à ce pantin, à genoux devant une idole. Il n'est plus qu'un mendiant de l'amour.

> *Et je ne puis jamais te regarder aux yeux*
> *Que mes yeux aussitôt ne s'emplissent de larmes.*

Elle, de son côté, tâche de lui offrir encore quelques joies. Le 1er août 1944, à quelques jours de la libération de Paris, alors que les Alliés effectuent une difficile reconquête qui doit les mener vers la capitale, elle donne une fête rue de l'Assomption – intermède mondain qui nous paraît aujourd'hui d'une folle insouciance au regard d'un contexte historique dramatique, mais qui montre aussi la puissance de la littérature en ces temps si troublés. Valéry en est le héros. Il va lire à haute voix son *Faust – Lust* – devant un public trié sur le volet, dont il a lui-même établi la liste : une quarantaine de personnes. Les deux premiers actes sont déjà connus de la plupart de ses amis, mais la lecture sera cette fois enrichie d'un troisième acte. C'est donc Valéry que l'on vient entendre et applaudir, dans le décor élégant et charmant de la rue de l'Assomption, dont les dîners aux bougies sont réputés l'été, sous le saule, et dont chacun a déjà goûté l'atmosphère de douce intimité. Une intimité dont les convives n'ignorent pas les zones d'ombre. Ils savent tous notamment que Lust, l'héroïne de la pièce, « la demoiselle de cristal », c'est Jeanne Voilier. Valéry lui-même, en lui dédiant *Mon Faust*, l'a mise dans la lumière. Elle en est très fière et s'est pour ainsi dire approprié l'œuvre : « Lust, c'est moi » est devenue l'une de ses phrases préférées.

Il y a là Georges Duhamel et son épouse, Edouard et Denise Bourdet, Louis de Broglie, le professeur Leriche, Henri Mondor, Gaston Gallimard, Armand Salacrou et, comme le note drôlement Maurice Toesca, présent lui aussi parmi cet aréopage, « des dames littéraires » qu'il ne nomme pas. Ce 1ᵉʳ août, il y a toutefois moins d'invités que ne l'avait espéré Valéry (comment s'en étonner ?). Les Mauriac n'ont pas pu venir. Ni Pierre Brisson, le directeur du *Figaro*. En revanche, ce qui est autrement surprenant, Jeannie, l'épouse de Valéry, et sa sœur, Paule Gobillard, accompagnent le poète.

On prend un verre dans le jardin, sous le saule, traditionnellement, mais la lecture a lieu au salon, dès le signal de Jeanne, qui depuis une fenêtre du rez-de-chaussée rassemble son monde en tapant dans ses mains. Valéry s'assied derrière une table oblongue, ses papiers déployés. Chacun prend place sur les chaises en fer-blanc (« ah ! les pauvres fesses ! », écrit Toesca qui préfère s'affaler dans un sofa au fond de la pièce – le petit sofa rouge du boudoir de Jeanne à l'étage, descendu pour l'occasion ?). Puis Valéry commence sa lecture. Toesca : « Pour somnoler, l'atmosphère un peu sur-tiédie serait parfaite, mais je veux écouter. J'assiste à un beau spectacle : au milieu des horreurs mondiales, un homme va lire une œuvre de haute pensée... » La voix monocorde de Valéry, qui hésite et s'embrouille plus souvent qu'il ne faut, n'est cependant pas celle d'un comédien du Français. Parvenue au troisième acte, l'assistance – Maurice Toesca lui-même – montre des signes de lassitude. On somnole, parfois même on dort. Gaston Gallimard, en sortant du salon, avoue s'être ennuyé et déclare que « Valéry est un grand raté... qui ne réalisera plus son grand œuvre ». Jugement sévère d'un éditeur qui concède toutefois que son auteur est « sympathique..., joueur et beau joueur : rien ne peut le vexer[121] ».

Ce jour-là, Valéry peut penser que Jeanne l'aime encore. Elle a mis beaucoup de soin à préparer cette fête qui lui rend hommage et qui souligne en filigrane, dans une espèce d'exquis non-dit, leurs liens secrets. Chateaubriand avait pu éprouver jadis le même genre de bonheur quand Madame Récamier avait réuni autour de lui un auditoire d'écrivains et d'amis, dans son petit appartement de l'Abbaye-aux-Bois, pour l'entendre lire son *Moïse* – scène légendaire, en tous points comparable à celle qui se déroule chez Jeanne le 1er août 1944, jusqu'au frémissement des frondaisons, dans le jardin délicieux qui borde la maison. Madame Récamier, en grande amoureuse, savait, tout comme Jeanne, qu'un écrivain est toujours sensible aux marques d'affection qui le flattent. Pour Valéry cependant, bien au-delà du plaisir d'auteur que veut lui procurer une maîtresse attentive, la lecture à haute voix de *Lust* devant un auditoire parisien, rapide à enregistrer la moindre rumeur, contient une part de risque. C'est bien un joueur en effet, comme le souligne Gallimard, qui soumet ses phrases à l'épreuve du feu. Car *Lust* met en scène une histoire intime, sous des personnages à peine masqués : Faust est amoureux d'une jeune femme, qu'il fascine, mais qui finit par lui préférer un disciple, plus jeune et plus séduisant, contre lequel sa prodigieuse érudition, sa sagesse et sa pensée ne sont d'aucun secours.

Parmi les invités de Paul Valéry s'est glissé ce soir-là le vrai disciple et rival : Robert Denoël. Lequel, quelques jours plus tard, adresse à Valéry ces simples mots pour le féliciter : « Devant que vous lisiez, j'éprouvais profondément le sentiment de votre existence et de son caractère irremplaçable[122]. »

Est-ce perversité de la part de Jeanne, goût des liaisons dangereuses, à confronter ainsi les deux hommes si importants de sa vie ? Quel sentiment éprouve-t-elle à voir Denoël écouter et applaudir Valéry, qui ne se doute de rien ? Une secrète satisfaction à se savoir doublement aimée ? A moins que cette intrigante ne poursuive un but concret et ne serve une ambition personnelle : en célébrant Paul Valéry publiquement sous son toit, elle montre à chacun et en particulier à Denoël l'importance de ses relations dans le monde des lettres. Elle se met elle-même en valeur. Elle impressionne l'éditeur, qu'elle veut accrocher. Il n'est déjà plus question d'un simple flirt entre eux, ni d'une liaison de second plan. Jeanne souhaite que Denoël divorce et l'épouse.

Alors que Madame Récamier n'était que tendresse et dévouement, il y a de la dureté chez Jeanne. Quand la première continuait d'aimer un Chateaubriand aux cheveux blanchis, à la silhouette tassée et courbée, la seconde éprouve une réelle lassitude vis-à-vis d'un amant qui a trop vieilli et auquel elle préfère maintenant un autre homme, beaucoup plus jeune. La fête du 1er août qui a permis à Valéry de partager, de nouveau, un moment avec Jeanne, demeure une exception merveilleuse dont il aimera se souvenir avec nostalgie. Il en regrettera la perfection et la splendeur : ces images arrachées au temps et à la cruauté du désamour, il les entretiendra avec une ferveur qui est tout ce qui lui reste. Il s'illusionnera sur la portée amoureuse que Jeanne semblait lui témoigner, sans voir que c'était plutôt un reste de tendresse, un acte mondain et intéressé. « Il me souvient d'un après-midi dans un jardin. Il y avait là une quarantaine de personnes. On a lu, en regard des fleurs, une sorte de pièce qui valait ce qu'elle valait. Quelle que fût la valeur de cette pièce, cette petite assemblée, ce cadre, l'accueil, l'impression de luxe total, de perfection obtenue par le travail de l'un, le goût de l'autre, la distinction de tout, cela faisait une manière de chef-d'œuvre. »

Rentré le soir de la rue de l'Assomption pour retrouver la calme chambre conjugale où il dort près de Jeannie, Valéry reconstruit sa passion en rêve. Il imagine Jeanne, son corps généreux et si chaud, et ce sont au matin des poèmes d'une sensualité brûlante qui naissent sous sa plume.

Comme un signe funeste, venu lui annoncer ce qu'il pressent, le saule de la rue de l'Assomption meurt au retour de l'hiver. Valéry en est inconsolable. Le fidèle témoin de ses visites à Jeanne n'est plus. Et son histoire d'amour, elle aussi, va mourir.

19

Navigation en époque trouble

C'est du balcon directorial du *Figaro*, aux côtés
de Pierre Brisson, d'André Siegfried et de Georges
Duhamel, que Paul Valéry assiste, le 26 août 1944,
au défilé de la victoire sur les Champs-Elysées. Cla-
meurs de joie et ovations retentissent tout le long
du parcours au passage des troupes conduites par le
général de Gaulle. De l'Arc de Triomphe, où le chef
de la France Libre a déposé une gerbe en forme de
Croix de Lorraine sur la tombe du soldat inconnu,
jusqu'à la place de la Concorde et au-delà, la liesse
populaire est immense. Valéry, très ému, retient la
vision d'un tableau en touches de couleurs, semblable à ceux qui ornent le salon familial : « Entre
les masses d'un vert puissant des arbres, le grain
multicolore de la substance de la foule ; la vie en
masse à l'état impressionniste. »
Des coups de feu éclatent soudain, obligeant à
quitter le balcon. Il y en aura d'autres, plus tard, à
Notre-Dame, pendant le *Te Deum*. Mais pour Valéry
l'« impression » laissée par ce jour mémorable se doit
d'être gravée en mots. L'écrivain, retrouvant une ferveur perdue, prend la plume pour célébrer un moment
unique dans l'histoire de France. Le 2 septembre, *Le
Figaro* qui vient tout juste de reparaître, publie dans

son premier numéro une chronique qui fera date :
« Respirer ». L'un des plus beaux textes de Valéry :
« La liberté est une sensation. Cela se respire. L'idée
que nous sommes libres dilate l'avenir du moment.
Elle fait s'éployer à l'extrême dans nos poitrines je
ne sais quelles ailes intérieures dont la force d'enlè-
vement enivrant nous porte... Tout l'être délivré est
envahi d'une renaissance délicieuse de ses volontés
authentiques. Il se possède. Il fait jouer en lui tous
les ressorts de ses espoirs et de ses projets. Il retrouve
l'intégrité de sa parole... Et voici que ce mot si vague,
l'AME, prend un sens admirable. »

Deux jours plus tard, il dîne avec le général de
Gaulle, au ministère de la Guerre où s'est installé le
Gouvernement provisoire. Claude Mauriac, devenu le
secrétaire personnel du Général, est venu le chercher
en voiture – Valéry a hésité à se rendre rue Saint-
Dominique, il est à nouveau souffrant. A moins qu'il
ne redoute cette rencontre : contrairement à ses amis
Mauriac et Duhamel, il ne compte pas parmi les écrivains gaullistes, ce que de Gaulle ne peut ignorer. Il
sera heureusement surpris, ainsi qu'il le raconte dans
l'un de ses Carnets, et sans doute soulagé : « Je l'ai
trouvé beaucoup plus aimable que je ne m'y attendais.
Me dit être heureux de me voir. » Il n'y aura aucun
reproche. Pas la moindre pique à son encontre. Il est
vrai qu'il a gardé pendant toute l'Occupation une attitude silencieuse et ferme, qui ne fut entachée d'aucun
compromis. Il a prononcé avec courage l'éloge funèbre
de Bergson – que l'Académie a refusé de publier – et
empêché que l'Académie ne bascule dans le camp de
la collaboration.

Ils sont huit autour de la table, la conversation est
sans aspérités. Valéry remarque « la grande réserve »
du Général sur les questions de politique intérieure :
il écarte le sujet des attentats, celui des arrestations
des dernières semaines, et s'intéresse davantage à la

carte du monde, aux accords qui auraient eu lieu entre les Américains et les Allemands (« lesquels liquideraient la bande Hitler-Himmler pour faire au plus tôt la paix »). Mais aussi entre les Américains et les Russes, pour hâter la conclusion du conflit. Ce qui expliquerait l'avance relativement aisée des Américains. Puis, Valéry prononce le nom tabou : « Je parle de Pétain. » Il n'en dit pas plus dans son Cahier... Pétain est depuis le 20 août en Allemagne, avec Laval et un certain nombre de ses ministres, au château de Sigmaringen. Valéry a-t-il évoqué devant de Gaulle le discours de réception qu'il prononça jadis à l'Académie, lorsqu'il eut à y accueillir le vainqueur de Verdun ? Ou, plus à propos, son intervention au lendemain de l'entrevue de Montoire, en 1940, où Pétain rencontra Hitler, pour s'opposer à la proposition de plusieurs de ses confrères, qui voulaient faire voter des félicitations au maréchal ! Dès la fin du repas (« qui fut bon », note Valéry), de Gaulle l'entraîne à l'écart. Ils s'asseyent sur un canapé : « Nous causons. » Lorsque les autres convives les rejoignent, il est notamment question du sort réservé au maréchal Weygand – académicien lui aussi –, déporté en Allemagne avec Daladier, l'ancien président du Conseil, et les généraux Jouhaux et Gamelin. Des questions graves, traitées sans s'attarder.

« A 22 h 30, il prend congé et j'en profite pour m'en aller. Je n'ai pas encore une idée nette du général qui semble assez secret. Difficile de faire l'analyse chimique qui discernerait l'homme, le militaire et le politique. Il me semble cependant qu'il a la concentration de celui qui joue une partie des plus compliquées. Il y a bien des cartes dans le jeu actuel[123]. »

A la Libération, Valéry ne rallie pas le camp gaulliste. Il conserve la même attitude que pendant les années sombres de l'Occupation : face aux événements, une distance éclairée, impartiale, qui est,

depuis sa jeunesse, une règle de vie. Investi tout naturellement d'un statut de sage au-dessus de la mêlée,
affilié à aucun parti politique, il incarne un esprit
libre et jouit d'une autorité et d'un prestige accrus
que nul ne conteste. On a recours à lui pour ramener la mesure et la dignité dans l'atmosphère délétère
d'une époque qui règle ses comptes. L'épuration se
déchaîne, n'épargnant aucun milieu. Surtout pas le
milieu littéraire et intellectuel, un des premiers dans
le collimateur.

Jeanne, sans que Valéry le sache, navigue loin de
lui sur des eaux troubles et dangereuses. Il peut la
croire ancrée dans le confort et la sécurité d'une existence bourgeoise et balisée, tout à son travail et aux
mondanités. Elle vit en réalité, par procuration, les
affres de la persécution et de la clandestinité : Robert
Denoël, qu'elle ne quitte plus, a de graves ennuis.

Ce dont on l'accuse ? D'être l'éditeur de Céline et
de Rebatet. De *Bagatelle pour un massacre* et des
Décombres – brûlots antisémites. Ces livres, il ne
les a jamais censurés : il a accepté d'éditer, donc de
cautionner leurs outrances. Il s'est même fait leur
défenseur. Il a en outre publié les *Discours* de Hitler et des textes de la propagande allemande. Et fait
appel à des capitaux allemands pour renflouer sa
société : c'est donc qu'il a « collaboré ». Son nom
figure sur la liste noire du Comité d'épuration de
l'édition. Dès septembre 1944, sa maison d'édition
est mise sous séquestre. Lui-même, suspendu de ses
fonctions, est remplacé par Maximilien Vox, frère de
Théodore Monod, qui dirige désormais la maison et
perçoit son salaire à sa place. Denoël risque gros :
son affaire, dont on veut le déposséder, sa fortune,
menacée de faillite, et sa vie – il reçoit des menaces
de mort.

Bernard Grasset a été jeté en prison sans autre
forme de procès. Robert Denoël, lui, se cache, en

attendant de pouvoir se défendre : c'est un homme traqué que Jeanne héberge sous son toit.

Pour mieux brouiller les pistes mais aussi par prudence, car leur liaison est déjà connue de trop de gens, elle loue pour lui une garçonnière au 39 boulevard des Capucines, où il travaille dans la journée – il y a déposé ses archives, ses livres, ses dossiers. Elle le retrouve en catimini. Il lui arrive de passer le soir rue Amélie, à ses bureaux dont il a gardé une clef. L'un de ses plus fidèles collaborateurs, Auguste Picq, son comptable, veille à l'informer de tout ce qui s'y passe, de sorte que Denoël continue de diriger dans l'ombre les éditions dont on l'a dépossédé. Il peut compter aussi sur l'amitié et la loyauté de René Barjavel, son chef de fabrication et son auteur, qui a publié trois romans sous son enseigne (dont l'un, malencontreusement publié en feuilleton dans un journal de la collaboration – *Je suis partout* –, a failli lui valoir des ennuis. Il a figuré en septembre sur la première liste noire, d'où son nom a été rapidement retiré). Mais le principal allié de Denoël, c'est Jeanne. Dans cette chasse à l'homme, elle lui apporte un secours irremplaçable en l'accueillant chez elle et en l'aidant à se cacher. Surtout, elle l'encourage à organiser sa défense, ce que par excès d'optimisme il aurait sans doute tardé à faire. Dès le mois de juillet 1944, cette ancienne avocate, formée à la meilleure école, y travaille. Ensemble, ils rassemblent les pièces et constituent un dossier dans la perspective, qui se rapproche, de l'assignation de Denoël devant les tribunaux. Elle lui recommande le conseil de confrères choisis parmi ses amis, tout en suivant personnellement pas à pas l'élaboration du plan de défense. Son intelligence froide, méthodique, son sens de l'organisation, autant que sa volonté farouche de se battre à ses côtés, sont de grands atouts pour Denoël, dans ces jours où presque tous l'abandonnent.

Y compris ses auteurs. Céline en premier lieu, qui ne pouvait, et pour cause, lui être d'un grand secours, ou Lucien Rebatet. Céline s'est enfui en Allemagne dès le mois de juillet, avec sa femme et son chat : il est à Sigmaringen où il vit tel un clochard, plus pauvre que Job, et où il a retrouvé – c'est un hasard, les deux hommes ne sont pas liés – Lucien Rebatet. En revanche, Aragon et Elsa Triolet sont revenus à Paris. Membres du parti communiste, icônes de la Résistance, Denoël est convaincu qu'ils pourront témoigner en sa faveur lors d'un procès. Il a publié leurs livres jusque sous l'Occupation (*Mille regrets* et *Le Cheval blanc* d'Elsa en 1942 et 1943) et leur a régulièrement envoyé de l'argent qui a notoirement servi à financer des groupes de Résistance. Mais un déjeuner avec eux lui enlève toute illusion[124]. Il doit encaisser leurs reproches qui, d'après Jeanne Voilier, furent virulents. Aragon et Elsa Triolet considèrent l'un et l'autre que d'avoir été publiés dans la même maison d'édition que des auteurs fascistes et antisémites a nui gravement à leur réputation. Leurs sentiments en sont pour le moment refroidis. Dommage qu'ils ne s'en soient pas aperçus plus tôt, quand ils publiaient leurs livres chez lui, sans être choqués outre mesure de cette odieuse promiscuité !

Dans sa vie privée, également houleuse, Denoël doit affronter les scènes de ménage. Entre Robert et Cécile Denoël, la discorde est flagrante. Le couple, qui s'accuse mutuellement d'adultère, bat de l'aile depuis plusieurs années. Mais sa rencontre avec Jeanne a conduit Robert à prendre la décision de divorcer. Il a l'intention d'épouser sa maîtresse. Ses ennuis à la Libération le rapprochent encore d'elle, qui se consacre entièrement à son cas et sait si bien partager tous ses soucis. L'appartement conjugal des Denoël, rue de Buenos-Aires, risquant d'être saisi, a été mis par prudence au nom d'un des amis du couple, Maurice Bruyneel (que Cécile Denoël épousera dans quelques années[125]). Cécile et le petit Robert Denoël partent vivre chez le père de Maurice en attendant que la situation s'éclaircisse. L'une des préoccupations de Denoël en cette période trouble, outre le fait de sauver sa peau, est de mettre ses biens à l'abri. Il s'en ouvre à Jeanne – que ne lui dit-il pas ? Ils cherchent ensemble des solutions pour éviter la ruine. Divers montages financiers, sous forme de sociétés-écrans, vont permettre à Robert de sauver ses parts dans les maisons qu'il a créées. Il en confie la direction à des prête-noms, le temps de régler ses affaires devant les tribunaux de l'épuration, et en vient peu à peu à se demander si ces mesures seront suffisantes et s'il ne devrait pas mettre entièrement entre les mains d'un de ces hommes de paille la maison Denoël. Un homme... ou une femme de paille. Preuve qu'il a en elle une totale confiance car c'est à Jeanne qu'il songe.

Il a déjà investi de l'argent dans les éditions Domat-Montchrestien – et beaucoup, mais l'affaire est prospère. Il lui faut aller plus loin pour déjouer le piège que lui tendent les épurateurs. Pour que ses biens soient vraiment en sécurité, il faut que son propre nom disparaisse. C'est évidemment une prise de risque considérable, mais l'amour de Jeanne et leur décision de se marier la rendent moins difficile.

Ils consultent des avocats, discutent des soirées entières, en partenaires associés. Ils s'occupent aussi des menaces qui pèsent sur la personne de Robert. Depuis le 19 janvier 1945, il est inculpé d'« infraction à l'article 75 » : atteinte à la sécurité de l'Etat. Il risque au mieux une lourde amende, mais l'exclusion définitive de la profession, la peine d'emprisonnement, et même la mort peuvent échoir à toute personne jugée coupable. « Tout ce qu'ils cherchent, eux, c'est l'article 75 au cul ! le grand Permis de vous étriper,

vous voler tout, et de vous débiter en gibelotte », écrit
Céline en Allemagne, dans un roman à paraître, *D'un
château l'autre.*

Quelques jours auparavant, le 6 février, Robert
Brasillach a été fusillé au fort de Montrouge, à la
suite d'un procès qui a duré six heures. La délibé-
ration du jury n'a pas excédé les vingt minutes. De
Gaulle a refusé la grâce malgré un fervent plaidoyer
de François Mauriac qu'il a reçu en tête à tête, et
une pétition signée de nombreux artistes et intellectuels français, dont Paul Valéry, mais aussi Claudel,
Cocteau, Paulhan ou Dorgelès.

L'époque cherche ses boucs émissaires. Denoël l'a
compris : lui-même, avec ses auteurs maudits, pourrait fort bien être celui de l'édition. Or, ainsi qu'il le
déclare à René Barjavel, il refuse de payer pour tous.
Pour prouver qu'il n'est pas le seul éditeur coupable
des faits qu'on lui reproche, il a l'idée, avec Jeanne,
de constituer un dossier : il contiendra la liste de
tous les ouvrages pro-allemands et antisémites parus
en France pendant l'Occupation. Pour cela, ils com-
pilent ensemble, jour après jour, la *Bibliographie de la
France*, ouvrage qui recense les publications de toutes
les maisons d'édition. C'est un travail de fourmi,
minutieux, harassant. La plupart des maisons, et
parmi elles les plus prestigieuses, comme Stock, Plon
ou Gallimard, ont « collaboré » en publiant des livres
qui flattaient la censure allemande et le lieutenant
Heller. En échange de quoi, d'autres livres étaient
également publiés, comme ceux d'Aragon et d'Elsa, de
Sartre et de Camus. Cela ne disculpe pas les premiers
de leur racisme et de leurs appels au meurtre, mais
relativise l'accusation. Le but de Denoël est moins
de se justifier que de prouver qu'il a agi comme tant
d'autres éditeurs : sous la contrainte de l'occupant.
Cette liste à laquelle il travaille avec Jeanne est une
véritable poudrière qui peut exploser à tout moment.

D'autant que le secret est éventé : la rumeur court que Denoël va livrer des noms à son procès.

Il ne faut donc pas s'étonner si Jeanne, absorbée par sa nouvelle vie, voit moins souvent Valéry, lequel se morfond et se désole sans savoir encore qu'il est depuis de longs mois en sursis d'abandon.

20

Je ne suis que souffrance

En quelques mois, Valéry a beaucoup vieilli. Lorsque Maurice Toesca lui rend visite rue de Villejust, à l'automne 1944, il le trouve en robe de chambre, le teint gris et toussant comme un malheureux. Frappé par la ressemblance du décor avec le maître des lieux, Toesca éprouve « une sensation d'extrême vétusté » : « sous le jour gris sale de cet après-midi d'octobre, le plafond et les murs semblent couverts de poussière. Le sofa à deux places où il s'est recroquevillé, le fauteuil où je suis, le guéridon, les cadres à moulures dorées, tout évoque 1890... » Tout, sauf la conversation, qui, elle, n'a pas pris une ride : elle demeure pétillante et primesautière. Valéry passe d'un sujet à l'autre avec une légèreté et une souplesse que son corps a peut-être oubliées, mais que son esprit, toujours aussi alerte, conserve intactes. Toesca, qui connaît bien Valéry – les deux hommes se voient souvent –, est une fois de plus charmé par cette fraîcheur, qui n'exclut pas la gentillesse – une qualité assez rare chez les intellectuels pour qu'il la relève. « Aucune indifférence chez lui, écrit Toesca. Son cœur est le siège même de son intelligence. »

L'humour, et en particulier l'humour sur soi, est une autre caractéristique de cet esprit, des plus juvéniles au fond et qui aime rire de tout. Savoir se moquer de soi-même est une des leçons que donne Paul Valéry. C'est ainsi que devant Toesca il se remémore les vers qu'il composait entre seize et vingt ans – « Ce qu'on peut aligner d'idioties ! » –, en se demandant, au cas où il vieillirait encore, « au-delà des limites, cent cinquante ans par exemple », s'il ne trouverait pas « stupide » ce qu'il écrit aujourd'hui !

Il virevolte l'après-midi durant, abordant les sujets les plus graves tels le droit et la politique, sans lourdeur, ni ton professoral, comme en se jouant. Toesca l'écoute, hypnotisé. Les quintes de toux interrompent régulièrement cet éblouissant intermède. Le visage de Valéry se congestionne alors, ses maigres épaules sont secouées, le dos se voûte et les mains se crispent – spectacle de la douleur. Il faut attendre que la crise passe et que le souffle revienne. Vers le soir, Valéry lui avoue soudain : « Je me sens vieux... ça m'inquiète. » Il peine à se lever du sofa pour aller chercher une lithographie qu'il veut lui montrer – peut-être une de celles qui ont illustré *Ville ouverte* de Jean Voilier ? Le moindre mouvement est un effort. Toesca manifeste le désir de se retirer, Valéry le retient. A-t-il peur de se retrouver seul, en cette heure entre chien et loup où reviennent les angoisses ? « Chargé de visions, écrit Toesca, empli de mélancolie, ébloui de cette énergie d'esprit qui lutte jusqu'à la dernière seconde, je me sens, au-dehors, tellement dépaysé ! Des voitures militaires ronflent, des militaires partout, des femmes en uniforme, un avion au ras des nuages bas. Non, Valéry n'est plus de ce monde-là. Il est déjà de tous les âges. »

Il est aussi très seul. En dépit des visiteurs amis, qui viennent solliciter sa légendaire sagesse, il ne peut partager avec personne ce qui le ronge intérieurement depuis des semaines : un profond sentiment d'abandon. Il ressent « jusqu'à la moelle » – l'expression est de lui – le froid intérieur où le plonge la désertion de Jeanne. Ces plaids, ces pull-overs, ces vestes d'intérieur qu'il superpose sur ses frêles épaules (« frêle comme un roseau », écrit Toesca), c'est à cause d'elle : sa tortionnaire, inconsciente du mal qu'elle provoque. Tant de peines s'accumulent : celle des jours sans Jeanne et des nuits à rêver d'elle ; celle des lettres laissées sans réponse, des appels téléphoniques qui sonnent sans fin, la voix de Sidonie l'informant parfois que « Madame n'est pas là ». Celle, enfin, qu'infligent le plaisir refusé ou reporté et les désirs frustrés. Le chant d'amour de Valéry tourne à vide. Il sait – comment ne le saurait-il pas, lui qui a l'intelligence logée dans le cœur ? – que sa destinataire ne l'entend plus, n'est plus là. Même présente, les rares fois où il peut la prendre dans ses bras, Jeanne est ailleurs.

La vie devenue un fardeau, il traîne son vieux corps décharné dans les salons, dans les tribunes, là où l'appelle son devoir d'écrivain officiel d'une France en train de renaître. Car il incarne maintenant la France éternelle : l'esprit qui n'a pas abdiqué devant la force et qui s'est élevé au-dessus des passions, des clans, des haines. A la différence de Mauriac qui, lui, s'est engagé et s'engage toujours, avec son tempérament impétueux, douloureux et polémiste, ou du véhément Bernanos qui souffle le feu et alimente les controverses, il est un esprit rassembleur et pacificateur. Cet homme est l'antidote absolu à la guerre civile. Voilà pourquoi, peut-être, de Gaulle, qui n'ignore pas le symbole qu'il représente, se montre si soucieux de le récupérer.

Il le fait asseoir près de lui dans la loge de la Comédie-Française d'où il assiste en grande pompe, le 27 octobre 1944, à une lecture de poèmes qui célèbrent la Résistance. Derrière eux Georges Duhamel, élu depuis peu secrétaire perpétuel de l'Académie française, Jean Schlumberger et Gaston Palewski.

Mauriac a choisi lui-même le florilège de poètes dont on lit les vers : Aragon, Cassou, Eluard, Jules Supervielle... Pour l'*Ode à la France* de Claudel, le Général se lève et avec lui la salle tout entière qui bientôt entonne *La Marseillaise*. Valéry participe à l'élan national. Il est l'écrivain lumineux, le phare que de Gaulle a choisi pour incarner et sceller la réconciliation.

En décembre, lors d'une séance solennelle à la Sorbonne, il prononce un important *Discours sur Voltaire*, qui sonne comme un vibrant appel à la tolérance. En comparant les époques dans le miroir de l'Histoire, il y condamne avec vigueur les excès de l'épuration. On ne sait si Jeanne a pris le temps de venir l'écouter, ni si elle a pu tirer quelque espoir de ces paroles, largement diffusées par la presse, qui la concernent en particulier : « Voltaire fait comprendre que le châtiment quelquefois se fait lui-même crime, car le spectacle d'épouvantables supplices réveille et entretient la férocité latente des uns, tandis qu'il transforme aux yeux des autres, en presque innocente victime, celui qui n'était qu'un misérable criminel. Si la puissance publique se passionne, qu'elle s'acharne sur un corps de coupable, si elle épouse la colère ou poursuit une sorte de vengeance, la notion abstraite et pure de l'Etat en est altérée et dégradée[126]. » Valéry donne l'exemple de cette tolérance nécessaire, non seulement en signant la pétition lancée par Mauriac en faveur de Brasillach, mais en intervenant personnellement en haut lieu en faveur de Maurras[127], qu'il n'aime pourtant pas – il s'était opposé à son élection à l'Académie française et a toujours exprimé une profonde antipathie pour les idées de l'Action française. Il défend aussi, cette fois avec succès, Henri Béraud, l'éditorialiste de *Gringoire*, qu'il n'apprécie pas davantage, et c'est peu dire : « Est-ce ma lettre, écrit-il dans un Cahier quand il apprend sa grâce. Peu importe. Bref, cet homme est sauvé. Si ce n'est pas par moi, c'est par un autre homme qui a horreur de ce genre d'écrivains[128]. » L'objectif qu'il entend défendre par la plume et les discours, en ces temps de règlements de comptes et d'exécutions sommaires, c'est la paix. La grande paix universelle, qui reste à construire sur le plan national.

Ce qu'on ignore cependant, ce dont on est loin de se douter, c'est que ce sage qui prêche – et d'abord pour soi – la modération, l'équanimité, la tempérance, est lui-même en pleine guerre civile. La paix, qu'il appelle de tous ses vœux pour la France, il est loin de la connaître à titre personnel. Il est déchiré par un amour déraisonnable qui ébranle l'édifice, l'œuvre de sa vie, l'architecture individuelle patiemment élaborée, dont il a fixé pour bases la raison, la volonté et la maîtrise de soi. Soudain le cœur, tellement discipliné, reprend ses droits avec une violence dont il n'avait pas idée. La nuit de Gênes, où il avait décidé de brider les pulsions de son cœur trop sensible, doit lui apparaître comme un barrage dérisoire face à la passion dévastatrice – il n'a pas résisté au débordement.

Certes, il est aimé, estimé, entouré par les siens comme par ses amis et par l'ensemble de ses contemporains. Le général de Gaulle lui dessine une voie royale. Mais que lui importent désormais la gloire et la postérité assurée ? Ce lustre sur sa personne, si usée, si triste sous le masque, n'est que poudre d'or aux yeux de ceux qui ne savent pas voir. L'illustre poète, en marche vers le Panthéon, est un homme profondément malheureux. Toesca, bouleversé par sa visite du mois d'octobre, a bien perçu sa détresse, quand Valéry lui a récité du fond de l'âme ces vers de *Mon Faust*, si secrètement liés à son drame personnel :

*Non, mes lauriers sont morts, mes roses sont
flétries,
Tout ce que j'ai voulu, je l'ai mis au tombeau,
Et tu viens dans cette ombre agiter ton flambeau !
O mes sombres trésors, mes enfers, ma mémoire*[129]...

La vieillesse n'est pas seule en cause. Valéry est réellement malade. Il s'affaiblit. Surtout, il souffre. Non seulement de cette toux spasmodique et récurrente qui ne lui laisse aucun répit, mais de douleurs abdominales qui le terrassent. Il lui arrive de s'évanouir quand elles se produisent. Les médecins consultés prescrivent du bismuth et de la belladone, sans le guérir ni le soulager. Les crises se répètent, désormais plus fréquentes et plus aiguës, « comme si une main me tordait de l'intérieur ». Le docteur Gutmann, spécialiste de l'estomac, appelé en dernier recours, diagnostiquera enfin « un ulcère ».

Mais la maladie a un autre nom : Jeanne. C'est elle qui le ravage. Le cœur et le corps, comme il arrive souvent, sont pris dans le même désastre. Il n'a plus aucun désir de poursuivre la route, seul. « Vivre n'est qu'ennui » devient sa plainte quotidienne. Quant au travail – « Que me fait de créer ce que je ne puis te faire entendre » –, il lui semble dérisoire et vain. De cette morosité lugubre, qui le ronge jusqu'aux entrailles, découlent à ses yeux tous ses maux. Il le dit lui-même : « Je ne suis que souffrance. »

Ironie du sort, il incarne désormais un héros de son *Faust* ; alors que sa renommée est au plus haut, il est désespéré.

« Tu m'es sourde à présent et insaisissable. » À ses Cahiers – ses uniques confidents – il écrit la peine qui le tourmente et adresse à Jeanne de derniers poèmes, ultimes tentatives pour la reconquérir. Mais c'est peine perdue, il ne le sait que trop :

Douce d'hier,
Cœur qui fut mien, chair qui sera d'autrui,
Voix qui m'a dit la tendresse éternelle,
O voix si tendre,
O toute Toi, par qui je suis détruit...

Ce qui sera bientôt ne sera plus,
Demain se meurt au cœur de ce jour même...

Jours qui viendrez, vous êtes révolus[130]*...*

Jeanne lui a caché le plus longtemps possible sa liaison avec Robert Denoël. Ménage-t-elle Paul Valéry par un reste de tendresse, en lui taisant une vérité cruelle ? Ou agit-elle par intérêt, en se disant qu'il pourrait être utile lors du procès, si du moins elle réussissait à le convaincre de témoigner ? Denoël, qui s'est présenté de son plein gré à la justice, a été inculpé, le 8 février. Jeanne, très impliquée dans la défense de son nouvel amant au point de confondre parfois ses affaires et les siennes, cherche des soutiens de tous côtés. Le nom de Valéry étant ce qu'elle pourrait trouver de mieux – une conscience morale que personne ne peut contester –, il est donc fort probable qu'elle a abordé avec lui ce délicat sujet. Mais Denoël est un rival non encore déclaré. Jeanne feint de le considérer devant Valéry comme un homme avec lequel elle entretient des liens d'amitié étroits – Valéry est habitué à la savoir entourée –, encore renforcés par de communs intérêts professionnels. Après tout, Jeanne et lui exercent le même métier et Denoël a aidé Jeanne, quelques mois plus tôt, à se procurer du papier, une denrée aussi rare que le café ou le tabac, afin d'éditer ses ouvrages chez Domat-Montchrestien.

Jusqu'à quel point l'a-t-elle entrepris, dans son obsession à sauver l'homme qu'elle lui préfère désormais ? Pas plus que Valéry, Denoël ne mesure la complexité de la vie sentimentale de Jeanne, ni ses complications. Depuis deux ans, elle manœuvre avec habileté pour dissimuler à chacun d'eux l'existence de l'autre. Les deux hommes partagent la même ignorance de la situation : Paul Valéry n'a rien vu ou rien voulu voir ; quant à Denoël, il ne prend pas au sérieux cet « ami » de Jeanne, qui a irrémédiablement vieilli et peut difficilement lui apparaître comme un rival. Or, Paul Valéry n'en a pas fini avec la passion. Ses sentiments amoureux, loin d'avoir vieilli, sont aussi incandescents qu'à vingt ans.

Il dépend de ton cœur que je vive ou je meure.
Tu le sais à présent, si tu doutas jamais
Que je puisse mourir par celle que j'aimais[131].

Ce ne sont pas des sentiments de littérateur. Valéry ne brode pas sur le thème éculé de l'amour malheureux qui conduit à la mort. Ce qu'il exprime est vrai. Il n'exagère pas et le sait mieux que personne : si Jeanne ne l'aime plus, il en mourra. Il le lui dit, sans en faire un élément de chantage. Il ne va pas se suicider. Il va mourir de mort naturelle : des suites de son trop grand chagrin.

L'absence habite l'ombre où je n'attends plus rien
Que l'ample effacement des choses par le mien[132].

Le 1ᵉʳ avril 1945, Jeanne annonce à Paul Valéry[133] qu'elle va épouser Robert Denoël. C'est un dimanche, jour rituel de leurs rendez-vous d'autrefois, et c'est même le dimanche de Pâques : « ce jour de la Résurrection qui fut pour moi celui de la mise au tombeau ».

Il vient pour la dernière fois rue de l'Assomption. Une fois la grille passée, il traverse d'un pas lent le jardin, où le saule mort, témoin de tant de bonheurs, laisse un vide qui l'étreint. Il y voit un mauvais présage. Jeanne l'attend dans le salon blanc, pour une fois à l'heure, belle et rayonnante à son habitude : la digne muse de ses poèmes. Il ne la regarde jamais sans être ébloui. Tout heureux de la retrouver et de l'embrasser, il entrevoit un bref instant de joie dans sa morne existence. La voix de Jeanne, si douce, si mélodieuse, lui est une caresse, tandis que la claire lumière de la rue de l'Assomption le tient sous son charme. Hélas, il ne peut arrêter le temps sur ce moment tant rêvé et si longuement attendu, qui a pour lui valeur d'éternité : elle et lui, ensemble, à nouveau.

Jeanne est en train de lui révéler la catastrophe. Elle ne le quitte pas – voilà la bonne nouvelle –, elle n'a pas l'intention de rompre. Son prochain mariage avec Robert Denoël dont la date n'est pas encore fixée, Robert n'étant qu'en instance de divorce, ne doit pas les empêcher de rester amis. Elle le souhaite. Ils pourront continuer à partager de bons moments, il y aura des dîners ici ou là, des vacances à Béduer, et puis elle pourrait publier ses livres, pourquoi pas ? Elle n'a pas du tout l'intention de perdre un ami auquel elle tient plus qu'à tous les autres, un ami cher qui lui écrit de si beaux poèmes et lui adresse de si touchantes déclarations d'amour. Son mariage – c'est du moins ce qu'elle lui assure – ne devrait rien changer.

Elle lui sourit, de ce sourire d'ange qui lui a tant de fois fait perdre la tête. Est-elle candide ? Inconsciente du mal qu'elle lui fait ? Ou faussement ingénue ? Préoccupée surtout de ne pas se fâcher avec lui, en lui signifiant qu'elle épouse un autre homme auquel elle appartient déjà ?

Son ange, devenu maléfique, cachait un bourreau qui vient de lui assener « un coup de hache ». Et il lui est mortel.

Le soir, rue de Villejust, il note dans son Cahier, sans autre commentaire : « 1445/991. FIN. » Ce qui, dans son langage crypté, indique la date fatidique (1-4-45) et puis, tout à côté, Jeanne, désignée par le numéro d'immatriculation de sa voiture (991) – une Peugeot. Contrairement à Jeanne qui le quitte sans rompre et envisage un futur amical pour eux, il est blessé à mort. Le temps se rétrécit pour lui au chagrin immédiat.

> *Ma Bien-Aimée*
> *Un jour si beau*
> *Le malheur vint*
> *D'entre tes lèvres*
> *(...)*
> *Ma bien-aimée*
> *Trois mots suffirent*
> *Ce fut pour dire*
> *Tu dois mourir*
> *(...)*
> *Ma bien-aimée*
> *Ta bouche tendre*
> *Fit un poison*
> *De tout mon sang*[134]

Il continue à lui écrire des poèmes d'amour et à les lui envoyer. Mais c'est à son Cahier qu'il livre ce qu'il a sur le cœur. Là, il s'épanche plus crûment : ce sont le dégoût, la rancune, la jalousie et d'autres sentiments dévastateurs qui viennent s'inscrire sur sa feuille. Jeanne chute de son piédestal : « Je voyais en toi une grande femme, une femme complète – comme il y en eut à la Renaissance, femmes créatrices, hautes amoureuses, esprits riches et libres, capables de toutes

les valeurs d'action et de volupté... Je suis maintenant obligé de te considérer à la propre lueur que
tu as tirée de toi-même et dont tu m'as affreusement
ébloui. Je te vois dans toute la médiocrité de ton
désir, la vulgarité de tes projets, la perfidie de ton
cheminement[135]. »

Amer, il note qu'« il ne faut croire à personne et
ne fonder sur aucun cœur ». Mais si Jeanne n'est
plus à ses yeux cette déesse de l'amour en laquelle il
a cru, si elle l'a déçu, Valéry n'en garde pas moins
intactes au cœur la force et la pureté de son amour,
amour épargné par la médiocrité, la part vulgaire
des contingences. Lui va survivre à la rupture. Les
dernières lettres à Jeanne contiennent une déclaration de foi profane : l'amour est plus fort que le
mal qu'on lui fait, et plus fort que la mort même.
« Toi, écrit-il à Jeanne, personne ne t'aura aimée
d'un amour de cette profondeur et de cette qualité.
Le son de mon amour, je t'assure, tu ne l'entendras
jamais d'un autre, jamais, jamais. »

Son désespoir l'accable. Il ne voit aucune issue au
mal de vivre qui désormais endeuille son existence
tout entière. Son état de santé s'en trouve subitement
aggravé. Ce sont maintenant des douleurs d'une violence radicale qui s'emparent de lui, dans un avant-
goût de l'enfer. En juin 1945, il envoie à Jeanne cette
lettre pathétique : « La fenêtre me tente, aie pitié de
moi en détresse. J'ai été aux limites de je ne sais quoi
pendant plus d'une heure, vraiment l'enfer. La raison
attaquée, submergée[136]... » Il a le sentiment de subir
un châtiment et d'avoir à expier une faute : « quoi ?,
le crime, peut-être, d'avoir pendant des années exhalé
de toute ma puissance de poète et de toute ma sensibilité, un sentiment, élevé de toutes mes forces jusqu'au
zénith de l'absurde, un monument de tendresse dont
toute la masse, d'un coup, me tombe sur ma vie. Oh,
je t'en prie, aide-moi. J'ai senti ma perte[137] ».

Il annule la plupart de ses engagements, renonce même à assister à une cérémonie solennelle place de la Concorde, à laquelle le Général, qui tient à sa présence, l'a convié. Il avait sa place réservée dans la tribune officielle.

Le 23 avril, Valéry déclare ne plus pouvoir assurer son cours au Collège de France « pour raisons de santé ». Il ne pourra pas davantage accepter de reprendre son poste d'administrateur du Centre universitaire méditerranéen de Nice, que Vichy lui avait supprimé et qu'à la demande du Général on allait à nouveau lui confier. Tout cela est au-dessus de ses forces. « Je ne vois pas d'issue..., pas d'issue[138] », écrit-il à Jeanne.

Il peut encore enregistrer à la radio une allocution sur l'avenir des civilisations, où il constate que l'Europe « vient de perdre sa domination séculaire sur l'ensemble du monde » et où il s'interroge sur l'avenir. La civilisation occidentale, et plus particulièrement la civilisation méditerranéenne, dans laquelle il a pris racine et qu'il a si profondément aimée, lui paraît promise à la décadence sinon à la disparition. De même que les sentiments humains, les civilisations sont mortelles.

L'énergie, l'enthousiasme, la joie, l'espérance, tout s'éteint chez lui. Le 23 mai 1945, il ouvre un nouveau Cahier, un simple cahier d'écolier à couverture verte auquel il donne ce titre : « Sub signo doloris » – Sous le signe de la douleur. Ce sera le dernier.

Le 25 mai, dans une lettre à Jeanne, il écrit : « Sache bien que tu me tiens la vie entre les deux mains[139]. »

Le 30, dans le Cahier : « Ulcus /torture permanente/ où je me résume. »

Et il enchaîne : « J'ai la sensation que ma vie est achevée, c'est-à-dire que je ne vois rien à présent qui demande un lendemain. Ce qui me reste à vivre ne peut plus être désormais que du temps à perdre[140]. »

Ce qui lui reste à vivre ? Deux mois d'un calvaire qui va l'éprouver jusqu'aux limites de l'humain. Le 30 mai, il s'alite pour ne plus se relever. On installe son lit dans le salon de la rue de Villejust. Jeannie dort près de lui sur un matelas posé à même le sol afin de lui porter secours quand il se plaint et appelle. Quatre médecins, dont le professeur Henri Mondor, se relaient à son chevet. Il subit les traitements les plus douloureux : injections, transfusions, aspirations de liquide pulmonaire, sans que son état s'améliore ni que ses douleurs s'apaisent. Les infirmières qui lui procurent les soins sont des petites sœurs de l'Assomption, ce qui l'aurait amusé en d'autres temps, mais son martyre lui a ôté son sourire. André Gide, François Mauriac, parmi ses plus fidèles visiteurs, observent tour à tour les progrès de la mort sur son visage : « il est trop loin maintenant pour revenir », dira Gide, bouleversé devant tant de souffrances. C'est à un ami de toute une vie qu'il vient dire adieu.

Jeanne est elle aussi admise auprès du malade. Son malade. Elle lui apporte des fleurs de son jardin ou des pêches de Béduer. Jeannie, qui est le dévouement même et ne veut que le bien pour son mari, ne semble pas s'en assombrir. Elle lui ouvre une dernière fois la porte, le 6 juillet, puis ce sera fini. Ils ne se verront jamais plus. C'est dans les bras de son épouse que Paul Valéry va mourir.

A quelques jours de rendre le dernier soupir, il écrit sa dernière lettre à Jeanne : « Chère amie, j'essaie de vous écrire. Je voudrais faire mieux que ce griffonnage. Je n'ai jamais souffert comme cela. Je suis brisé... Ces lignes sont les premières que je trace depuis dix jours. Elles sont pour vous, bien entendu[141]. »

Pour cette intelligence qui a passé sa vie entière à observer et à analyser le mécanisme de son cerveau – travail considérable dont témoignent les quelque

28 000 pages de ses 261 Cahiers –, c'est le cœur qui triomphe. Il en a la certitude au moment de mourir. Dans une des dernières pages écrites avant son agonie finale, il dresse le bilan positif et négatif de son existence. Ce testament spirituel est celui d'un esprit parfaitement lucide qui a conscience d'être vaincu par celui qu'il appelle C. L'ennemi qu'il a toujours voulu combattre et qui a fini par l'emporter : ce cœur sensible. Il a battu pour Jeanne, jusqu'à son dernier souffle.

« Après tout, j'ai fait ce que j'ai pu. Je connais :

1. assez mon esprit. Je crois que ce que j'ai trouvé d'important – je suis sûr de cette valeur – ne sera pas facile à déchiffrer de mes notes. Peu importe.

2. je connais my heart aussi. Il triomphe. Plus fort que tout, que l'esprit, que l'organisme. Voilà le fait. Le plus obscur des faits. Plus fort que le vouloir vivre et le pouvoir comprendre est donc ce sacré – C. –

"Cœur" – c'est mal nommé. Je voudrais au moins trouver le vrai nom de ce terrible résonateur. Il y a quelque chose en l'être qui est créateur de valeurs –, et cela est tout-puissant, irrationnel, inexplicable, ne s'expliquant pas. Source d'énergie séparée... Le cœur consiste à dépendre[142] ! »

Il pose son stylo. Il ne le reprendra plus. L'agonie commence. Il meurt le 20 juillet, à neuf heures du matin, alors qu'un orage éclate sur Paris. La tornade est si violente qu'elle ouvre la fenêtre du salon. Le docteur Gutmann, présent à son chevet, a l'impression de voir s'envoler le puissant souffle de Valéry.

21

Ces morts
qui n'empêchent pas de vivre

Lorsqu'elle apprend la mort de Valéry, Jeanne a la même réaction qu'à l'annonce de la mort de Giraudoux : elle fond en larmes. Seule, loin de Paris, car elle suit une cure à Divonne-les-Bains, elle écrit le soir même à Denoël pour épancher sa peine : « J'ai pleuré à travers bois et champs, tout l'après-midi[143]... »

Sa dernière lettre à Paul, postée de Divonne et datant de quelques jours, parvient rue de Villejust le lendemain de la mort du poète. Il semble que Jeannie Valéry l'ait lue, puis déposée au chevet de son mari, où elle l'a laissée jusqu'au départ pour l'église : c'est ce qu'Yvonne Dornès dira à Jeanne, lorsqu'elle lui fera le récit de sa visite de condoléances auprès de la veuve, puis de la cérémonie des obsèques. Jeanne n'a jamais eu de meilleure ambassadrice : c'était déjà Yvonne qui avait assisté à l'enterrement de Giraudoux. Elle va à nouveau représenter Jeanne à celui de Valéry. Cette absence, comment s'en étonner ? La place officieuse de Jeanne dans la vie de ses amants la justifie, c'est un effacement volontaire, une suprême élégance : pour ne pas porter ombrage à la famille. Madame du Barry avait quitté Versailles, à la mort de Louis XV. Jeanne choisit pareillement de rester dans l'ombre qui sied aux maîtresses – même si elle fait envoyer rue de Villejust une magnifique gerbe de glaïeuls rouges de chez Lachaume. Qu'elle n'assiste ni à la messe ni à la mise en terre n'efface pas le chagrin qu'elle ressent ni le deuil, trop réel, qui est aussi le sien. Un deuil profond, mais officieux qu'elle ne peut afficher et dont elle ne peut s'épancher, sinon auprès des deux ou trois personnes qui sont dans la confidence. Denoël lui-même ne doit pas avoir idée de l'intensité de cet amour qui a conduit Valéry au tombeau.

Jeanne à Denoël, le 20 juillet au soir : « Je mesure ma perte, pour moi elle est immense, pour lui je crois qu'il valait mieux qu'il disparaisse, il n'aurait pas supporté mon bonheur. »

L'oraison funèbre, de sa part, aurait été un peu courte si elle n'avait aussitôt ajouté cette phrase, avant de passer à tout autre chose (l'organisation de la vie à Divonne) : « C'est l'être qui m'a le plus aimée au monde, par moments il m'a totalement comprise. »

Mais n'est-ce pas aussi une manière de dire à Denoël : « Vois comme un homme peut m'aimer » ?

Divonne-les-Bains est, près de la frontière suisse, une jolie station thermale, spécialisée dans le traitement des maladies nerveuses. Depuis de longues années déjà amateur de cures, Jeanne y a recours quand elle traverse des moments difficiles : tandis qu'on la masse ou qu'on la couvre d'algues, elle retrouve la sérénité indispensable pour affronter les ennuis et les drames. Rien ne vaut un bon massage, suivi d'une promenade au grand air, quand on a du chagrin. C'est ainsi en tout cas qu'elle se soigne et la méthode, si onéreuse soit-elle, lui réussit. A Divonne, le confort est rustique. Est-ce par discrétion, pour éviter de trop s'exposer publiquement ? Après un rapide passage à La Maison Verte, un hôtel près de la gare, elle a préféré louer une chambre chez l'habitant – en l'occurrence, la famille du gardien du golf. De sa chambre, « à peine plus grande que le grand lit », elle a une belle vue sur le parcours, retourné depuis la guerre à l'état de prairie, ce qui compense le peu de charme intérieur. Robert Denoël va la rejoindre dans quelques jours : elle tient à l'accueillir comme à Paris ou à Béduer, dans une agréable et douce intimité.

A Paris, les 24 et 25 juillet, le spectacle est grandiose. Ce sont des obsèques nationales que le général de Gaulle a voulues pour Paul Valéry : l'hommage de la France tout entière à un Grand Homme, dont la mort est un deuil national. Cela avait été le cas pour Victor Hugo, en 1885 – Claudel y assistait du haut d'un réverbère, Valéry, lui, quatorze ans à peine, était à Montpellier. Le 24 juillet 1945, en fin de matinée, une messe est dite à Saint-Honoré-d'Eylau, dans le 16e arrondissement, la paroisse familiale où Jeannie se rend tous les dimanches. C'est là qu'elle a épousé Valéry en mai 1900, il y a tout juste quarante-cinq ans. Le cercueil y est laissé jusqu'au soir, heure de la cérémonie officielle. Il est alors conduit, entre deux haies de gardes républicains portant flambeaux, jusqu'au Trocadéro. Des tambours et des cuivres accompagnent la marche funèbre. En tête du cortège : des membres du gouvernement, une délégation de l'Académie en costume et celle du Collège de France.

Paris est plongé dans la nuit : on a ordonné l'extinction des feux. A l'exception du Panthéon dont la Coupole luit au loin, tout est sombre, tout est deuil. Des projecteurs placés au pied de la Tour Eiffel dessinent un grand V lumineux : le V de Valéry se confond avec le V de la Victoire. Le rapprochement n'est pas anodin. C'est la réconciliation nationale que l'on fête ce soir, selon le vœu du général de Gaulle, autour du cercueil d'un poète. De part et d'autre, sur le fronton des deux bâtiments du Palais de Chaillot

construits pour l'Exposition universelle de 1937, les
phrases de Valéry se détachent en lettres d'or.

Vers minuit, le cercueil est posé sur un catafalque
recouvert d'un drap tricolore. Entouré de quatre tor-
chères qui brûleront toute la nuit, il est veillé par
une double haie d'étudiants qui se relaient d'heure en
heure jusqu'au matin. Les gens venus en foule défilent,
lentement, devant ce mort illustre : des personnalités
se mêlent à des anonymes, des hommes, des femmes,
des enfants. Gide, qui a dîné sur les Champs-Elysées,
au Claridge, en compagnie de Roger Martin du Gard
et de Georges Simenon, a préféré rester dans la voiture.

Jeanne Voilier est loin. Elle a estimé que le souvenir
de sa vie intime avec le poète lui suffisait. Elle n'a
pas eu envie de le confronter aux flonflons des honneurs officiels. Sans doute en communion avec lui se
récite-t-elle un des poèmes écrits à son intention ou
l'une de ces lettres brûlantes qu'elle pourrait relier en
volume : le grand livre de l'amour secret. Ces mots,
que Valéry a tenu à relire avant de s'éteindre, sont
étrangers à la pompe et au décorum : « Mon orgueil
était non dans mon œuvre ni mon nom, mais dans
l'amour de qualité unique que je croyais à jamais en
toi, pour toi. »

Dès neuf heures, les officiels sont en place dans la
tribune qui leur est réservée : académiciens, ambassadeurs et ministres, corps constitués. La famille et
les proches leur font face dans l'autre tribune. A dix
heures précises, tandis que retentit *La Marseillaise*, le
général de Gaulle s'avance sur l'esplanade, pour s'incliner devant le cercueil avant de rejoindre la tribune.
Le secrétaire perpétuel de l'Académie française et le
ministre de l'Education prononcent des discours brefs,
selon le témoignage d'Yvonne Dornès. Un silence de
catacombe marque la minute de recueillement. Puis
le défilé militaire s'engage en fanfare sur le Troca-

déro : une compagnie d'aviation et de fusiliers marins, deux bataillons du 4e zouave, coiffés de rouge, deux bataillons de la 1re division de marche d'infanterie. Tambours et trompettes. De Gaulle ayant présenté ses condoléances à la veuve et à ses enfants, le cercueil est conduit jusqu'au corbillard, au son de la *Marche funèbre* de Chopin. Valéry sera inhumé le lendemain à Sète, après une messe en l'église Saint-Louis, dans la tombe familiale où reposent ses parents et son frère. Ce sont quatre sections de tirailleurs sénégalais qui escortent son cercueil jusqu'au cimetière, où le maire de Sète ainsi qu'un représentant du gouvernement prononcent d'ultimes discours. Deux vers du *Cimetière marin*, plus sages que ceux qu'il écrivit jamais à Jeanne, seront son épitaphe pour l'éternité :

> *O récompense après une pensée*
> *Qu'un long regard sur le calme des dieux.*

La version officielle l'emporte pour longtemps sur le chant amoureux. Valéry est mythifié, glorifié. Presque un saint – un saint laïque, dont l'œuvre a valeur de symbole et dont la vie, également magnifiée, semble dans tout ce lustre aussi lisse et brillante qu'un miroir. Quelques mois avant de mourir, le 17 avril, il écrivait à Jeanne ces mots désabusés : « Tu sais bien que rien au monde, rien de ce qu'il peut donner ne pesait à mes yeux ce que ta ferveur et ta tendresse m'étaient. Hélas !... »

Jeanne, elle, vit dans une atmosphère à l'opposé de cet éclat, de cette magnificence : de l'autre côté du miroir, là où tout est querelle et rancœur. Les obsèques de Paul Valéry, censées prôner la réconciliation nationale, se déroulent sur fond de règlements de comptes et de mises au pilori. La France se déchire au tribunal de l'Histoire. Symbole même de ce déchirement, le 23 juillet, veille de l'enterrement du poète, coïncide avec l'ouverture du procès du maréchal Pétain devant la Haute Cour. Lorsque Denoël rejoint Jeanne à Divonne, il croit avoir échappé au pire. Le 13 juillet, il a en effet appris que la procédure à son encontre avait été classée, faute de charges suffisantes prouvant qu'il a « commis le crime d'intelligence avec l'ennemi ». Il va pouvoir quitter la clandestinité où il vivait depuis plusieurs mois et reprendre son travail d'éditeur. Comme pour le renforcer dans cet espoir, sa maison vient de remporter le plus prestigieux des prix littéraires, ce prix que Céline avait été furieux de rater avant la guerre : le Goncourt. Décalé de quelques mois à cause des événements, il a été décerné à Elsa Triolet pour son roman paru chez Denoël en 1943, *Le premier accroc coûte 200 francs*. C'est la première fois que le Goncourt est attribué à une femme – femme de gauche, juive, communiste et résistante, ainsi que le fera remarquer un critique. Les jurés du Goncourt, après des temps houleux, sont eux aussi soucieux de laver leur réputation. Pour Robert Denoël, ce prix est la meilleure chose qui lui soit arrivée depuis longtemps : en consacrant son travail auprès d'un auteur auquel il a été fidèle malgré les difficultés, il rend tout autant hommage à l'éditeur qu'à l'écrivain. Un vent de liberté souffle à nouveau sur sa vie, levant la chape qui faisait de lui un fuyard, un banni. En ce début d'été, l'horizon s'éclaircit. Avec Jeanne, à Divonne, ils peuvent enfin, ensemble et au grand jour, avoir des projets d'avenir. Le divorce n'est pas encore prononcé, mais Jeanne ne doute pas que son vœu le plus cher sera bientôt exaucé : sur le point de devenir Madame Denoël, elle l'est en vérité déjà, ou se conduit comme telle. Sa plus proche et sa plus sûre confidente, elle partage les secrets, les angoisses autant que les bonheurs de son amant. Tout ce qui concerne Robert Denoël la concerne.

Au mois d'août, à Béduer selon son habitude, Denoël la rejoint pour quelques jours radieux... Après son départ, elle retrouve les boutons de manchette en nacre que Robert, par nature « étourdi », a oubliés dans sa chambre. Mais ce même mois, les soucis les rattrapent : la maison Denoël est à son tour inculpée, pour le même motif que son fondateur et propriétaire : collusion avec l'ennemi, le fameux article 75. Fermeture, dissolution, disparition du nom font partie des châtiments possibles. L'ouverture du procès est prévue pour le 8 décembre.

En attendant, le procès de la collaboration se poursuit. Pétain a été condamné à mort, sa peine commuée en emprisonnement à perpétuité. En octobre, Pierre Laval, condamné à mort à son tour, est fusillé. Aucun signe d'apaisement : Denoël a tout à craindre de ce climat délétère. Aurait-il dû suivre le conseil que lui donne Céline, depuis Copenhague où il s'est réfugié en mars 1945 : « Foutez le camp... bon sang ! sauvez-vous !.... votre place n'est pas rue Amélie ? » Il aurait peut-être dû s'en aller. Mais la vie le retient : Jeanne, près de lui, et sa maison d'édition ; il ne peut ni abandonner l'une ni renoncer à sauver l'autre. Il est décidé à se défendre. Il veut affronter ses juges et n'a pas l'intention de jouer les boucs émissaires. Il le promet et le répète à qui veut l'entendre : s'il tombe, d'autres tomberont avec lui. Aidé de Jeanne, il reprend le dossier dont il n'a pas eu à se servir pour son propre procès : il compte bien l'utiliser cette fois pour sauver son entreprise, l'œuvre de sa vie. Il amasse les preuves à fournir aux juges pour démontrer que la maison Denoël n'est pas la seule, durant ces quatre années maudites, à avoir publié des ouvrages pour plaire à l'occupant. Lequel avait la mainmise sur le papier et gouvernait l'édition par la censure. D'autres, et non des moindres, l'ont fait aussi, en éditant des livres antisémites ou fascistes, souvent même en plus grand nombre que lui. Il en dresse méticuleusement la liste, avec Jeanne qui veille à ses côtés et participe activement à l'élaboration de sa défense, devant le tribunal de l'épuration.

L'enquête ne parvient pas à brider l'énergie éditoriale de Denoël qui continue à travailler et à prendre des risques en publiant des auteurs sulfureux, tels que Denoël les aime – à très forte personnalité : d'un côté, Jean Genet, avec *Notre-Dame-des-Fleurs*, de l'autre Curzio Malaparte, dont il signe le contrat pour *Kaputt*. Aucune intimidation ne peut venir à bout de la force combative de Denoël. Désormais totalement libre de ses faits et gestes, il peut agir à visage découvert et sortir en ville sans craindre d'être arrêté. Une seule ombre au tableau demeure, pour Jeanne : le divorce des époux Denoël tarde à être prononcé. Est-ce Cécile ou Robert qui en freine le processus ?

Le 2 décembre 1945 au soir, Jeanne et Robert dînent rapidement rue de l'Assomption avant de se rendre à un petit théâtre de Montparnasse où ils ont prévu d'assister à un spectacle de cabaret d'Agnès Capri – une artiste qui interprète des textes de Jacques Prévert. Denoël conduit la voiture de Jeanne, assise à ses côtés. Ils passent d'abord rue Amélie, au siège des éditions Denoël, pour y prendre des documents. Puis ils remontent le boulevard des Invalides. Parvenus à l'angle de la rue de Grenelle, au niveau du n° 127, la Peugeot tombe en panne. Il est un peu moins de neuf heures. Il semble qu'un pneu ait éclaté – l'enquête ne le précisera pas. En tout cas, Denoël ouvre le coffre : a-t-il voulu y prendre un cric ? Ou tout autre chose ? Jeanne, sur ses hauts talons, se rend au commissariat de police de la rue Amélie, pour demander un taxi. La démarche paraît aujourd'hui bizarre, mais à cette époque, les voitures sont rares, les taxis plus encore. Depuis peu, Jeanne se déplace avec, dans son sac à main, un certificat

médical qui lui donne priorité pour obtenir un taxi
– un privilège qu'elle doit à son entregent plus qu'à
son état de santé, qui n'est pas aussi mauvais qu'elle
le prétend. Une vingtaine de minutes plus tard, elle
attend toujours son taxi quand un appel retentit :
un crime a été commis boulevard des Invalides...
Le fourgon de police et le taxi arriveront à peu près
en même temps à l'angle de la rue de Grenelle, où
Denoël, entouré de quelques badauds, gît inconscient,
étendu sur la chaussée, les bras en croix. Il a été
abattu d'une balle dans le dos.

« Ils me l'ont tué, ils me l'ont tué... » : ce sont
les mots de Jeanne devant le cadavre de son amant.
Transporté en ambulance à l'hôpital Necker, Robert
Denoël meurt à son arrivée sans avoir repris connaissance. Jeanne est restée près de lui pendant le trajet.
Elle le veille une partie de la nuit et c'est à elle, comme
à une épouse légitime, que l'on remettra les effets
personnels du défunt – son pardessus, son costume,
ses papiers, ses clefs. La première personne que Jeanne
appelle, c'est bien sûr Yvonne Dornès, qui accourt
pour la soutenir.

Jeanne n'assistera pas plus à l'enterrement de
Denoël qu'à ceux de Valéry ou de Giraudoux. Elle
n'est présente ni à l'église Saint-Léon pour la messe,
ni au cimetière du Montparnasse pour l'inhumation.
Mais elle a proposé à Cécile Denoël de payer tous
les frais d'obsèques – ce que cette dernière a refusé.

Le meurtre fait les gros titres des journaux, qui
mettent l'accent sur les « circonstances mystérieuses »
dans lesquelles il a été commis. La police ayant conclu
rapidement – trop rapidement ? – à un « crime crapu-
leux » comme il y en a alors beaucoup dans la capitale, des questions demeurent en suspens. La presse
poursuit quelque temps d'autres pistes, sans résultat.
Le meurtre a-t-il été commandité ? Par qui ? Denoël
a-t-il été la victime d'une vengeance ? D'un règle-

ment de compte ? Est-ce un crime antifasciste ? Ou bien un crime d'intérêt ? Denoël en savait trop – nul doute qu'il allait parler, donner des noms, révéler des chiffres. Il avait en main un dossier explosif, qu'on aurait voulu faire disparaître avec son maître d'œuvre.

Mais la piste la plus alléchante, la plus romanesque, celle qui fait le plus jaser, c'est celle de Jeanne évidemment. La belle et mystérieuse muse au manteau de vison noir qui était aux côtés de Denoël ce soir-là, en lieu et place de sa femme légitime. Une veuve noire : hautaine, hiératique et froide, telle que la décrivent les témoins de ce tragique fait divers.

Une enquêtrice de talent[144] a reconstitué récemment, à l'aide de documents de police, les minutes de cet assassinat : des pièces à conviction font bizarrement défaut. Le dossier secret de Denoël comprenant la liste des ouvrages publiés pendant l'Occupation a disparu. La valise contenant des lingots d'or que Denoël transportait partout avec lui depuis quelque temps – afin de corrompre ses ennemis, selon ses propres dires – et qu'il avait ouverte devant plusieurs témoins, s'est volatilisée. Disparu lui aussi le petit calepin Hermès, dans lequel il notait ses rendez-vous et ses opérations financières. La police, pressée d'aboutir à une conclusion, aurait agi sous influence pour classer l'affaire, en évitant d'ouvrir la boîte de Pandore... René Barjavel, le romancier, proche de Denoël, qui travaillait aux éditions de la rue Amélie, fut assez tourmenté pour songer à écrire un livre sur ce crime des plus énigmatiques. Il refit toute l'enquête. Il tenta de rassembler les morceaux du puzzle, dont il était lui-même une des pièces vivantes. Il interrogea. Il fouilla les archives. Mais, s'il parvint à une conclusion, il la garda pour lui : il renonça à publier son livre qui devait s'intituler *Les Sept Morts de Robert Denoël*. Fut-il victime d'un chantage ou flaira-t-il un danger ? Le manuscrit, s'il n'a pas été détruit, doit se trouver aujourd'hui dans un coffre-fort.

Dès le lendemain du meurtre, Jeanne Loviton devient propriétaire des éditions Denoël. Bénéficiaire d'une cession de parts consentie du vivant de Denoël aux éditions Domat-Montchrestien, il lui a suffi d'apposer son nom sur les documents laissés en blanc mais signés par Denoël, pour que l'opération se fasse. Au détriment de la veuve officielle et de son fils, héritiers présumés. Cette stratégie, que Denoël avait élaborée pour sauver sa maison et lui permettre de survivre à une éventuelle condamnation, sert Jeanne. Actionnaire majoritaire, elle devient gérante des éditions, agrandissant ainsi de manière spectaculaire sa zone d'action éditoriale.

Pour Céline, l'un des principaux auteurs de la maison Denoël, emprisonné au Danemark quinze jours après l'assassinat de son éditeur, elle n'est qu'une « héritière mystificatrice », une « héritière effrénée ». Il adressera bientôt ses lettres de réclamations et d'insultes à celle qu'il nomme la marquise Fualdès dans ses prochains livres, « Madame Voilier, fiancée de l'assassiné Denoël » : « Je suis fourgué, butin !.... la marquise Fualdès m'héritait !... bel et bien !... butin du coquin !... et que je te fourgue !... encore !... encore !... une fois de plus !... moi et mes chefs-d'œuvre immortels[145] !... »

Les pires épreuves n'ont pas de prise sur Jeanne. Elle surmonte ce nouveau chagrin et affronte ses nouveaux combats où les soupçons, les accusations, les procès, les insultes ne vont pas manquer, en demeurant fidèle à elle-même : forte et déterminée, sereine, avec ce sourire que Valéry trouvait irrésistible, une « source suave et mielleuse ».

De 1946 à 1950, elle doit se défendre contre Cécile Denoël, qui s'est portée partie civile, pour faux, usage de faux et captation d'héritage. Elle gagne au

premier procès, puis en appel et, à la troisième ten-
tative, la veuve est définitivement déboutée. Jeanne
sort victorieuse de ce combat de femmes, âpre et sans
pitié, qui dure quatre ans. Un combat frontal dans
lequel les avocats jouent un rôle déterminant, mais
où le sang-froid de Jeanne, impavide sous les coups
d'une adversaire infiniment plus vulnérable, désor-
donnée, nerveuse, bien qu'opiniâtre et animée d'un
sentiment profond d'injustice : son fils se voit déposs-
sédé de l'héritage paternel en faveur d'une maîtresse
qui est une redoutable manipulatrice. Une sorte de
femme araignée, qui a tissé un solide réseau de relations, mêlant plusieurs milieux, intellectuel, politique
et d'affaires. Elle est tout particulièrement liée à
Georges Bidault, ministre des Affaires étrangères de
l'époque, et à son épouse Suzanne, née Suzy Borel,
surnommée méchamment « Mademoiselle Crapotte »
par Roger Peyrefitte dans *La Fin des ambassades*.
Amie intime d'Yvonne Dornès, tout aussi brillante et
libre – licenciée de philosophie, diplômée de chinois
de l'Ecole nationale des langues-orientales, première
femme nommée attachée d'ambassade –, « Suzy » est
une personne d'influence sur laquelle Jeanne peut
compter. Ces fréquentations ont pesé lourd, semble-
t-il, dans la balance de la Justice.

En avril 1948, elle gagne un procès non moins
capital : la maison Denoël sort blanchie de son
assignation pour « publication de brochures et de
livres en faveur de l'ennemi, de collaboration avec
l'ennemi, de racisme ou de doctrines totalitaires ».
Comme l'écrit Frédéric Vitoux dans sa biographie
de Louis-Ferdinand Céline : « On croyait rêver... De
quel appui, de quel soutien avait pu bénéficier Jean
Voilier[146] ? » Elle va pouvoir poursuivre sa tâche au
sein des éditions Denoël, au grand dam de son auteur
emblématique, sorti de sa prison danoise, et qui peut
songer à de futures publications en France. Leurs

relations seront des plus mauvaises. L'écrivain – il est bien le seul – résiste aux efforts de Jeanne pour l'apprivoiser : « J'aime pas les jupons en affaires. Et puis d'où me tombe-t-elle cette pétasse ? Toute cette vermine du cercueil à Denoël... » Lorsque, bénéficiant de la loi d'amnistie, Céline revient en France en 1951 et s'installe à Meudon, il rentre dans le giron de Gallimard pour lequel il n'a pas davantage d'égards. Il appelle Gaston Gallimard tantôt Achille, ou Achille Brottin (à cause de la rue Sébastien-Bottin, siège de la maison d'édition), tantôt « le total milliardaire » et d'autres noms d'oiseaux guère plus amènes que ceux auxquels Jeanne a droit.

Elle n'en développe pas moins la section littéraire de ses propres éditions : Domat concurrence Denoël. Elle découvre et publie Jean Hougron. Elle signe de nouveaux contrats avec Malaparte, qui la soutient dans les difficultés et ne veut avoir affaire qu'à elle. L'auteur de *La Peau* tombe à son tour sous le charme de cette séductrice, dont les années n'épuisent ni la beauté ni la vitalité. Dans ses lettres, il est son « Curzio chéri », son « grand petit enfant » ou son « grand petit monstre » – il n'a que trois ans de plus qu'elle, d'où ce ton maternel mêlé de sensualité. Contrairement à Valéry, à Giraudoux, à Denoël, Malaparte préfère « Jean » à Jeanne : il lui écrit « chère Jean », ou « Jean chérie ». De Chamonix, le 3 mars 1948, il lui fait cette déclaration : « On ne rencontre pas tous les jours une femme comme vous. »

Ils skient beaucoup ensemble sur les pistes enneigées, avant de regagner « le Vieux Chalet » où Malaparte a ses habitudes et qu'il préfère aux séjours de prédilection de Jeanne dans les palaces suisses ou les cliniques de repos. En concurrence avec Bertrand de Jouvenel, le « Chéri » de Colette, il se montre ravi du départ de ce rival pour les Etats-Unis : « J'espère ne pas vous avoir trop fait perdre au change. »

La vie amoureuse de Jeanne ne connaît pas de répit. Dans les années cinquante, elle a une liaison avec un homme d'affaires américain, qu'elle accompagne dans ses voyages à New York et à San Francisco – elle est émerveillée par Big Sur. Puis avec un banquier londonien qui, d'après Célia Bertin, demeurera son amant pendant une quinzaine d'années : une longue fidélité. C'est lui qui lui fait découvrir Saint-Moritz : elle fera preuve d'une fidélité plus longue encore pour cette élégante et très cossue station de montagne. Emile Henriot, devenu critique au *Monde*, est un autre de ses admirateurs : il restera amoureux d'elle jusqu'à son dernier soupir, en 1961. Le comte Dino Grandi di Mordano, un des dignitaires du régime de Mussolini, condamné à mort à la Libération, a été son amant avant guerre. Elle le revoit à São Paulo, à l'occasion d'une croisière qui la conduit jusqu'au Brésil. Dino Grandi y vit en exil. Il lui avoue rêver de finir sa vie avec elle... Un vœu sans lendemain.

Qui d'autre ? Probablement quelques femmes. Sa biographe, Célia Bertin, cite des noms mais aucune n'entre en compétition avec Yvonne Dornès, qui demeure l'*amie* parfaite et dévouée.

Jeanne possède un pouvoir de séduction que certains de ses amants attribuent à des dons de magicienne. Elle aime qu'on l'adore et qu'on soit à ses genoux. C'est son côté déesse de l'Olympe que Valéry a si bien compris et résumé dans le portrait qu'il a fait d'elle en Héra. Elle conquiert pour régner. Et se lasse dès que la fièvre retombe ou que l'homme n'est plus à sa complète dévotion. Malaparte, écrivain des plus narcissiques, ne s'est laissé prendre que brièvement au piège de cette « dictatrice » – car c'est ainsi qu'il la voit. Les dédicaces qu'il lui adresse, sur la première page d'un de ses livres ou sur une photographie de lui, disent clairement cet état de dépendance où elle plonge ses amants. Ils en perdent toute lucidité, toute

autonomie. Un véritable asservissement. « A Jean Voilier qui a poussé l'art de la dictature à la perfection
de la grâce : son humble esclave Malaparte. » Ou :
« à la belle Dictatrice, toujours esclave et infidèle, le
pauvre Malaparte[147]. »

Son premier mari, qui restera le seul, Pierre Frondaie, meurt en 1948, d'une crise cardiaque. Assez
jeune – il n'a que soixante-quatre ans –, et dans les
bras de sa quatrième épouse, Maria Favella. Jeanne
n'assiste évidemment pas à son enterrement.

Malgré son désir éperdu de trouver une épaule où
s'appuyer pour la vie, elle ne se remarie pas. Elle
demeurera célibataire. La liberté est son lot. Et sa
règle de vie : elle ne s'amarre plus. Elle ressemble
de plus en plus au nom qu'elle a choisi : rien ne la
retient au port. Elle n'est jamais mieux elle-même que
lorsqu'elle vogue vers le large, en goélette poussée par
les vents de l'aventure et du hasard.

En dix ans, de 1951 à 1964, elle vend toutes ses
affaires, en commençant par les éditions Denoël,
qu'elle cède à Gaston Gallimard – autant dire, au
pire ennemi de Robert Denoël. Ce sont ensuite les
éditions Domat, qu'elle cède à Del Duca. Elle ne se
sépare qu'en dernier des éditions Montchrestien et
des « Cours de Droit », fondés par son père. Mais
elle est alors tout à fait affranchie de ses devoirs et
de ses liens. Elle va pouvoir vivre pour elle-même,
enfin sans travailler, comme le souhaitait tant Paul
Valéry. Lui qui n'a connu que la « grosse abeille
bourdonnante et besogneuse » et la suppliait de lar-
guer son « bazar » (c'est ainsi qu'il appelait ses activités de femme d'affaires), il l'aurait sûrement préférée
ainsi : détendue, oisive, prenant enfin le temps de
vivre.

C'est une figure du Tout-Paris : Jeanne Voilier sort
beaucoup, elle reçoit, Montherlant dîne chez elle. On
la voit au théâtre, au concert, à l'Opéra. Toujours

belle et toujours très élégante, dans des tailleurs et des robes de chez Dior, son couturier préféré. Elle se farde plus qu'autrefois : la poudre, en couche épaisse, lui fait un visage blanc comme un masque.

Au revers de ses tailleurs, un ruban rouge : depuis 1953, elle est chevalier de la Légion d'honneur.

Si elle a beaucoup d'amis qui l'accompagnent aux spectacles, dans ses voyages ou lors de ses vacances à Béduer – elle ne se déplace jamais sans son escorte –, elle a aussi un enfant. Son enfant. C'est une très jeune femme, Mireille, qui a travaillé auprès d'elle aux éditions Domat-Montchrestien et à laquelle elle s'est attachée. Elle lui confie la direction de ses affaires, puis elle l'adopte, en 1962. Quand on lui parle de Jeanne, Mireille dit « ma mère ». D'une voix tendre, qui ne laisse aucun doute sur son amour et sa reconnaissance.

La maternité ne saurait être une entrave pour Jeanne qui entend mener son existence à sa guise et selon son bon plaisir. Comme si elle compensait toutes ces années précédentes de labeur et de soucis. Mais la volonté de vivre qui la conduit aux quatre coins du monde comporte quelques risques. En 1969, elle manque mourir lors d'un naufrage en Méditerranée. Invitée d'un riche mécène mi-roumain mi-italien, qui est – bien sûr – un de ses admirateurs, Constantin Dragan, et de son épouse, à bord du *Banat*, leur somptueux yacht de plaisance – neuf hommes d'équipage à bord –, elle les rejoint à Palma de Majorque (avec soixante kilos de bagages !). La croisière doit les conduire jusqu'à la Riviera. La mer, le soleil, le luxe et le farniente : que souhaiter de plus, quand la vie parisienne est si fatigante et trépidante ? Malheureusement pour les passagers, le feu prend dans les machines. Il faut sauter à l'eau, en pleine nuit. Jeanne va passer six heures et demie en pyjama dans un canot de sauvetage, avec les Dragan et leurs autres invités, jusqu'à ce qu'un paquebot – baptisé bien à propos *L'Avenir* – vienne les secourir. A peine de retour à Paris, elle consulte ses avocats et intente un procès aux Dragan.

Le naufrage restera pour elle un traumatisme. Ses pires cauchemars l'y ramèneront toujours. La peur de mourir est chez elle un sentiment nouveau. Dans cet accident qui aurait pu lui être fatal, elle a perdu une chose qui lui tenait particulièrement à cœur : ses bijoux. Diamants, perles et émeraudes, que ses amants lui ont offerts ou qu'elle s'est offerts à elle-même, gisent au fond de la mer. Aucun bijou de Valéry parmi ces trésors. Elle le confiera à un journaliste venu plus tard l'interroger, Valéry n'était pas assez riche pour lui en offrir : « Valéry n'avait pas de fortune, Monsieur. C'est un homme qui n'a jamais pris un taxi de son existence. Toujours le métro ou l'autobus : l'AS pour venir chez moi. Le pauvre, quand il me demandait d'organiser un dîner, il me disait : "J'apporterai le vin." C'était touchant[148] ! » Ses cadeaux, dont elle ne peut encore mesurer le prix, même si elle le subodore, sont ses poèmes, ses dessins et ses lettres – ou ce joli tableau qui orne le coin-bar de son salon, rue de l'Assomption : toujours le même petit voilier, aux voiles gonflées par le vent, qui fend bravement les eaux.

Elle songe à créer un musée Paul Valéry. Si l'Etat acceptait de lui racheter sa maison au prix où elle l'estime, elle y laisserait ses trophées du poète. Les visiteurs pourraient y consulter ses précieuses archives et admirer les manuscrits qu'il lui a donnés, comme celui de *Charmes*, où *Le Cimetière marin* s'intitule encore *Mare nostrum* (« Un cadeau d'anniversaire, Monsieur ! » dit-elle à Matthieu Galey). Mais l'Etat trouve le prix exorbitant : « Au prix du terrain, Monsieur !... J'aurais donné mes manuscrits tout de suite. C'était arrangé... Il aura suffi d'un fonctionnaire tatillon qui ne voulait pas payer un conservateur et une femme de ménage pour l'entretenir[149]. »

En 1973, à soixante-dix ans, elle vend sa maison et s'installe dans un bel appartement de l'avenue Montaigne, à deux pas de chez Dior. L'acheteur de la rue de l'Assomption, un promoteur, y bâtit un immeuble. Il ne reste plus rien aujourd'hui du jardin où Valéry avait planté un rhododendron et Giraudoux un cytise, ni de la maison aux couleurs claires où Valéry connut « le tendre Paradis ». Le vieux battant de fer se referme pour toujours sur des souvenirs qui vont être arrachés à la pelleteuse. Seuls les mots échappent à la destruction :

> *Je porte au cœur une maison secrète,*
> *Un temps, un lieu, quelque tiède retraite*
> *Où vous et moi, la nuit comme le jour,*
> *Tout ne serait qu'entreprises d'amour[150].*

Jeanne, fidèle à ce qu'elle a été, continue de séduire malgré son âge : ses deux derniers amants sont japonais, tous deux ambassadeurs du Japon en France.

Sa vie se poursuit, sous le signe du luxe. Elle fréquente assidûment les palaces, de Montana à Venise, en passant par Beaulieu (Le Métropole), Crans-sur-Sierre (l'Hôtel du Golf), Majorque (le Formentor), Megève (le Chalet-du-Mont-d'Arbois), Assouan (The Old Cataract), Marrakech (La Mamounia), Londres, Séville et toujours Saint-Moritz – elle est sans doute l'une des meilleurs clientes du très cher Suvretta House. Liste non exhaustive. Il convient d'y rajouter la clinique Valmont à Montreux pour les cures de jouvence et divers voyages culturels au Japon, en Grèce, en Egypte, en Italie. Elle ne se refuse rien et vit au-delà de ses moyens.

En 1980, le 28 février, à Drouot, elle vend trois manuscrits de Paul Valéry : le premier état de

Charmes, un Carnet autographe orné de quinze dessins et dédié « à Polydore », l'un de ses surnoms poétiques, – « Je te redonne ce que je t'ai donné... Le carnet bleu qui vieillit sur mon cœur, c'est un peu moi » –, enfin un recueil de vingt-trois poèmes, *Corona*. Il devait en être tiré trois exemplaires, un pour lui, un pour elle – qu'elle vend à présent – et un pour la Bibliothèque nationale, demeuré à l'état de projet. Il reste à Jeanne une centaine de lettres – c'est ce qu'elle confie à Matthieu Galey, en jurant qu'elle ne s'en séparera jamais, dût-elle vendre son château du Lot. « Les gens sont drôles, ils voient les égéries en odalisques, allongées sur des chaises longues. Moi, j'allais à mon bureau à bicyclette, c'était l'Occupation, et j'en revenais vannée... Lui aussi travaillait sans cesse. Même à soixante-dix ans, et célèbre comme il était, il œuvrait à la commande... Il avait six personnes à nourrir... Dans ses lettres, il m'écrivait : "Je suis humilié de ne pouvoir rien faire pour toi." Jeanne n'éprouve aucun remords de cette vente. Ni aucun regret. Tout au contraire : « Voyez-vous, Monsieur, pour me consoler, quand j'y pense, je me dis qu'il serait tout de même heureux de ce qui vient d'arriver : c'est comme s'il me rendait aujourd'hui ce qu'il n'a pas pu m'offrir autrefois. »

Deux ans plus tard, revenant sur la promesse qu'elle s'était faite de ne jamais s'en séparer, elle met en vente les lettres de Valéry : plus de mille lettres, tendres, sensuelles, et sans aucune équivoque. Dans un parfum de scandale, le voile est levé sur une histoire d'amour secrète. La vie amoureuse de Jeanne Voilier et de Paul Valéry est étalée au grand jour. Au grand dam de la famille de Valéry, qui découvre un pan inconnu de la vie de leur père. Mais pour le plus grand bonheur de celle qui va entrer vivante dans la légende des grandes amours immortelles. Ces « papiers éclatants de tant d'aveux et de tant de passions », c'est le trésor promis. La manne exceptionnelle. Un somptueux cadeau posthume, d'un des plus grands poètes de tous les temps.

La vente aux enchères a lieu à Monte-Carlo, le 2 octobre 1982, sous le marteau de Mes Ader, Picard et Tajan. Elle atteint le montant d'un million et demi de francs, soit environ l'équivalent de 400 000 euros en 2014. C'est sans doute la première fois dans l'Histoire qu'une muse, passionnément aimée, vend ses lettres d'amour.

En 1985, son château de Béduer, devenu une charge trop lourde, est lui aussi mis en vente. La vie est plus facile dans les palaces.

Il reste encore à Jeanne Voilier dix ans à vivre : mais le temps l'a cette fois rattrapée. Alourdie, voûtée, ses jambes la font souffrir. Elle perd la mémoire. Surtout elle se fatigue vite : essoufflée au moindre effort, elle ressent dans son propre corps, usé et épuisé, les symptômes dont se plaignait Valéry au soir de son existence. Elle découvre à son tour l'amertume du vieillissement.

Yvonne Dornès meurt deux ans avant elle.

La solitude, qu'elle a toujours détestée et fuie, l'épargne. Des amis fidèles continuent à lui rendre visite. Ils parviennent à lui arracher parfois un de ces sourires qui ont fait tant de victimes dans le passé. Leur conversation la distrait. Sa fille adoptive, Mireille, est l'ange gardien qui veille sur elle. Soignée, gâtée, consolée comme une reine déchue, elle meurt à l'âge de quatre-vingt-treize ans, l'été 1996 : un 20 juillet, comme Paul Valéry. Cinquante ans plus tard.

Au moment de s'éteindre sur son lit d'hôpital, elle qui a savouré la vie avec un royal appétit, quels visages voit-elle dans son agonie ? Quelles voix entend-elle ? De qui se souvient-elle ? Peut-être lui revient-il l'appel désespéré de Paul Valéry dans l'une de ses dernières lettres. Il résume à lui seul le drame de leur histoire d'amour : « Tu sais bien que tu étais entre la mort et moi. Mais hélas, il paraît que j'étais entre la vie et toi. »

Notes

1. « Robert Denoël, éditeur », www.thyssens.com
2. Né en 1889.
3. *Françoise Giroud vous présente le Tout-Paris*, Gallimard, 2013, p. 147.
4. Dominique Desanti, *La Femme au temps des Années folles*, Stock, 1984, p. 75.
5. C'est volontairement que je n'écris pas ce nom à hauts risques. La tombe de A.K. se trouve au Père-Lachaise, toujours ornée de fleurs jaunes.
6. Martine Rouart, *La Cuisinière de Mallarmé*, Editions Michel de Maule, 2012.
7. François Valéry, *L'Entre-trois-guerres*, Jacqueline Chambon, 1994.
8. Martine Rouart, *op. cit.*
9. Jean-Marie Rouart, *Une jeunesse à l'ombre de la lumière*, Gallimard, 2000.
10. Son fils Claude.
11. Lettre communiquée par M. Yves Rouart.
12. Michel Jarrety, *Paul Valéry*, Fayard, 2008.
13. Cahiers II, dans *Homo*, Pléiade, p. 1401.
14. Ce dernier le relate dans ses Mémoires, *Cinquante ans de panache*, Pierre Horay, 1951.
15. Premières phrases du roman, réédité en 2011 aux éditions Le Festin. Avec une postface, « Frondaie le Magnifique », par Laure Bjawi-Levine, nièce de sa quatrième épouse, qui rapporte de nombreux souvenirs et anecdotes.
16. Pierre Frondaie, *Béatrice devant le désir*, Emile-Paul frères, 1930.
17. Madeleine Charnaux, *La Passion du ciel*, Hachette, 1942.
18. *Ibid.*, p. 6.

19. Journal inédit, Cahier n° VIII (28 octobre 1924-18 mai 1927).

20. *Ibid.*, septembre 1926.

21. *Ibid.*

22. *Ibid.*, 9 octobre 1926 : la visite de Frondaie.

23. Lettre du 20 février 1930, citée par Célia Bertin dans *Portrait d'une femme romanesque : Jean Voilier*, Editions de Fallois, 2008.

24. Lettre citée par Michel Jarrety, *op. cit*, p. 1190 (dossier Jean Voilier, Université d'Austin).

25. *Béatrice devant le désir*, Emile-Paul frères, 1930, p. 50.

26. Lettre du 17 novembre 1931, citée par Célia Bertin, *op. cit.*

27. Catherine Pozzi, *Journal*, Ramsay, 1987, 3 janvier 1922.

28. *Ibid.*, 15 juin 1918.

29. *Ibid.*, 13 juin 1918.

30. *Ibid.*, 4 février 1913.

31. Né en octobre 1909, Claude Bourdet sera une figure de la Résistance et un grand journaliste, l'un des fondateurs du *Nouvel Observateur*.

32. Les poèmes de Catherine Pozzi furent édités en 1936 par la revue *Mesures*, puis, en 1959, par Gallimard dans la collection « Métamorphoses ».

33. Ce sera « Les Cent Une », société féminine de bibliophilie.

34. *Journal*, *op. cit.*, 5 juillet 1920, p. 134.

35. Cahier II, dans *Eros*, Pléiade, p. 460.

36. *Journal*, *op. cit.*, 22 juillet 1920.

37. Catherine cite ce que lui dit Valéry : *Journal*, *op. cit.*, novembre 1920.

38. *Journal*, *op. cit.*, 3 janvier 1922.

39. Florence de Lussy, *Les Manuscrits de « Charmes »*, Minard, 1990, t. II, p. 572.

40. *Journal*, *op. cit.*, p. 318.

41. *Ibid.*, p. 169.

42. Cahiers II, dans *Histoire Politique*, Pléiade, p. 1459.

43. Cité par Célia Bertin, *op. cit.*, p. 86.

44. Carlton Lake, *Confessions of a Literary Archeologist*, New Directions, 1990.

45. Cité par Célia Bertin, *op. cit.*, p. 93.

46. *Ibid.*, p. 92.

47. Conversation avec l'auteur, mai 2013.

48. Cité par Célia Bertin, *op. cit.*, p. 51.

49. *Paul Valéry secret*, *op. cit.*, lettre du 25 février 1939, n° 13 (réf. 86).

50. Extrait d'une lettre non datée, citée par Célia Bertin, *op. cit.*, p. 34.

51. *Paul Valéry secret*, *op. cit.*, n° 2 (réf. 1-6).

52. *Paul Valéry secret*, *op. cit.*, n° 109 (réf. 642-648).

53. Lettre non datée, citée par Célia Bertin, *op. cit.*, p. 34.

54. Lettre non datée, citée par Célia Bertin, *op. cit.*, p. 38.

55. Lettre du 11 octobre 1943, citée par Célia Bertin, *op. cit.*, p. 118.

56. Lettre du 22 novembre 1943, citée par Célia Bertin, *op. cit.*, p. 33.

57. *Paul Valéry secret*, *op. cit.*, n° 106 (réf. 606). Lettre non signée.

58. *Paul Valéry secret*, *op. cit.*, n° 12 (réf. 81).

59. Journal, *op. cit.*, p. 209.

60. *Ibid.*, p. 217.

61. Cité par Célia Bertin, *op. cit.*, p. 27.

62. Extraits de lettres citées dans *Paul Valéry secret*, *op. cit.*, ou dans Célia Bertin, *op. cit.*

63. *Paul Valéry secret*, *op. cit.*, lettre du 7 janvier 1940, n° 35 (réf. 169-174).

64. *Paul Valéry secret*, *op. cit.*, n° 48 (réf. 260 et 55).

65. Cahiers II, dans *Histoire-Politique*, Pléiade, p. 1498.

66. *Paul Valéry secret*, *op. cit.*, lettre du 5 septembre 1939, n° 32 (réf. 155).

67. Lettre du 29 août 1938, citée par Célia Bertin, *op. cit.*, p. 28.

68. *Paul Valéry secret*, *op. cit.*, n° 45 (réf. 236).

69. *Paul Valéry secret*, *op. cit.*, n° 37 (réf. 188 à 194), lettre du 16 février 1940.

70. *Paul Valéry secret*, *op. cit.*, n° 23 (réf. 122). Lettre de mai 1939, envoyée de Nice.

71. *Paul Valéry secret*, *op. cit.*, n° 36 (réf. 177-184).

72. *Paul Valéry secret*, *op. cit.*, n° 37 (réf. 186-194).

73. Extrait d'une lettre du 8 mai 1940, citée par Michel Jarrety, *op. cit.*, p. 1068.

74. Témoignage de Jean Chalan, auquel Jeanne l'a relaté, dans *Journal de Paris (1963-1983)*, Plon, 2000, p. 229.

75. *Paul Valéry secret*, *op. cit.*, n° 47 (réf. 256), lettre non datée.

76. Lettre du 21 mars 1935 (BNF), citée par Michel Jarrety, *op. cit.*, p. 918.

77. *Corona & Coronilla. Poèmes à Jean Voilier*, Editions de Fallois, 2008.

78. Tous les poèmes cités ici sont extraits de *Corona & Coronilla*, *op. cit.*

79. Cahier II, dans *Eros* (1915), Pléiade, p. 401.

80. Ils ne seront publiés qu'en 2008 – soixante-trois ans après la mort de Valéry –, par l'éditeur Bernard de Fallois.

81. Lettre datée de février 1943 (collection particulière).

82. Lettre de Jeanne à Robert Denoël, datée du 20 juillet 1945 – jour de la mort de Paul Valéry (citée par Célia Berlin, *op. cit.*, p. 223).

83. Dans *Corona & Coronilla*, *op. cit.* postface de Bernard de Fallois, p. 206.

84. La *Cantate du Narcisse* paraîtra en tête du n° 323 de la *NRF*, le 1ᵉʳ janvier 1941, puis dans une édition séparée, en 1943.

85. *Paul Valéry secret*, *op. cit.*, n° 46 (réf. 237-251), lettre du 29 août 1940.

86. Lettre à Louis Pasteur Vallery-Radot, août 1940, dans Paul Valéry *Lettres à quelques-uns*, Gallimard, 1952.

87. Lettre à Julien-Pierre Monod, 21 août 1940, dans *Lettres à quelques-uns*, *op. cit.*

88. *Histoire de Héra*, in *Histoires brisées*, dans *Œuvres*, t. II, *op. cit.*, p. 429.

89. Jean Clausel, *Cherche mère désespérément*, Editions du Rocher, 2007.

90. Lettre non datée (collection particulière).

91. *Ibid.*

92. Lettre citée par Célia Bertin, *op. cit.*, p. 35.

93. Lettre du 23 janvier 1942, citée par Célia Bertin, *op. cit.*, p. 111.

94. Lettre citée par Célia Bertin, *op. cit.*, p. 69.

95. Cité par Célia Bertin, *op. cit.*, p. 43.

96. *Histoire de Héra*, *op. cit.*, p. 421-422.

97. Paul Valéry, *Histoire de Héra*, dans *Histoires brisées*, Œuvres II, Pléiade, *op. cit.*, p. 422.

98. *Ibid.*, p. 421.

99. Michel Jarrety, *op. cit.*, p. 1094, (source BNF).

100. Michel Jarrety, *op. cit.*, p. 1095.

101. *Ibid.*

102. Jean Chalon, *op. cit.*, p. 229-230.

103. *Ibid.*

104. Cité par Célia Bertin, *op. cit.*, p. 53.

105. *Paul Valéry secret*, *op. cit.*, lettre du 3 juin 1944, n° 95 (réf. 527-537).

106. Lettre du 15 juillet 1943, citée par Michel Jarrety, *op. cit.*, p. 1149. (BNF).

107. *Paul Valéry secret*, *op. cit.*, n° 36 (réf. 177-184). Lettre du 28 janvier 1940.

108. Lettre du 1ᵉʳ janvier 1941, citée par Michel Jarrety, *op. cit.*, p. 1095. (Médiathèque de Sète).

109. Lettre citée par Michel Jarrety, *op. cit.*, p. 1095, (BNF).

110. *Paul Valéry secret*, *op. cit.*, n° 75 (réf. 448-455). Lettre sur *Sodome et Gomorrhe*.

111. *Histoire de Héra*, *op. cit.*

112. Claude Mauriac, *Le Temps immobile*, t. VIII, Grasset, 1985, p. 376-377.

113. Cité par Michel Jarrety, *op. cit.*, p. 1150 (lettre conservée à la médiathèque de Sète).
114. *Calypso*, in *Histoires brisées*, *op. cit.*, p. 409-410.
115. *Ibid.*
116. *Monsieur Durey*, 1943.
117. Cité par Célia Bertin, *op. cit.*, p. 75.
118. Michel Jarrety, *op. cit.*, p. 1154.
119. Lettre conservée au musée de Sète.
120. Maurice Toesca, *Cinq ans de patience (1939-1945)*, Emile-Paul frères, 1975.
121. Maurice Toesca, *op. cit.*
122. 9 août 1944 (Bibliothèque Doucet).
123. Cahiers II, dans *Histoire-Politique*, Pléiade, p. 1545.
124. Récit de Jeanne Voilier à Pierre Assouline cité dans *Gaston Gallimard*, Balland, 1984, p. 393.
125. En janvier 1951.
126. *Etudes littéraires*, dans *Œuvres*, t. I, Pléiade, 1957, p. 526.
127. C'est par le *Journal littéraire* de Paul Léautaud, t. XVI, p. 178, que l'on sait que Valéry a écrit au général de Gaulle pour demander la grâce de Maurras.
128. Extrait du Cahier XIX – 420 – cité par Michel Jarrety, *op. cit.*, p. 1182. Béraud, condamné à mort le 29 décembre, obtint d'avoir la vie sauve, le 13 janvier, par le droit de grâce. Valéry avait écrit la veille au général.
129. *Mon Faust*, Œuvres II, Pléiade, p. 400.
130. Poème « Amie extrême, ô suprême ennemie » dans *Derniers Vers* (1945), *Corona & Coronilla*, *op. cit.*, p. 183.
131. Poème « Longueur d'un jour » (22 mai 1945) dans *Corona & Coronilla*, *op. cit.*, p. 187.
132. Sonnet dans *Corona & Coronilla*, *op. cit.*, p. 40.
133. Date donnée par Valéry lui-même dans le cahier à couverture verte conservé à l'Université d'Austin (Texas), et notamment cité par Michel Jarrety, *op. cit.*, p. 1187-1188.
134. Poème dans *Corona, Coronilla*, *op. cit.*, p. 36-37.
135. Lettre citée par Michel Jarrety, *op. cit.*, p. 1188. (Dossier Jean Voilier, Université d'Austin).
136. *Paul Valéry secret*, *op. cit.*, n° 112, (réf. 674 à 685).
137. *Ibid.* n° 112.
138. Lettre citée par Michel Jarrety, *op. cit.*, p. 1190, (Médiathèque de Sète).
139. Lettre citée par Michel Jarrety, *op. cit.*, p. 1197, (Médiathèque de Sète).
140. Cahiers II, dans *Eros*, Pléiade, p. 388-389.
141. Dernière lettre, 1945, lot 113 (réf. 686), *Paul Valéry secret*, *op. cit.*
142. Cahiers II, *Affectivité*, Pléiade, *op. cit.*, p. 388.
143. Cité par Célia Bertin, *op. cit.*, p. 223.

144. A. Louise Staman, *Assassinat d'un éditeur à la Libération*, e/dite, 2005.
145. *D'un château l'autre*, Gallimard, 1957, p. 37.
146. Frédéric Vitoux, *La Vie de Céline*, Grasset, 1988.
147. Cité par Célia Berlin, *op. cit.*, p. 264.
148. Matthieu Galey, *Journal*, t. 1, Grasset 1987, p. 122.
149. *Ibid.*, p. 122.
150. 14 février 1943.

Bibliographie et remerciements

Je tiens à exprimer ma reconnaissance aux auteurs suivants, dont les ouvrages m'ont éclairée.

Tout particulièrement :
Célia Bertin, *Portrait d'une femme romanesque*, Editions de Fallois, 2008.
Michel Jarrety, *Paul Valéry*, Fayard, 2008.

Ainsi que :
Pierre Assouline, *Gaston Gallimard. Un demi-siècle d'édition française*, Balland, 1984.
Denis Bertholet, *Paul Valéry*, Plon, 1995.
Jacques Body, *Jean Giraudoux. La légende et le secret*, PUF, 1986.
Camille Bourniquel, *Paul Valéry. Dernier dîner à Auteuil*, Editions de Fallois, 2009.
Jean Chalon, *Chère Natalie Barney*, Flammarion, 1992, et *Journal de Paris, 1963-1983*, Plon, 2000.
Jean Chalon, interview de Jeanne Loviton à la radio, le 30 mai 1971.
Madeleine Charnaux, *La Passion du ciel. Souvenirs d'une aviatrice*, Hachette, 1942.
Jean Clausel, *Cherche mère désespérément*, Editions du Rocher, 2007.

Philippe Dufay, *Jean Giraudoux*, Julliard, 1993.

Encyclopédie de la franc-maçonnerie, Pochothèque, 2002.

Léon-Paul Fargue, *Rue de Villejust*, Jacques Haumont, 1946.

André de Fouquières, *Cinquante ans de panache*, Pierre Horay, 1951.

Pierre Frondaie, *L'Homme à l'Hispano*, Le Festin, 2011, avec une postface biographique de Laure Bjawi-Levine, ainsi que les romans qui ont un lien avec le sujet, *Deux fois vingt ans*, Plon, 1928, *De l'amour à l'amour ou Béatrice devant le désir*, Emile-Paul frères, 1930.

Matthieu Galey, *Journal*, t. 1, Grasset, 1987.

François Gibault, *Céline*, t. II, *Délires et persécutions*, Mercure de France, 1985.

André Gide-Paul Valéry, *Correspondance (1890-1942)*, Gallimard, Cahiers de la NRF, 2009.

Françoise Giroud vous présente le Tout-Paris, préface de Roger Grenier, Gallimard, 2013.

Christian Gury, *Le Cardinal Grente. Des maisons closes à l'Académie française*, Kimé, 1995.

Lawrence Joseph, *Catherine Pozzi. Une robe couleur du temps*, La Différence, 1988.

Carlton Lake, *Confessions of a Literary Archeologist*, New Directions, 1990.

Edmée de La Rochefoucauld, *Valéry*, Editions universitaires, 1954.

Florence de Lussy, *La Genèse de « La Jeune Parque »*, Minard, 1975.

Claude Mauriac, *Le Temps immobile*, t. VIII, Grasset, 1985.

François-Bernard Michel, *Le Souffle coupé. Respirer et écrire*, Gallimard, 1984.

Henri Mondor, *Propos familiers de Paul Valéry*, Grasset, 1957.

Benoît Peeters, *Paul Valéry, Une vie d'écrivain ?*, Les Impressions nouvelles, 1989 ; *Valéry. Tenter de vivre*, Flammarion, 2014.

La revue *Plaisir de France*, article sur Béduer, « La Poésie est passée par Béduer », décembre 1965.

Catherine Pozzi, *Journal (1913-1934)*, édition établie et annotée par Claire Paulhan, Ramsay, 1987 ; *Poèmes*, Gallimard, 1988 et *Œuvre poétique complète*, édition établie par Lawrence Joseph, La Différence, 1988.

Catherine Pozzi-Paul Valéry, *La Flamme et la Cendre*, correspondance, Gallimard, 2006.

Martine Rouart, *La Cuisinière de Mallarmé*, Michel de Maule, 2012.

Agathe Rouart-Valéry, *Crayons*, Actes Sud, 1999.

A. Louise Staman, *Assassinat d'un éditeur à la Libération*, e/dite, 2005.

Maurice Toesca, *Cinq ans de patience (1939-1945)*, Emile-Paul frères, 1975.

Frédéric Vitoux, *Céline*, Grasset, 1988.

Jean Voilier : ses trois romans
– *Beauté raison majeure*, Emile-Paul frères, 1936.
– *Jours de Lumière*, Emile-Paul frères, 1938.
– *Ville ouverte*, avec des lithographies de Paul Valéry, Emile-Paul frères, 1942.

De Paul Valéry, les ouvrages suivants ont été cités :

Œuvres (t. I, 1957 et t. II, 1960) et *Cahiers* (t. I, 1973 et t. II, 1974) dans la Pléiade, éditions établies, présentées et annotées par Jean Hytier pour les *Œuvres* et Judith Robinson pour les *Cahiers*. Préface biographique d'Agathe Rouart-Valéry à l'édition des *Cahiers*.

Corona & Coronilla. Poèmes à Jean Voilier, Editions de Fallois, 2008.

Paul Valéry secret. Correspondance inédite, catalogue de la vente Ader, Picard et Tajan du 2 octobre 1982 à Monte-Carlo, Librairie Claude Guérin, 1982.

Lettres à quelques-uns, Gallimard, 1952.

Je tiens à remercier Monsieur Henri Thyssens, auteur d'un remarquable travail de recherches sur Jeanne Loviton, ainsi que sur Pierre Frondaie et sur Robert Denoël : consultable sur le site « Robert Denoël, éditeur : www.thyssens.com »

Je remercie les archives de la Ville de Paris (état civil) et l'université d'Austin au Texas : fonds Carlton Lake (Humanities Research Center).

Ainsi que Monsieur François Rognon, aux archives de la Grande Loge de France.

J'adresse mes vifs remerciements à Monsieur Jean Chalon, qui m'a donné accès à ses souvenirs personnels.

Ainsi qu'à Madame Françoise Lhermitte et à sa famille qui m'ont permis de consulter le journal encore inédit de Me Maurice Garçon.

TABLE

Cet ouvrage a été achevé d'imprimer
en Italie dans les Ateliers de
Grafica Veneta S.p.A.
en août 2014

Mise en pages PCA
44400 Rezé

PAPIER À BASE DE FIBRES CERTIFIÉES

Grasset s'engage pour l'environnement en réduisant l'empreinte carbone de ses livres. Celle de cet exemplaire est de :

750 gr éq. CO₂
Rendez-vous sur www.grasset-durable.fr

N° d'édition : 18419
Dépôt légal : septembre 2014

Imprimé en Italie